KB231515

한국사와 세계사를 아우른 새로운 역사

글로벌 한국사

1

문명의 성장과 한국 고대사

글로벌 한국사 1

제1판 1쇄 발행 2011년 6월 30일
제1판 2쇄 발행 2014년 1월 20일

지은이 전호태
기획 문사철(대표 강웅천)
책임 편집 정혜원
진행 유남경
디자인 디자인시
마케팅 홍성우·김정혜·김화영
펴낸이 홍석
펴낸곳 도서출판 풀빛
등록 1979년 3월 6일 제8-24호
주소 120-818 서울특별시 서대문구 북아현동 177-5 한일빌딩 3층
전화 02-363-5995(영업), 02-362-8900(편집)
팩스 02-393-3858
홈페이지 www.pulbit.co.kr
전자우편 inmun@pulbit.co.kr

ⓒ 글 전호태, 2011 | 기획 문사철, 2011

ISBN 978-89-7474-446-5 14900
      978-89-7474-445-8 (세트)

책값은 뒤표지에 있습니다.

이 책의 국립중앙도서관 출판시도서목록(CIP)은 e-CIP 홈페이지(http://www.nl.go.kr/cip.php)에서
이용하실 수 있습니다.(CIP제어번호: CIP 2011001532)

한국사와 세계사를 아우른 새로운 역사

글로벌 한국사

문명의 성장과 한국 고대사 **1**

전호태 지음

풀빛

새로운 역사 여행을 떠나자

동북아시아의 한 귀퉁이에서 일어난 작은 사건과 유럽의 다른 모서리에서 벌어진 큰 변고가 서로 어떤 관련을 맺고 있는지 여부를 쉽게 확인하기는 어려울 것이다. 관심을 가지고 살펴본다 하더라도 결국 별다른 관련이 없다는 결론을 내릴 가능성이 높다. 미국 캘리포니아의 작은 숲에 서식하는 나비 한 마리가 가냘픈 날갯짓으로 주변 공기를 조금 움직이면, 그로 말미암아 태평양 건너 필리핀 해안에서 태풍이 조금 더 일찍 일어날 수도 있을까? 많은 이들로부터 "아니오."라는 답변을 듣기 쉽지만, 과학자들은 그런 일이 가능하다고 말한다.

역사에서도 마찬가지이다. 아시아 대륙의 동쪽 모서리에서 일어난 일이 유럽 대륙의 서쪽 끝에서 마무리된 사례도, 아시아로부터 비롯된 움직임이 서유럽을 움직여 바다 건너 신대륙에 극적인 변화를 초래하게 한 사례도 찾을 수 있다. 5세기 전반까지 동아시아 4강의 한 세력으로 내륙 아시아의 패권을 쥐고 있던 중국 북방의 나라 유연은 새로 일어난 돌궐에 패했다. 그 뒤 흩어지고 남은 자들이 오랜 세월에 걸쳐 초원 지대를 가로질러 서쪽으로 간 끝에 프랑스 해안 지역에 정착하여 그 일대에 '나바르'라는 지명을 남긴다. 13세기 몽골 세력의 영역이 서쪽으로 확장을 거듭하여 동유럽 초원 지대까지 이르면서 팍스 몽골리카 시대를 열자, 서유럽 나라들은 인도 및 남아시아 일대와의 새로운 교류 통로를 확보하기 위해 대서양 연안 항로를 개척하다가 결국 신대륙까지 이르고 광대한 새 땅을 식민지로 삼는 데 성공한다.

한국사의 무대도 확장과 축소를 거듭했고, 대외적 교류의 범위 역시 동북아시아에 한정되기도 하고 중앙아시아 서쪽 끝에 이르기도 했다. 알려지지 않은 역사 자료에는 우리 조상의 발길이 지중해까지 미쳤다는 기사나 흔적이 담겨 있을지도 모른다. 고구려는 중국의 통일 왕조 수·당에 대항하기 위한 북방 동맹을 구상하고 외교 사절을 중앙아시아의 사마르칸트 근처 아프라시압까지 보냈지만, 사마르칸트와 그 일대는 곧바로 이슬람군에게 점령당한다. 만주와 한반도를 중심으로 펼쳐지던 7세기 동아시아의 국제전과 무함마드가 시작한 이슬람 세계의 확산은 서로 깊은 관련 속에 이루어지고 있었던 셈이다.

한국사를 동북아시아나 그보다 작은 무대를 단위로 인식한다는 것은, 밀접하게 맞물려 움직이는 복잡하고 커다란 기계의 한쪽 바퀴나 축대만 떼어 내 부품의 구성 상태를 확인하는 것과 다름이 없다. 바퀴가 어떻게 만들어졌는지는 알 수 있겠지만 기계 전체에서 바퀴가 담당했던 역할이나 기능은 알 수 없게 되는 것이다. 한국사는 동아시아사, 더 크게는 세계사의 일부이기도 하고 그 자체로 독자적인 영역이기도 하다. 둘 다 볼 수 있는 시야가 필요하고 상호 연관성을 인식할 수 있는 접근 자세가 필요하다. 그런 시각과 방법론을 바탕으로 한국사를 새로 쓴 '글로벌 한국사'와 함께 세계 속에 발전해 온 우리 역사 속으로 새로운 여행을 떠나자.

2011년 6월

전호태

차례 CONTENTS

3

BC 108년 ~ AD 589년

대이동의 시대와 삼국의 발전

5 세계사의 대전환과 삼국 통일

AD 645년 ~ AD 698년

1
기원전 400만 년~기원전 1000년
3만 5천 년 전
라스코
하이델베르크
알타미라
약 6만 년 전
베이징
10만 년 전
올두바이 계곡
라에톨리 평원
자바 섬
약 5만 년 전
상기란

인류의 탄생과 한국사의 걸음마

01

구석기 시대의 세계와 우리나라

인류의 조상은 동아프리카의 좁은 골짜기 지대에서 처음으로 모습을 드러냈다. 세월이 흘러 인류는 아프리카를 떠나기 시작하여 걸어서는 북극해 연안까지, 배를 타고서는 태평양의 작은 섬들까지 이르러 삶의 터전을 넓히고 가꾸었다. 그리고 약 70만 년 전에는 한반도에도 발을 들여놓았다. 그들은 네 다리로 걷는 다른 동물들과 달리 두 다리로 걸었다. 걷는 노동에서 해방된 두 손으로 인류는 자연에 널린 돌을 주워 쓰고 나뭇가지를 꺾어 썼다. 그러다가 서서히 돌을 깨고 다듬어 쓰는 인공 도구의 시대가 열렸다. 고고학자들은 인간이 돌을 다듬어 도구로 쓰기 시작한 이 시대를 '석기石器 시대'라고 부르고, 그 가운데서도 돌을 깨뜨려서 모양을 만들던 이 백만 년이 넘는 세월을 '구석기 시대'라고 부른다.

동아프리카 탄자니아의 세렝게티 평원에 있는 올두바이 계곡. 세계에서 가장 오래된 구석기 문화 유적이 있는 곳이다.

인류의 탄생 — 아프리카로부터 세계로

인류의 먼 조상

인류의 조상으로 보이는 가장 오랜 화석들은 동아프리카의 좁은 골짜기 지대에서 발견된다. 그 가운데 에티오피아의 아라미스에서 발견된 뼛조각은 약 440만 년 전 인류의 조상이 남긴 것으로 짐작된다. 학자들은 그 조상에게 아르디피테쿠스 라미두스라는 긴 이름을 붙여 주었는데, '그분'은 원숭이들과 달리 두 팔로 아기를 안고 구부정하게나마 서서 걸어 다닌 것으로 보인다.

400만 년 전에는 오스트랄로피테쿠스 아파렌시스라고 이름 붙여진 '원인猿人'이 나타났다. 그들 역시 서서 걸으며 양 손을 쓸 수 있었던 것 같다. 이들 초기의 원인들은 뇌의 용량이 현생 인류*의 약 1/3 정도밖에 되지 않았다.

*현생 인류란?
현재 지구상에서 살아가고 있는 인류와 같은 종에 속하는 인류. 흑인, 백인, 황인 등을 모두 아울러 이르는 말이다.

좀 더 가까운 조상 '호모'의 등장

약 300만 년 전에는 침팬지 등의 원숭이류와 확실히 구별되는 인류의 조상이 나타나기 시작했다. 이들은 두 손을 자유롭게 썼을 뿐 아니라 뇌 용량도 현생 인류의 1/2에 이르렀다. 이들에게 고고학자들은 '호모'라는 이름을 붙였다. 호모는 라틴 어로 '사람'이라는 뜻.

250만 년 전, 이들은 동물을 사냥하고 고기를 잘라내며 뼈를 부수는 데 날카롭게 다듬은 돌(석기)을 사용하기 시작했다. 이 최초의 석기를 만든 사람들을 '손을 자유롭게 쓰는 사람'이라는 뜻의 호모 하빌리스라고 부른다.

175만 년 전에는 '곧게 설 수 있는 사람'이라는 뜻의 호모 에렉투스가 모습을 드러내기 시작했고, 100만 년 전부터는 그들이 아프리카 북부와 아

호모 하빌리스가 만든 올두바이 석기

아프리카 탄자니아의 올두바이 계곡에서 발견된 양면 석기이다. 강바닥의 자갈돌에서 옆면을 떼어 내어 만든 것으로, 올두바이에서 발견되었다 해서 이 석기 만드는 법을 '올두바이 공작'이라고 한다. 중국의 저우커우뎬 유적, 우리나라의 함경북도 웅기 굴포리 유적에서도 이런 종류의 석기가 발견된다.

초기 인류의 유적지

영국의 고고학자였던 루이스와 메리 리키 부부는 1959년 아프리카 탄자니아의 올두바이 협곡에서 처음으로 원숭이와 인간의 중간 단계에 해당하는 화석을 발견했다. 이로써 진화론이 그 근거를 얻게 되었다.

또한 1978년에는 메리 리키의 조사팀이 라에톨리 응회암(화산재로 이루어진 암석) 지대에서 오스트랄로피테쿠스 아파렌시스의 발자국을 발견했다. 이것은 약 360만 년 전에 남자, 여자, 어린아이 셋이 당시 화산재로 덮였던 라에톨리 평원을 지나며 남긴 발자국으로 밝혀졌는데, 이 발자국은 그들이 두 발로 곧게 서서 걸었음을 알려 준다. 옆의 사진은 그 발자국 중의 하나.

시아, 유럽 등지로 퍼져 나갔다. 이들의 뇌 용량은 현생 인류의 뇌 용량에 가까운 1000cc에 이르렀고, 주먹도끼를 만드는 기술도 상당한 수준에 이르렀다. 50만 년 전에는 불로 음식을 익혀 먹는 방법까지 터득하게 되었다.

중국, 인도네시아, 독일 등에서 호모 에렉투스의 화석이 발견되었는데, 중국 베이징에서 발견된 호모 에렉투스는 '베이징 원인', 인도네시아의 자바 섬에서 발견된 호모 에렉투스는 '자바 원인', 독일 하이델베르크에서 발견된 호모 에렉투스는 '하이델베르크 원인'으로 불린다. 여기서 '원인原人'은 원래의 인류라는 뜻으로 오스트랄로피테쿠스를 가리키는 '원인猿人'과는 다르니 혼동하지 말기 바란다.

인류의 조상 가운데 현생 인류와 가장 가까운 존재는 '생각하는 사람'을 뜻하는 호모 사피엔스이다. 호모 사피엔스는 현생 인류와 가깝기는 하지만 현생 인류는 아니어서 구인舊人, 즉 옛 인류라고 불린다. 그들의 유골은 독일의 네안데르탈, 중국의 마파 향 등에서 발견되었고, 각각 네안데르탈 인, 마파 인 등으로 불린다.

현생 인류의 직접 조상 호모 사피엔스 사피엔스

20만 년 전쯤에는 현생 인류의 직접 조상인 호모 사피엔스 사피엔스*가 아프리카에서 나타났다. 그들은 약 10만 년 전부터 아프리카에서 전 세계로 퍼져 나갔고, 5만 년 전부터는 배를 타고 대양으로 나가 오스트레일리아와 그 주변의 크고 작은 섬들까지 개척해 삶의 터전으로 삼기 시작했다.

그들은 '집'으로 불릴 수 있는 거처를 마련할 줄 알았고, 식량을 모아 두는 지하 저장소도 만들었다. 또한 석기를 다듬어 도구 겸 무기로 쓸 줄도 알았고, 식물의 줄기와 뿌리 등 여러 재료를 섞어 바구니 비슷한 것을 만들어 쓰기도 했다.

호모 에렉투스가 활동하던 80만 년 전부터 지구는 10만 년 단위로 반복되는 빙하기와 간빙기*를 겪었다. 냉탕과 온탕을 오간 것이다. 이러한 주기적 변화의 끄트머리에 살았던 호모 사피엔스 사피엔스는 극과 극을 달리는 기후 변화에 적응하는 생존 기법을 익혔다. 의사소통의 기술은 날로 발전했고, 불을 다루며 옷을 만드는 능력도 몰라보게 좋아졌다. 그래서인지 호모 사피엔스 사피엔스는 시베리아 남부에서도 살았고, 오스트레일리아의 사막에서도 살았다.

현생 인류의 직계 조상인 호모 사피엔스 사피엔스가 나타났다고 해서 이전의 인류인 호모 에렉투스나 호모 사피엔스가 바로 사라진 것은 아니었다. 동아시아에는 호모 에렉투스가, 유럽과 서아시아에서는 호모 사피엔스

고인류의 상상력을 보여 주는 쇼베 동굴의 벽화
쇼베 동굴에는 표범, 동굴사자, 코뿔소, 산양, 말 등 약 400여 점의 그림이 그려져 있다. 구석기인들은 그들을 그림으로써 사냥에 성공할 수 있으리라 여겼던 것으로 보인다.

의 한 부류인 네안데르탈 인이 여전히 살고 있었다. 그러나 2만 5천 년 전을 전후한 시기에 이르면 그들의 자취는 끊기고 지구상에는 호모 사피엔스 사피엔스만 살아남아 번성하게 된다.

호모 사피엔스 사피엔스는 상상을 할 줄 알았다. 무려 3만 1천 년 전의 작품인 프랑스 쇼베 동굴 벽화, 1만 5천 년 전의 프랑스 라스코 동굴 벽화, 스페인 알타미라 동굴 벽화는 그들의 생각의 한 단면을 보여 준다. 거기에 그려진 들소나 산양 등의 동물 그림은 실제 사냥에서 도움을 받으려는 주술적 사고의 산물이었다. 들소를 정성껏 그리면 그 들소를 잡을 수 있을

450~430만 년 전
아르디피테쿠스
라미두스

400~240만 년 전
오스트랄로피테쿠스
아파렌시스

400만 년 전

300~180만 년 전
호모 하빌리스

300만 년 전

200~50만 년 전
호모 에렉투스

200만 년 전

것으로 믿고 그림을 그렸던 것이다. 이처럼 특정한 결과를 예상하고 그것을 목적으로 하는 행동을 했다는 점에서 호모 사피엔스 사피엔스는 이전의 인류와 구별되는 존재였다.

지구의 변화

약 1만 년 전 즈음 마지막 빙하기가 물러가고 지구가 다시 따뜻해지기 시작하자 동식물이 분포하는 범위는 크게 넓어졌다. 자연히 호모 사피엔스 사피엔스가 사냥하고 채집할 수 있는 공간도 크게 넓어졌다. 빙하가 남아 있는 일부 지역을 뺀 대부분의 공간이 사냥과 채집으로 살아가는 호모 사피엔스 사피엔스의 생활 터전이 되었다.

20만 년 전부터
호모 사피엔스

100만 년 전

0

만주와 한반도에서 삶이 시작되다

구석기 시대의 분류

흔히 구석기 시대를 '인류 역사의 99%'라고 한다. 250만 년 전 처음 도구를 쓰기 시작한 이래 불과 1만여 년 전까지 인류는 돌을 깨뜨려 만든 구석기를 사용했기 때문이다. 이렇듯 인류 역사의 대부분을 차지하는 기나긴 구석기 시대는 대체로 세 시기로 나뉜다. 처음으로 석기가 만들어진 이래 10만 년 전까지를 전기 구석기 시대, 그 이후 약 4만 년 전까지를 중기 구석기 시대, 그 이후부터 돌을 갈아 만든 신석기가 등장하는 1만여 년 전까지를 후기 구석기 시대라고 한다.

만주와 한반도에서는 처음부터 인류가 살지는 않았어도 이 세 시기의 구석기 유적이 모두 발견된다.

구석기 시대의 동물 뼈
한때 우리나라가 아열대 기후 지역이었음을 알게 해 준 동굴 곰의 위턱 뼈(위)와 큰쌍코뿔이의 아래턱 뼈(아래).

전기 구석기 시대

전기 구석기 시대의 유적지로는 만주에서 중국 랴오닝 성 잉커우·번시, 한반도에서는 평양·경기도 연천 전곡리·충청북도 단양 등이 꼽힌다.

한반도와 만주의 주요 구석기 유적 분포

이미 90곳을 넘어선 한반도의 전기 구석기 유적지들에서는 동굴곰·물소·큰쌍코뿔이·하이에나·원숭이 등 아열대 기후 동물들의 뼈가 나온다. 한반도가 아열대 기후 지역이었던 때가 있었음을 나타내 주는 대목이다.

한반도에서 발견된 구석기 시대 유적 가운데 세계적으로 가장 널리 알려진 곳은 연천의 전곡리 유적이다. 1978년 미군 병사 그렉 보웬*이 우연히 발견한 전곡리 유적에서는 땅 위에서만 1,000여 점의 구석기 시대 유물이 나왔고, 땅속을 파자 4,000여 점의 유물이 나왔다.

한탄강변에 있는 전곡리 유적에서는 이전까지 동아시아에서는 발견되

*미군 병사가 유물을?
그렉 보웬은 대학에서 고고학을 전공한 학생이었는데, 학비를 벌려고 군대에 입대해 한국에 파견되었다가 데이트 도중 주먹도끼를 발견했다.

지 않았던 주먹도끼가 많이 나왔다. 주먹도끼는 약 100만 년 전부터 10만 년 전까지 사용된 석기로 전기 구석기 시대에는 가장 발달된 첨단 도구였다.

이 주먹도끼의 발굴은 세계 고고학계를 흥분시킨 획기적인 사건이었다. 그 이전까지 인정받던 학설에 따르면, 인도를 경계로 동쪽 지역인 동아시아에서는 외날 석기인 찍개 문화가 형성된 반면, 서쪽 지역인 유럽과 서아시아, 아프리카 일대에서는 찍개보다 더 발전된 양날의 주먹도끼 문화가 성립되었던 것으로 알려져 있었다. 그런데 동아시아의 전곡리에서 주먹도끼가 발견되면서 그러한 학설은 전면 수정될 수밖에 없었다.

중기 구석기 시대

중기 구석기 시대 유적으로는 만주의 카쥐 허즈퉁 유적, 한반도의 함경북도

주먹도끼는 두툼한 돌의 한쪽을 여러 면에서 깨뜨려 끝을 뾰족하게 하거나 칼날처럼 날카롭게 만들고 다른 쪽은 손으로 쥘 수 있게 한 구석기이다. 프랑스의 생 아슐에서 처음으로 많은 양이 출토되어 이런 형태의 주먹도끼 만드는 법을 아슐리안 공작, 그 구석기 문화를 아슐리안 문화라고 부르는데, 전곡리에서 아슐리안 공작의 주먹도끼가 발견되어 아시아에서도 주먹도끼 문화가 발달했음을 증거해 주었다. 왼쪽이 전곡리의 주먹도끼, 오른쪽은 아슐리안 주먹도끼.

웅기 굴포리 유적, 평안남도 덕천 승리산 유적, 제주도 빌레못 동굴 유적 등이 비교적 잘 알려져 있다.

덕천 승리산 유적에서는 사람의 어깨뼈와 어금니, 평양 역포 구역 대현동 유적에서는 머리뼈가 나와 만주와 한반도 일대에 살았던 중기 구석기 시대 사람들의 모습을 단편적으로나마 그려 볼 수 있게 되었다.

중기 구석기 시대 사람들은 긁개, 찍개, 자르개 등 용도에 따라 구분되는 석기를 만들어 사용했다. 그리고 '죽음'을 특별한 것으로 느끼고 그 느낌을 표현할 줄도 알았다. 이 시기부터 죽은 자를 땅에 묻는 매장이 이루어졌던 것이다.

중기 구석기 시대의 석기들
위로부터 긁개, 찍개, 자르개

후기 구석기 시대

4만 년 전부터 마지막 빙하기 말인 1만여 년 전까지 지속된 후기 구석기 시대의 유적도 곳곳에서 발견되었다. 중국 지린(길림) 성의 스먼 산 유적과 평양 만달리 유적, 충청남도 공주 석장리 유적 등이 대표적으로 꼽히며, 새롭게 확인되는 유적의 수가 급격히 늘고 있다.

공주 석장리 유적의 후기 구석기 문화층은 1964년에 발견되어 1992년까지 지속적으로 발굴이 이루어졌다. 여기서는 눌러떼기 기법으로 얻은 돌날을 다시 가공해 만든 격지긁개, 새기개, 밀개, 찌르개 등 작고 정교하며 다양한 형태의 도구들이 나왔다.

평양 승호 구역 만달리 유적에서는 '만달 사람', 충청북도 청원 두루봉 유적에서는 '흥수 아이'라고 이름 붙여진 후기 구석기인의 뼈도 발견되었다.

후기 구석기 시대에는 먼 거리를 오가는 교역도 이루어진 것으로 보인다. 흑요석처럼 작고 가벼우며 날카롭게 벼릴 수 있는 석기 재료들이 생산지인 백두산 일대로부터 멀리 떨어진 강원도 양양 등지에서 발견되는 것을 보면 짐작할 수 있다. 당시에 이미 흑요석을 생산하는 곳과 흑요석을 실

흑요석
마그마가 급격히 식으면서 굳어져 이루어진 화산암으로, 날카로운 모양으로 쪼개지기 쉬워서 석기 시대에 칼, 화살촉, 도끼 등으로 쓰였다.

제로 쓰는 곳을 오가는 사람들이 있었던 것이다.

후기 구석기 시대에 이르러서는 종교적 상상력에 바탕을 둔 주술 행위도 이루어졌다. 동굴 벽화를 그리고, 석기 표면에 짐승 그림을 새기는 것도 이 시기에 나타난 새로운 현상이었다.

이 시대에는 세계 곳곳에서 배부른 여인의 조각상이 만들어지기도 했는데, 이는 원시적인 신앙이 나타났다는 것을 단적으로 보여 준다. 젖가슴과 엉덩이가 커서 아이를 잘 낳고 기를 것 같은 이 여인은 당시 사람들에게 숭배의 대상이었다. 왜냐하면 아이를 잘 낳는 여인은 자연의 무한한 생산력을 상징하기 때문이다.

후기 구석기 시대 사람들은 이처럼 신앙의 대상을 일정한 모습으로 만들어 낼 줄 알았다. 이미 그러한 수준의 사고와 행동 양식을 지니고 있었던 것이다. 그러한 수준 위에서 마지막 빙하기를 견뎌 낸 사람들은 바야흐로 완전히 새로운 '신석기 혁명'을 준비하기 시작했다.

한국의 비너스
울산 신암리 신석기 유적에서 출토된 여인상으로, 다산과 풍요, 자연의 무한한 생산력을 상징한다.(국립중앙박물관 소장)

02

신석기 시대의 세계와 우리나라

1만여 년 전, 인류는 돌을 숫돌에 갈면 훨씬 더 날카롭고 정교한 칼과 도끼를 만들 수 있다는 것을 알게 되었다. 이렇게 돌을 갈아서 만든 '간석기'는 새롭게 등장한 석기라고 해서 '신석기'라고도 불린다. 신석기 시대에 물건을 담고 저장하는 토기도 출현했다. 간석기와 토기는 인류의 생활을 완전히 바꾸어 놓았다. 사람들은 집을 짓고 모여 살며 토기에 음식물을 저장했다. 야생 곡물의 씨앗을 뿌려 곡식을 거두었고, 야생 동물을 우리에 가둬 길러 잡아먹었다. 채집과 사냥에 의존하던 인류의 삶에는 큰 변화가 일어났다. 안정적인 '식량 생산'을 위해 커다란 인간 집단이 만들어지고, 복잡한 사회 조직이 생겨났다. 지구촌은 점점 더 인간의 세상으로 바뀌어 갔다.

신석기 시대의 마을 모형. 신석기 시대 사람들은 강가에 움집을 짓고 모여 살았다.

농사를 짓고 가축을 기르다

중석기 시대

1만 년 전쯤부터 빙하기가 물러가고 기후가 다시 따뜻해졌다. 이때부터 현재와 큰 차이 없는 기후 환경이 되었다. 동물과 식물의 분포 모습도 빙하기의 추운 시절과는 달라졌다. 먹을거리가 더욱 풍부해진 것이다.

후기 구석기의 특징은 작고 정교하다는 점이었는데, 사람들은 여기에 더욱 세심한 손질을 가해 한층 작고 가벼운 석기를 만들어 냈다. 이러한 석기를 흔히 세석기 또는 잔석기라고 한다. 사람들이 이 같은 잔석기를 집중적으로 만들던 시기를 보통 구석기 시대와 신석기 시대의 중간이라는 뜻에서 '중석기 시대'라고 부른다.

중석기 시대 사람들은 더 이상 떼어 낼 부분이 없을 정도로 정교하게 다듬어진 잔석기를 사용했다. 그뿐이 아니다. 이 시대 사람들은 활과 화살이라는 새로운 종류의 도구도 만들어 냈다. 활과 화살은 석기 시대의 총과 총알이라고 할 수 있다. 이 첨단 도구를 가지고 인류는 구석기 시대까지는 엄두도 내지 못했던 작고 재빠른 짐승을 사냥할 수 있었고, 더욱 쉽게 물고

기를 잡을 수 있었다.

중석기 시대는 구석기 시대와는 비교도 할 수 없을 정도로 짧았다. 길게 잡아도 수천 년 정도에 불과했다. 과도기라고 할 수 있는 짧은 중석기 시대를 지나 약 8000년 전에 이르면 세계는 갈아서 만든 석기를 사용하는 신석기 시대에 들어선다.

신석기 시대의 돌도끼

신석기 시대, 농경과 목축의 시작

돌을 갈아서 만든 도구들을 사용하면서 사람들은 먹을거리를 마련하는 새로운 방법을 실험하기 시작했다. 예전에는 그냥 들판에 돌아다니는 짐승을 사냥하거나 풀과 열매를 채집하는 것이 전부였다. 그런데 이제 사람들은 야생 동물들을 잡아서 기르고 땅을 갈아 곡식을 얻는 방법을 찾아낸 것이다.

목축과 농경이라는 이 새로운 방식은 우연한 기회에 자연스럽게 시작되었다. 어슬렁어슬렁 인간을 따라다니게 된 개를 거두어 기르다 보니 때가 되면 새끼를 낳았다. 과일을 먹고 무심코 씨앗을 버렸더니 그 자리에서 새로운 과일나무가 자랐다. 같은 것을 낳고 자라게 할 수 있음을 깨닫게 된 것이다.

그렇게 시작된 목축과 농경은 시간이 흐르면서 인간의 삶을 바꾸는 혁명적 변화의 출발점이 되었다. 자연의 변화에 순응하면서 먹을 것을 찾아

예리코의 자취
기원전 7000년경에 건설된 세계에서 가장 오래된 도시의 하나. 요르단 강 서안의 교통 요지에 있어 여러 번 파괴되고 다시 건설되었다.

아프리카 사람들은 수
수와 얌을 재배했다.

서남아시아 사람들은
야생 밀과 보리를 재
배했다.

중국 사람들은 기장
과 벼를 재배했다.

떠돌던 사람들이 이제 계절이 바뀌어도 한자리에 머물러 살 수 있게 되었
다. 짐승을 먹이고 씨앗을 가꾸며 기다리면 때맞춰 먹을거리가 생겨났기 때
문이다. 이제 사람들은 한자리에 모여 마을이라는 것을 이루고 살 수 있게
되었다.

서남아시아 사람들은 야생 밀과 보리, 중국 사람들은 기장과 벼, 아프
리카 사람들은 수수와 얌을 재배했다. 중앙아메리카 사람들은 옥수수, 남아
메리카 사람들은 감자를 많이 재배했다. 동아시아로 시선을 돌리면 중국 사
람들이 기장과 벼를 재배하는 모습을 볼 수 있었다. 그런가 하면 유라시아
초원 지대 사람들은 말과 양, 염소를 길들여 가축으로 활용했다. 이처럼 세
계 곳곳에서 정착 농경과 목축이 본격적으로 이루어지자 마을의 규모는 더
욱 커졌다.

중앙아메리카에서는 옥수수, 남아메리카에서는 감자를 많이 재배했다.

신석기 시대의 농경과 목축

정치 사회 조직의 출현과 교역의 시작

구석기 시대에 사냥과 채집을 하며 살 때에는 그때그때 먹기에도 먹을거리들이 모자랐다. 그러나 이제 먹을거리를 남겨 둘 수도 있게 되었다. 이렇게 남는 곡식을 모아 두고 마을 사람들 사이에 적절하게 분배하려면 거기에 필요한 도구와 기술이 발달해야 했다. 사람들은 저장과 운반을 위해 점점 더 다양한 형태와 크기의 토기를 만들었고, 진흙 벽돌로 곡식 저장용 창고도 짓게 되었다. 이렇게 도구와 기술이 발달하다 보니 이를 활용하여 생산과 저장, 분배 등을 관리하는 정치 사회 조직도 생겨났다.

나아가 식량, 도구, 지역 특산물 따위를 멀리 떨어진 곳까지 가지고 가서 사고파는 장거리 교역도 광범위하게 이루어지게 되었다. 목축과 농경으로 시작된 신석기 혁명으로 사람들의 삶이 크고 넓어지기 시작한 것이다.

빗살무늬 토기를 빚고 움집에서 살다

토기의 출현

신석기 시대의 대표적인 문화 현상 가운데 하나는 흙으로 빚은 그릇, 토기
가 나타났다는 것이다. 신석기 시대 사람들은 한군데 모여 살면서 농사지은
곡식을 토기에 담아 두기도 하고, 토기에 넣어 끓여 먹기도 했다.

1987년 주민의 신고로 발견된 제주도 고산리 유적에서는 뗀석기와 간
석기가 함께 나왔다. 무려 10만 점에 이르는 유물이 발굴된 이곳에서 사람
이 살기 시작한 때는 구석기 시대인 기원전 1만 년까지 거슬러 올라간다.
여기서 나온 유물도 대부분 구석기 시대에 사냥과 채집을 할 때 사용하던
도구들이다. 그러나 신석기 시대에도 이곳에 사람이 살았음을 알려 주는 유
물이 있다. 바로 간석기와 함께 발견되는 초보적 형태의 원시 민무늬 토기.
민무늬 토기란 아무런 무늬도 새기지 않은 토기를 말하는데, 고산리 유적에
서는 풀잎 따위를 흙과 섞어 빚은 섬유질 토기 조각들이 보인다.

우리나라 신석기 시대의 토기 하면 뭐니 뭐니 해도 빗살무늬 토기를
대표로 꼽는다. 정착 농경을 상징하는 토기이기 때문이다. 밑이 납작한 원

강원도 양양 오산리의
납작밑 바리

덧띠무늬 토기

두귀달린 항아리

신석기 시대 토기들
(빗살무늬 토기는 국립중앙박물관
소장)

시 민무늬 토기와 달리 대부분의 빗살무늬 토기는 밑이 둥글고 뾰족하여 전체적으로 반으로 나눈 달걀 모양을 하고 있다. 이런 빗살무늬 토기는 모래밭이나 부드러운 흙에 고정시켜 두고 농사짓거나 채집한 곡식을 담아 두는 데 주로 쓰였다. 또한 채집한 식물을 넣어 끓이기도 했다. 움집 안에서는 토기의 밑바닥을 떼어 내고 거꾸로 땅에 묻어 불씨를 보존하는 용도로 쓰거나 저장 구덩이로 쓰기도 했다.

빗살무늬 토기는 시베리아에서 만주와 연해주, 한반도에 이르는 지역에서 발견된다. 그 넓은 지역에 분포하여 살아가던 신석기 시대 사람들이 비슷한 생활 방식과 미적 감각을 가지고 있었다는 이야기가 된다.

신석기 시대의 생활 모습

신석기 시대의 움집은 대개 반지하식이다. 움집을 지으려면 먼저 강가나 낮은 구릉지의 볕이 잘 드는 곳에 얕은 흙구덩이를 판다. 그런 다음 바닥을 불로 구워 단단하게 만든다. 그리고 고르게 다듬은 나무로 기둥과 천장 골조를 세워 칡으로 얽은 뒤 그 위에 갈대나 짚풀을 두텁게 덮었다.

움집 한가운데에는 난방도 하고 음식 조리도 하는 화덕을 만들어 두었다. 이러한 화덕을 중심으로 공간을 나눠 토기, 석기와 일반 생활 도구를 두었다. 집 주변에는 대개 곡식을 저장하기 위한 구덩이를 따로 만들었다.

신석기 시대 사람들은 이처럼 움집에 살면서 농사도 짓고 구석기 시대부터 하던 사냥과 채집도 했다. 예를 들어 보자. 서울의 암사동 유적과 평양의 남경 유적에 살던 사람들은 큰 강 가까운 곳에 마을을 이루고 농사를 지으며 살았다. 남경 유적에서는 불에 탄 조가 나오고, 암사동 유적에서는 돌낫, 돌보습 등 농사짓는 도구들이 나온 것을 보면 알 수 있다.

그런가 하면 강원도 양양의 오산리 유적은 바닷가에 자리 잡고 있다. 이곳에 살던 신석기 시대 사람들은 주로 고기잡이를 하며 살았다. 여기서는 돌화살촉, 돌창, 돌낚시, 어망추 등 사냥과 낚시에 쓰이는 도구를 찾아볼 수 있다.

신석기 시대 사람들은 식물에서 실을 뽑아 베를 짜서 옷을 지어 입는 기술도 개발해 냈다. 멋도 부릴 줄 알아서 짐승의 뼈나 뿔로 장식품 겸 주술 도구를 만들어 몸에 걸치고 다니기도 했다. 평안남도 온천 궁산리 유적에서는 삼 껍질로 만든 실이 나왔고, 함경북도 웅기 굴포리 서포항 유적에서는 뼈로 만든 바늘과 바늘통이 발견되기도 했다. 베를 짜는 데 쓰였던 가락바퀴는 거의 모든 신석기 유적에서 나온다.

가리비 껍질로 만든 얼굴 모양의 조각품
주술사가 악귀나 재앙을 물리치기 위해 사용한 도구로 보인다.
(국립중앙박물관 소장)

전문가의 등장과 신앙생활 및 매장 문화

신석기 시대쯤 되면 전문 직업을 가진 사람들이 나타나기 시작한다. 우리나라에서는 강원도 강릉의 초당 유적에서 이 사실을 확인할 수 있다. 기원전 3000년경에 사용된 집터를 보면 화살촉, 그물추, 토기 따위를 만드는 공간이 뚜렷이 구분되어 있다. 오늘날로 치면 생활 도구를 제작하는 전문가가 따로 있었다는 이야기이다.

이렇게 신석기 시대에는 전문가 집단이 등장할 정도로 기술 수준이 높아졌다. 예술이라 불러도 좋을 정도였다. 그것만이 아니었다. 그들의 정신 세계도 풍부해져서 신앙생활이라 할 만한 모습도 나타난다.

가리비나 점토에 사람의 얼굴을 나타낸 조각상은 신석기 시대 사람들의 '자랑거리' 가운데 하나이다. 이 조각은 신을 표현한 신상神像의 일종으로 신석기 시대 사람들이 어떤 신앙을 갖고 있었는지 짐작하게 해 준다.

이 같은 신앙의 흔적들은 양양 오산리뿐 아니라 곳곳의 신석기 시대 유적에서 발견된다. 웅기 굴포리에서는 뼈로 만든 신상이 나왔고, 부산 동삼동에서도 가리비 조개 껍질에 사람 얼굴을 나타낸 조각품이 나왔다.

이처럼 신앙생활을 할 정도의 높은 정신 상태에 다다른 신석기 시대 사람들은 죽은 자와 산 자를 나누는 의례도 구체적으로 행할 줄 알았다. 그리하여 '무덤'으로 부를 수 있는 유적이 나타난다.

경상남도 통영 연대도에서는 흙구덩이를 파고 시신을 안치한 뒤 흙과 돌을 그 위에 덮어 다른 곳과 구분시킨 신석기 시대 무덤이 발견되었다. 인천의 옹진 시도에도 신석기 시대 흙구덩이 무덤이 남아 있다. 경상남도 진주 상촌리에 살던 사람들은 항아리로 만든 관에 시신을 넣어 매장했고, 강원도 춘천 교동 사람들은 죽은 이들의 발을 중앙에 모으고 시신을 바퀴살처럼 배치했다. 교동 사람들은 동굴 안에서 살다가 사람이 죽자 살던 곳을 무덤으로 삼고 사는 곳을 옮겨 버렸다.

교역과 갈등

신석기 시대 사람들은 한군데 모여 살면서 토기를 사용하고 그들만의 문화를 발전시켰다. 그렇다고 해서 다른 지역과 교류를 하지 않았던 것은 아니다.

강원도 양양 오산리 유적을 보면 알 수 있다. 기원전 6000년경부터 이곳에 살던 사람들은 땅 위에 집을 짓고 갖가지 모양과 쓰임새의 토기와 돌 도구를 사용했다. 그 가운데 눈에 띄는 것은 흑요석으로 만든 도구들이다. 흑요석은 백두산 부근에 가야 얻을 수 있는 돌이다. 후기 구석기 시대부터 신석기 시대에 이르기까지 이곳 사람들은 강원도 양양과 백두산을 오가며 물건을 주고받는 교역을 했던 것이다.

또한 오산리 유적에서는 납작밑 토기, 뾰족밑 빗살무늬 토기, 덧띠무늬 토기 등등 시대를 달리하는 토기들이 잇따라 발견되었다. 이러한 토기들은 한반도의 다른 지역에서도 발견되곤 한다. 이것 또한 신석기 시대에 이미 사람들이 다양한 토기 문화를 주고받았다는 것을 말해 준다.

신석기 시대 사람들이 다른 지역과 주고받은 것은 평화로운 교역만이 아니었다. 그 시대에 들어 사람들이 한자리에 모여 살면서 농사를 계속 짓게 되자 마을이 커지고 사회 조직이 복잡해졌다. 그러자 남의 마을에서 남는 식량을 빼앗거나 더 살기 좋은 집터나 밭을 차지하려는 무력 충돌이 곧잘 일어났다. 신석기 시대 마을을 둘러싼 도랑은 맹수를 막기 위한 것도 있었지만, 외부 사람들의 침입에 대비한 것도 있었다. 경상남도 진주 상평리 유적이 그러하다.

사냥을 하거나 나무를 벨 때 쓰려고 만든 도구들도 신석기 시대 후기에 들어서는 사람을 죽이는 무기로 쓰이기 시작한다. 돌도끼, 돌창, 뼈촉 및 돌촉을 사용한 화살과 활, 뼈와 뿔로 만든 칼과 창 ……. 무서운 시대가 시작된 것이다.

03

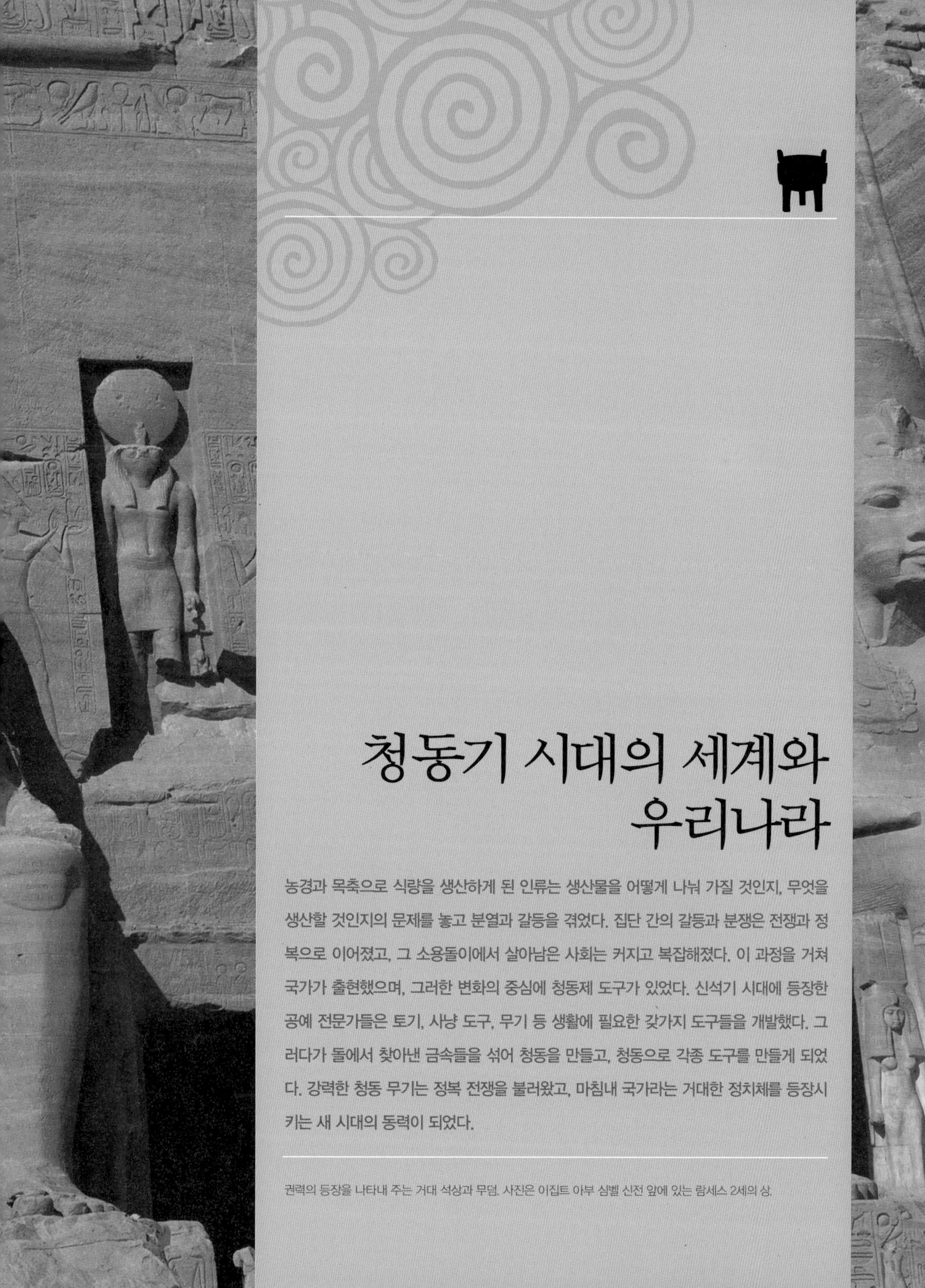

청동기 시대의 세계와 우리나라

농경과 목축으로 식량을 생산하게 된 인류는 생산물을 어떻게 나눠 가질 것인지, 무엇을 생산할 것인지의 문제를 놓고 분열과 갈등을 겪었다. 집단 간의 갈등과 분쟁은 전쟁과 정복으로 이어졌고, 그 소용돌이에서 살아남은 사회는 커지고 복잡해졌다. 이 과정을 거쳐 국가가 출현했으며, 그러한 변화의 중심에 청동제 도구가 있었다. 신석기 시대에 등장한 공예 전문가들은 토기, 사냥 도구, 무기 등 생활에 필요한 갖가지 도구들을 개발했다. 그러다가 돌에서 찾아낸 금속들을 섞어 청동을 만들고, 청동으로 각종 도구를 만들게 되었다. 강력한 청동 무기는 정복 전쟁을 불러왔고, 마침내 국가라는 거대한 정치체를 등장시키는 새 시대의 동력이 되었다.

권력의 등장을 나타내 주는 거대 석상과 무덤. 사진은 이집트 아부 심벨 신전 앞에 있는 람세스 2세의 상.

고대 문명의 발상부터 국가의 탄생까지

도시의 형성과 함께 시작된 청동기 시대

신석기 시대 후기에 이르러 메소포타미아(지금의 이라크), 이집트의 나일 강 유역, 인도의 인더스 강 유역, 중국 황허 강 하류 유역 등 사람들이 많이 모여 살게 된 지역에서는 커다란 제사용 건물이나 제단이 만들어졌다. 농경과 목축에 많이 의존하게 되면서 다산과 풍년을 비는 제사 의식이 발달했기 때

신과 지상을 연결하는 제단
메소포타미아 각지에서 발견되는 고대의 제사용 건축물로, 지구라트라고 불린다. 사진은 원형에 가깝게 복원된 이라크 우르의 지구라트.

문이다.

　마을보다 훨씬 큰 도시들이 나타나기 시작한 것도 신석기 시대 말기 즈음이다. 사람들이 모여 사는 마을이 점점 커지다가, 마침내 기원전 3500년경에는 메소포타미아와 이집트에 수천 명이 사는 도시, 심지어 만 명도 넘게 사는 도시가 생겨나기 시작했다.

　도시가 나타날 무렵 청동기 시대가 시작되고 사람들 사이에 높고 낮은 계급 차이가 생겨났다. 청동기는 구리에 주석이나 아연을 섞어 만들어 낸 합금 제품이다. 이런 제품의 생산은 돌을 깨뜨리거나 갈아서 도구를 만들던 석기 시대와는 다른 차원의 경험과 기술, 지식을 필요로 한다. 그렇게 차원 높은 금속 제련 기술은 소아시아(지금의 터키)와 메소포타미아를 중심으로 발전해 서서히 주변 지역으로 전파되었다.

　당시에 청동기처럼 고급스러운 도구를 아무나 가질 수는 없었다. 청동으로 만들어진 제사 용구, 무기, 각종 도구는 마을과 도시의 지배층에게만 보급되었다. 청동기를 가지고 있느냐 아니냐에 따라 지배층과 피지배층이 갈라졌고, 중심 도시와 주변 마을이 나뉘었다.

도시 국가의 출현

청동기 시대가 펼쳐지면서 티그리스 강과 유프라테스 강, 나일 강, 인더스 강, 황허 강, 양쯔 강 등 큰 강 유역의 충적 평야 지대에는 도시 국가들이 생겨났다.* 도시 국가의 중심부에 큰 도시가 있고 이 도시가 주변의 크고 작은 마을들을 거느렸다.

　두터운 성벽으로 둘러싸인 도시 국가의 중심부에는 거대한 사원이 있고, 도시와 마을을 체계적으로 관리할 수 있는 행정 조직이 있었다. 또한 도시를 방어하는 군대도 조직되었다. 군대는 무역과 상업, 수공업 활동 등이 잘 이루어지고 관개 농업 체계가 유지되도록 지켜 주었다. 또한 도시 국가 내의 여러 관계와 기능을 조절하고 통제하는 법률도 시행되었다.

이렇게 큰 도시 국가를 운영하고 유지하는 데 드는 비용은 어떻게 마련했을까? 오늘날의 국가도 그렇지만 우선 주민들로부터 세금을 징수한다. 그것으로 모자라면 이웃 도시나 마을을 정벌해 물자를 조달하거나 노예를 끌어와 일을 시킨다. 노예가 아니라도 일반 농민을 강제로 동원해 도시 국가에 필요한 각종 노역에 부려 먹기도 한다.

그런 가운데 관개 농업 기술은 계속 발달하고, 그에 따라 농지가 넓어지고 곡물 생산량이 늘어났다. 그러자 평원 지대에 자리 잡은 도시 국가들의 영역과 영향력은 계속 확대되었다. 이미 기원전 3000년경 이집트는 멤피스를 중심으로 왕국을 이루었고, 기원전 2000년대 전반에 남부 메소포타미아에는 인구 3만 명에 이르는 대형 도시 국가가 나타났다.

청동기 시대의 문명

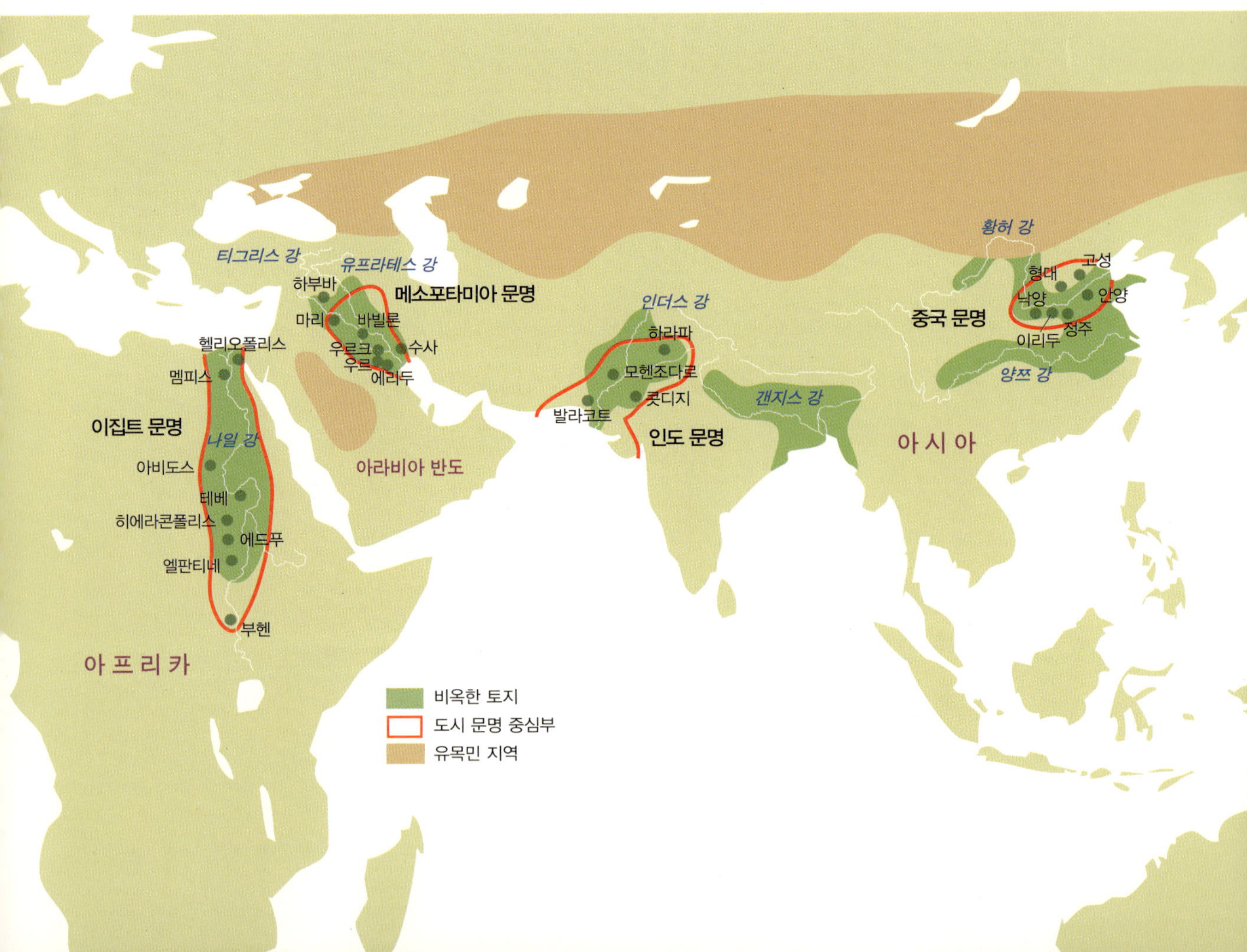

메소포타미아 문명

메소포타미아는 그리스 어로 '강과 강 사이'라는
뜻으로 티그리스 강과 유프라테스 강 사이의 비
옥한 평야 지대를 가리킨다. 이곳에서는 도시
국가끼리 서로 정벌하거나 병합하는 일도 자주
일어났다. 기원전 2000년대 후반에는 메소포타
미아에 있던 대부분의 큰 도시 국가를 아우른 제
국이 성립되었다. 아카드, 우르, 바빌로니아 등
이 메소포타미아에서 나타난 초기 제국들이었
다. 이들 제국은 법률 체계를 더욱 정교하게 다
듬고(고 바빌로니아의 함무라비 법전 등), 광범위한
분야에서 쐐기 문자를 이용해 문헌을 생산했다.

이집트 문명

나일 강 주변 삼각주를 중심으로 문명을 발전시
킨 이집트에도 제국이 출현했다. 복잡한 관개
수로를 기반으로 제국의 정치적·종교적 최고
통치자였던 파라오는 반신적半神的 존재로서, 막
강한 권력을 가지고 중앙 집권적 체제를 유지했
다. 이집트는 특유의 상형 문자로 당대의 온갖
지식과 국제 관계 등을 수많은 파피루스에 기록
했으며, 거대한 피라미드와 신전을 쌓아 파라오
제국의 위세를 과시했다.

메소포타미아의 쐐기 문자
기원전 3000년경부터 메소포타미아를 중심으로 사용된
쐐기 문자. 쐐기 모양 글자를 점토판에 찍거나 돌판에 새
겨 기록했다.

●**초기 왕조 시대** BC 3100~2686년
메네스가 북쪽의 하 이집트와 남쪽의 상 이집트를 통일하고 초대 파라오가 됨(나르메르가 그보다 먼저 파라오가 되었다는 설, 나르메르가 메네스의 다른 이름이라는 설이 있다). 관개 시설, 거대 무덤, 상형 문자 등장, 중앙 집권적 국가 형성.
●**고왕국 시대** BC 2686~2181년
파라오의 중앙 집권적 통치, 거대 석조 건축 기술 발달, 쿠푸의 대 피라미드는 7대 불가사의 중 하나.
●**제1 중간기** BC 2180~2040년
내전, 가뭄, 기근 등으로 혼돈의 시대.
●**중왕국 시대** BC 2040~1730년
관료제 등장.
●**제2 중간기** BC 1730~1550년
힉소스의 침입으로 혼란.
●**신왕국 시대** BC 1550~1069년
전성기이자 영광의 제국 시기. 투탕카멘 왕 무덤의 화려한 부장품과 람세스 2세를 위한 거대 건축물과 동상 제작.
●**제3 중간기** BC 1069~664년

투탕카멘 왕의 무덤에서 나온 화려한 부장품

인더스 문명

기원전 3000년경부터 인더스 강 하류 평원 지대에서 발달한 하라파와 모헨조다로 문명의 주인공들은 매우 발달한 농업과 넓은 교역망을 자랑했던 것으로 보인다. 이들은 바둑판 모양의 길들이 있는 도시를 건설했으며, 그곳에는 하수구 등 위생 시설도 발달해 있었다. 이들 역시 상형 문자를 남겼지만 이 문자는 아직 해독되지 않아 우리는 그 문명의 실체를 앞으로의 연구 과제로 남겨 둘 수밖에 없다.

후기 청동기 문명

북아프리카의 이집트와 서아시아의 메소포타미아에서 일어난 인류 최초의 문명은 유럽에서 볼 때 동쪽에 있어서 흔히 '오리엔트(동방)' 문명이라고 부른다. 이 가운데 아프리카 대륙 동북쪽 끝에 자리 잡은 이집트에서는 파라오가 다스리는 왕국이 큰 변화 없이 이어졌다. 고왕국과 중왕국, 신왕국 시대를 거치면서 풍요와 영광의 시대를 구가했다. 하지만 이주민의 발길이 닿기 쉬운 서아시아 지역에서는 많은 변화가 일어났다.

기원전 2000년경 인도유럽 어족의 일파가 소아시아 지역으로 이주해 와 히타이트* 왕국을 세우고, 한때 서아시아를 넘어 이집트 왕국까지 위협했다. 그 뒤를 이어 아시리아* 왕국과 바빌

모헨조다로 사제−왕의 조각상
모헨조다로에서 발견된 조각상으로 사제−왕으로 알려져 있다. (왼쪽)

미케네의 장례 가면
고고학자 슐리만이 그리스 미케네에서 발굴하여 그리스 신화에 나오는 아가멤논의 가면이라고 주장했다. 아가멤논이 실재했던 인물인지는 밝혀지지 않았지만, 유물은 화려했던 에게 문명을 말해 주고 있다. (오른쪽)

로니아 왕국이 잇따라 일어나 서아시아 문명권을 장악했다.

이들과 비슷한 시기에 유럽 대륙에서도 문명이 일어났다. 에게 해의 크레타 섬과 그리스 반도 남쪽 미케네 지역을 중심으로 에게 문명이 일어났다. 에게 문명은 오리엔트 문녕의 영항을 빚아 일이난 문명이었다.

이렇게 오리엔트와 에게 해에 걸쳐 고대 문명이 발전하고 있던 기원전 1200년경, '바다 민족'이라고 불리는 정체 모를 집단이 나타나 이 지역을 혼란에 빠뜨린다. 그들은 놀라운 전투력을 자랑하면서 서아시아 문명의 새로운 중심으로 자처하던 히타이트와 지중해 무역으로 번영을 누리던 미케네 등을 잇달아 무너뜨리고 파라오의 나라 이집트까지 위협했다. 이때부터 수백 년 동안 오리엔트와 에게 해 지역은 무정부 상태나 다름없는 암흑 시대에 접어들었다.

＊히타이트와 아시리아
철제 무기와 두 바퀴 전차로 무장한 히타이트 군은 기원전 13세기 이집트 람세스 2세와 벌인 오론테스 강변의 대전투로 유명하다. 아시리아는 제국을 유지하고 관리하기 위한 강한 군대와 관료 제도, 역참 시설 등을 유산으로 남겼다.

동아시아에서 다채로운 문명이 펼쳐지다

중국 상 왕조의 청동기 문화

상 왕조의 청동기
중국 상 왕조에서 제물을 준비할 때 쓰였던 것으로 보이는 청동 제기로, 독특한 문양이 새겨져 있다.

중국의 황허 강 유역에서는 기원전 2000년을 전후해 청동기 문명이 펼쳐지기 시작했다. 지금의 허난(하남) 성 얼리터우에서는 두께가 1밀리미터에 불과한 청동 용기들이 발견되었는데, 이는 기원전 1700년경의 유물로 밝혀졌다.

중국의 전형적인 청동기 문화는 기원전 1600년경에 성립한 상 왕조에서 펼쳐진다. 은이라고도 불리는 상 왕조의 왕은 최고 제사장이자 동시에 정치 권력자였다. 그것은 메소포타미아와 이집트에서도 마찬가지였는데, 고대 사회는 제정일치, 즉 제사(종교)와 정치가 일치하는 사회였던 것이다. 최고의 권력을 가진 사람이 종교적인 힘도 함께 지니고 있다고 믿었기 때문에, 그가 모든 정치적·종교적 활동을 도맡아 이끌었다. 오늘날

은허라고 불리는 황허 강 유역의 상 왕조 영역에서 청동은 주로 희생물을 바치는 제사용 기구를 만드는 데 사용되었다.

양쯔 강 상류, 랴오허 강 유역, 몽골 지역의 청동기 문화

황허 강보다 남쪽인 양쯔 강 상류 쓰촨(사천) 싼싱두이와 진샤(금사)에서는 청동이 다른 물건을 만드는 데 주로 쓰였다. 제사를 주관하는 사람의 얼굴이나 신의 얼굴, 신성한 나무를 나타내는 데에 청동을 다량으로 사용했다. 양쯔 강 유역에는 세계 4대 문명의 하나로 꼽히는 황허 강 유역과는 다른 문화 전통이 있었던 것이다.

기원전 2000년을 전후해 중국 동북쪽의 랴오허(요하) 강 유역에서도 황허 강 유역과 구별되는 청동기 문화가 발전했다. 이 문화는 훙산(홍산) 문화, 샤자뎬(하가점) 하층 문화로 대표되는 신석기 시대 후기의 문화 전통을 바탕으로 성립했다.

또 몽골 고원을 중심으로 한 내륙 아시아 초원 지대에 살던 사람들도 독자적인 청동기를 만들고 있었다. 몽골의 청동기 문화는 중앙아시아 초원 지대 문화의 영향을 받아 발전했다. 유라시아 대초원의 서쪽 자락으로부터 몽골 쪽으로 말을 이용한 유목 생활이 전해지고 동서를 잇는 폭넓은 교역망이 활성화되었기 때문에 독자적인 문화가 생겨났던 것이다.

농경 지대 문명과 유목 지대 문명

앞에서 살펴본 것처럼 도시 국가가 나타난 곳은 대규모 관개 농업으로 식량을 많이 생산할 수 있었던 큰 강 유역 충적 평야 지대였다. 반면 농경보다 유목을 하는 것이 먹고살기에 유리한 북방 초원 지역에서는 도시가 발달하기 어려웠다. 기후가 온난하지 못한 평원 지대도 마찬가지였다. 이런 곳에서는 관개 기술을 발전시키기도 어렵고 인구가 쉽게 증가하

양쯔 강 유역의 청동기 유물
양쯔 강 상류의 쓰촨 싼싱두이에서 발굴된 청동기로 실물 크기의 제사장 모습이다.

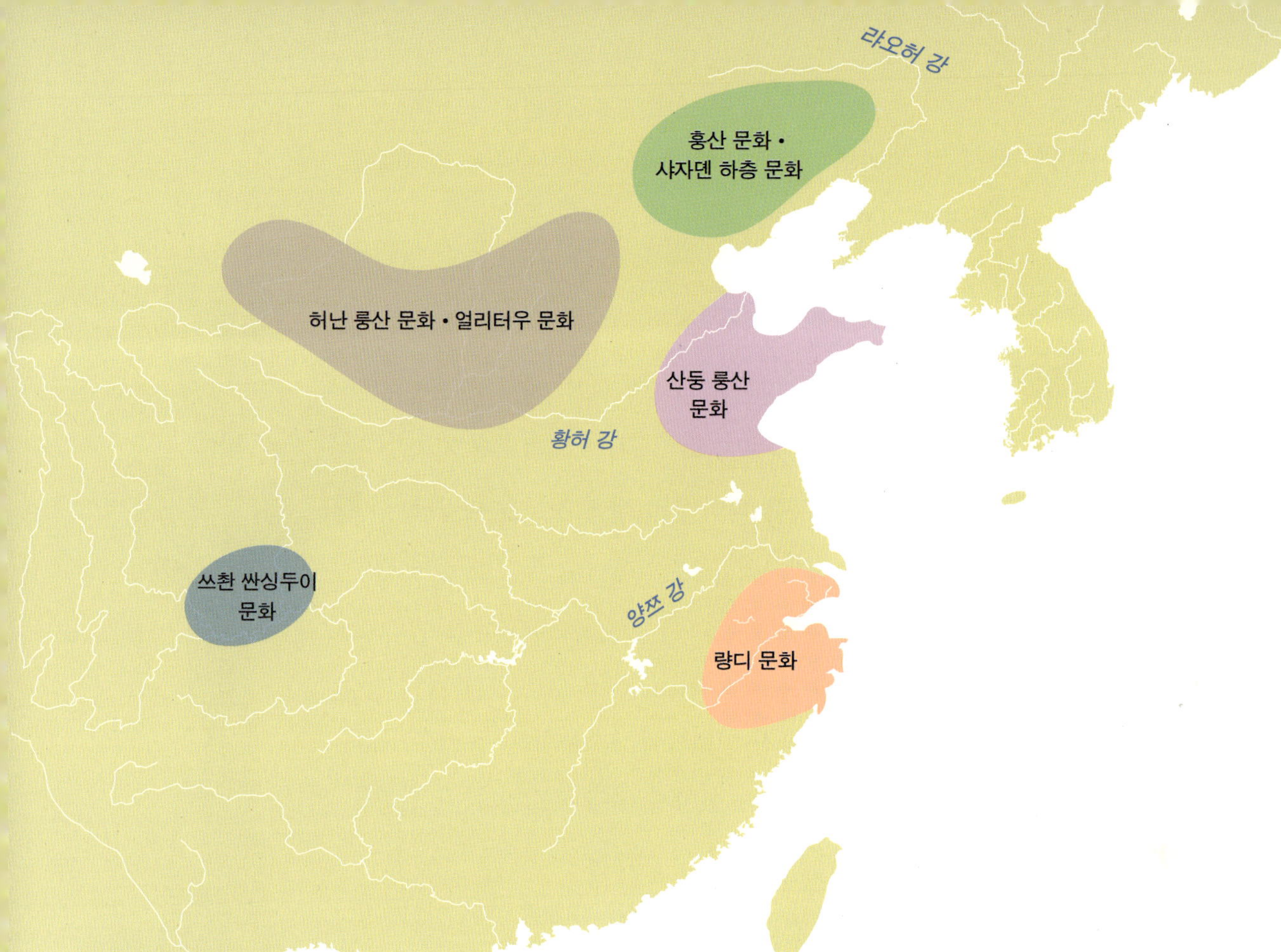

동아시아의 청동기 문명
황허 강 유역 외에도 양쯔 강, 라오허 강 등 여러 지역에서 다양한 신석기 후기 문화가 발달했으며, 이 신석기 후기 문화의 영향을 받아 독자적인 청동기 문화가 발달했다. 홍산·룽산·량디 문화는 신석기 후기 문화, 샤자뎬·얼리터우·싼싱두이 문화는 청동기 문화이다.

지도 않았다.

따라서 도시 국가를 거쳐 제국으로 나아가는 단계적 발전이 일어나기 어려웠다. 그 대신 제국에 버금가는 연맹체 국가를 성립시키는 것이 일반적이었다. 많은 부족이 일시적으로 연합해 연맹체 국가를 만들거나, 강력한 지도력을 발휘하는 영웅적인 존재가 여러 세력을 모아 그러한 국가를 이룩했다. 이런 연맹체 국가들은 안정적인 농업보다는 교역과 전쟁을 통해 세력을 유지하려는 경향이 강했다. 따라서 훌쩍 컸다가도 하루아침에 쪼그라들고는 했다. 그러다 보니 자연히 영역이 변하거나 중심지가 옮겨지는 일도 많았다.

정착 농경을 바탕으로 성립한 국가들은 정교한 제사 의식과 문자 기록에 바탕을 둔 복잡한 법률과 행정 체계를 발전시켰다. 그와 달리 유목 지대의 국가들은 효율적인 통신과 교통, 군사 활동을 위한 신호 체계를 개발하고 무기와 무장 기술을 발달시키는 데 관심을 기울였다.

청동기 문화를 바탕으로 성립한 농경 지대 제국들은 문자 체계를 발달시키고 많은 문헌 기록을 남겼다. 또한 거대한 제단과 신전, 왕궁을 짓고 제사용 청동기를 만들어 그 자취를 후세에 남겼다. 그러나 유목 지대의 제국들은 날카롭게 벼린 청동 무기, 정교한 장식을 자랑하는 청동제 무장 용구, 전차의 부속품, 금은 세공품 정도만 흔적으로 남겼다.

홍산 문화는 농경과 수렵·목축 문화의 경계 지대인 랴오허 강으로 흘러드는 시랴오허 강 상류 지역에서 성립한 신석기 후기의 문화이다. 샤자뎬 하층 문화는 네이멍구(내몽고) 경계 지역인 츠펑에서 성립한 문화로 신석기와 청동기가 모두 출토되는데, 홍산 문화의 영향을 받은 것으로 알려져 있다. 샤자뎬 하층 문화에서는 고구려의 석성과 비슷한 성, 비파형동검 등이 출토되어 고조선의 영역이 아니었나 짐작되고 있다. 아래 사진은 홍산의 여신묘 발굴 사진으로, 여러 여신상과 제사용품이 출토되었다.

우리나라 청동기 문명은
어디에서 왔을까?

비파
비파형동검은 이 비파를 닮았다
하여 비파형동검이라 부른다.

동북아시아 청동기 문화의 출발점 비파형동검

기원전 3500년경 다링허(대릉하) 강 유역의 니우허량 북쪽 산 구릉 정상에는 풍요의 여신을 비롯한 여러 신을 모신 거대한 제사용 건물이 세워져 있었다. 이를 신묘라 한다. 신묘의 제단에 희생 제물을 담은 각종 채색 토기와 정교하게 다듬은 각종 옥기가 진열되면 풍요와 다산을 비는 제사가 치러졌다. 제사를 주관한 제사장이 죽게 되면 저룡(돼지 얼굴의 용) 모양으로 다듬은 장식옥을 비롯한 여러 종류의 옥기와 장신구, 채색 토기 들과 함께 니우허량 일대에 만들어진 거대한 돌무지무덤에 묻혔다.

제단과 돌무지무덤, 광장, 성벽이 모두 발견된 니우허량 유적은 신석기 시대 후기 문화의 산물이다. 이곳을 보면 신석기 시대 이래 랴오허 강과 다링허 강 일대에 황허 강 유역의 룽산 문화와 구별되는 독자적 문화 전통이 성립해 발전하고 있었음을 알 수 있다. 홍산 문화로 불리는 니우허량 유적의 문화 전통은 샤자뎬 하층 문화로 이어지고, 기원전 2000년을 전후해 모습을 드러내는 북방 청동기 문화의 모태가 된다. 바로 이 북방 청동기 문화로부터 비롯된 것이 동북아시아 청동기 문화의 출발점으로 여겨지는 비파형동검이다.

비파형동검 문화는 기원전 1000년 무렵 동북아시아의 랴오허 강 유역에서 나타났다. 비파형동검은 모양이 비파를 연상시킨다고 해서 이름 붙여진 유물이다. 랴오허 강 유역의 청동기 유적에서 집중적으로 발견되지만, 랴오둥(요동) 반도와 한반도에서도 곧잘 나오는 편이다. 랴오닝(요령) 지역에서 주로 나오기 때문에 랴오닝식 동검으로도 불린다.

랴오허 강 서쪽으로 가면 오르도스식 동검이 나오는 지역과 가까운 곳에서 비파형동검이 발견되는 일도 적지 않다. 오르도스식 동검은 내몽골의 오르도스에서 전해진 유물로, 농사와 목축을 겸하던 산융족과 동호족*들이 남긴 것이다. 오르도스식 동검은 청동으로 만든 말, 개구리, 가오리 모

비파형동검과 세형동검 분포도

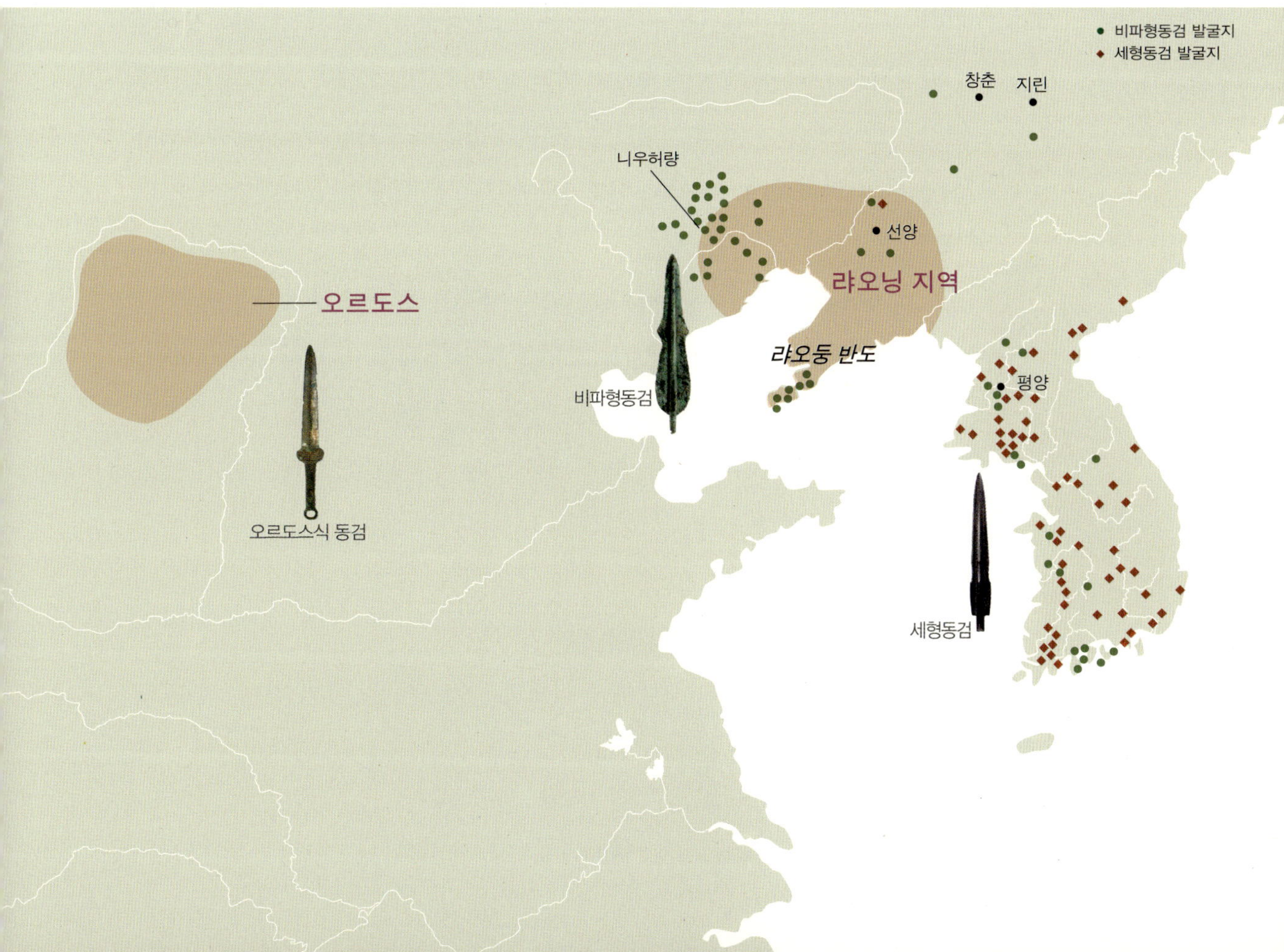

양의 장식품과 함께 나오곤 한다. 이와 달리 비파형동검은 종종 기하무늬 청동 거울이나 청동 방울, 단추 등과 함께 출토된다. 호랑이나 말 모양을 한 허리띠 장식 고리는 비파형동검과 함께 나오기도 하고, 오르도스식 동검과 함께 나오기도 한다.

세형동검 문화

기원전 4세기에 이르면 한반도 서북 지역에서는 비파형동검을 모태로 삼은 세형동검 문화가 나타난다. 세형동검은 주로 청천강 이남의 한반도 지역에서 발견되기 때문에 한국식 동검으로도 불린다. 이 동검은 무기로 쓰기에 좋도록 칼의 몸통이 길고 가늘게 다듬어져 있으며, 기원전 4세기 이전부터 만주와 한반도를 활동 무대로 삼던 예맥족과 깊은 관련이 있는 것으로 이해되고 있다.

비파형동검과 세형동검이 발견되는 청동기 유적의 분포지는 한국 청동기 문화의 상징물처럼 여겨지는 고인돌 무덤의 주된 분포지이기도 하다. 고인돌 무덤은 청동기 시대 지배자들의 권위를 보여 주는 대표적인 유적으로, 대형 고인돌의 경우 덮개돌의 무게만 25톤이 넘는 것도 적지 않게 발견된다.

비파형동검과 세형동검 시대의 생활상

비파형동검과 세형동검의 시대에 들어서면서 랴오허 강 유역, 만주, 한반도 일대에서는 다양한 종류의 무기와 도구들이 청동으로 만들어져 사용된다. 청동으로 창, 도끼, 끌, 자귀, 거울, 방울 등을 만들어 전쟁에도 쓰고, 제사에도 쓰고, 도구를 만드는 데도 썼다. 특히 도끼, 끌, 자귀 등 청동제 도구들은 나무와 짐승 뼈를 재료로 한 농기구를 만드는 데 큰 도움이 되었다.

청동기 시대에도 낫이나 괭이, 보습같이 단단하면서도 부러지지 않고 오래 써야 하는 생산 도구들은 청동이 아닌 돌로 만들어 쓰는 것이 일반적이었다.

청동제 도구와 무기를 만들기 위한 거푸집은 보통 연한 활석滑石으로 만들어졌다. 한반도의 청동기 유적에서는 거의 모든 형태의 거푸집이 발견되고 있다.

청동기 시대에는 한반도에서도 많은 수의 저수지들이 만들어져 농업용 관개 시설로 활용되었다. 북부 지방에서는 기후가 온난하지 않아 조, 피, 기장, 수수 등을 주로 재배했지만, 중남부 지방의 일부 저습지에서는 벼농

왼쪽부터 청동 도끼(충남 부여 구룡리 출토), 청동 끌(전남 화순 대곡리 출토), 청동 자귀(황해 재령군 고산리 출토). 도끼는 기본 쓰임새가 벌목이지만 인류 역사상 가장 오래된 무기 중 하나이기도 하다. 끌과 자귀는 나무를 깎거나 다듬는 연장이다. (청동 도끼는 국립중앙박물관 소장, 청동 끌은 국립광주박물관 소장)

사도 지었다. 사람들은 큰 강과 지류 연변에 형성된 충적 평야에서 농사를 짓고, 그 근처의 야산 기슭에 마을을 이루고 살았다.

세형동검이 출현하는 시기에 이르면 압록강, 대동강, 한강, 낙동강 등의 유역에 강줄기를 따라 발달한 크고 작은 충적지마다 10호 내외부터 100여 호에 이르는 규모의 마을들이 수도 없이 들어서게 된다.

계급의 출현을 나타내 주는 무덤 문화

동북아시아 청동기 문화를 대표하는 고인돌 무덤 외에도 청동기 시대에는 돌무지무덤, 돌널무덤 등 다양한 형식의 무덤이 만주와 한반도 일대에 만들어졌다. 지배 계급이 선호했던 고인돌 속에서는 때로 어린아이의 유골도 발견된다. 이미 이 시대에 권력과 지위가 세습되었음을 짐작하게 하는 사례라고 하겠다.

청동기 시대에는 무덤의 규모와 구조뿐 아니라 유골과 함께 묻힌 껴

강화도 부근리에 있는 청동기 시대의 고인돌

묻거리를 보아도 권력과 지위가 제도로 정착되어 있었다는 것을 알 수 있다. 그뿐 아니라 계급이 세부적으로 나뉘고 집단 간의 힘의 차이가 뚜렷해졌다는 것도 알 수 있다.

청동 검과 같은 청동제 무기로 무장하는 것이 가능해지면서 청동기를 소유한 집단과 그렇지 않은 집단 사이에는 뚜렷한 힘의 격차가 나타났다. 청동기 제작과 소유가 가능했던 집단은 급격히 세력을 불려 갈 수 있었고, 신성한 힘과 기술을 지닌 자들로 자신들을 미화할 수 있었다. 제사 의식에 쓰는 청동제 용기들은 신성한 힘의 원천인 신들과 소통할 수 있는 자들만 관리하고 사용할 수 있었다.

청동제 무기를 지닌 자들은 신의 뜻을 빌미 삼아 상호 약탈 전쟁이나 정복 전쟁을 일으켰고, 승리한 쪽은 물자와 노예의 소유를 늘리고 세력을 확대시킬 수 있었다. 청동기 사회로 접어든 지 오래지 않아 동북아시아에도 도시 국가 수준의 규모와 세력을 크게 넘어서는 강대한 정치 집단들이 나타난다. 이 가운데 예맥족을 중심으로 성립, 발전하여 후세에도 그 영향을 뚜렷이 남긴 나라가 앞으로 나올 고조선이다.

메소포타미아, 이집트 등 고대 문명이 가장 먼저 시작된 곳보다는 늦었지만, 우리나라도 역사의 흐름에 따라 사회 내부에 계급이 발생하고 여러 집단들이 통합되어 국가로 나아가고 있었던 것이다.

인류의 탄생과 한국사의 걸음마를 나오며

백만 년도 훨씬 넘는 오랜 기간 동안 인류 사회는 석기를 주된 도구로 사용했다. 그 석기 시대의 대부분은 돌을 깨뜨려 도구를 만들던 구석기 시대였다. 이 시기에 인류는 동식물을 사냥해 먹고 채집해 먹었다.

그러다가 8000년 전쯤 돌을 갈아 정교한 도구를 만들고 흙을 빚어 토기를 만들게 된 신석기 시대에 본격적으로 들어서면서, 인류는 농경과 목축이라는 생산 활동을 시작했다. 자연에서 자라난 동식물을 채집하거나 사냥해 먹는 것이 아니라 인류가 직접 길러 먹는다는 뜻에서 '생산'이다.

오랜 석기 시대에 인류는 평등한 사회에서 살았다. 비록 빈곤 속의 평등이었으나 모두가 함께 일하고 함께 나누었다. 이것을 변화시킨 것이 생산물의 안정된 수확이고, 그것을 둘러싼 갈등과 분열을 부추긴 것이 새로 발명된 청동기였다. 약탈과 전쟁 속에 국가가 태어나고 거대한 제국이 나타나 인간 사회를 지배하는 자와 지배받는 자로 나뉘었다.

문명의 발전과 국가의 출현은 이집트, 메소포타미아, 인도, 중국 등 4대 문명을 포함해 청동기 문명이 일어난 대부분의 지역에서 거의 동시에 일어난 현상이었다. 청동기 시대로 접어든 지 오래지 않아 동북아시아에서

도 이러한 강대한 정치 집단들이 나타났다. 그 가운데 예맥족을 중심으로
성립, 발전해 후세에도 그 영향을 뚜렷이 남긴 나라가 고조선이었다.

빗살무늬 토기
우리나라의 신석기 시대를 대표하는 토기로, 빗살 모양의 가는 선들이 가득 그려져 있다. 신석기 시대인들은
이 토기를 이용하여 음식물을 조리하거나 저장했을 것이다.(위쪽)

함무라비 법전의 상단부
돌기둥의 아래쪽에 고 바빌로니아 제국의 함무라비 왕이 제정한 282조의 규정이 새겨져 있다.(오른쪽)

기원전 1000년~기원전 108년
2
로마
이집트
파르티아
대월지
승가 왕조
안드라 왕조
흉노
고조선
한

제국의 시대와 고조선

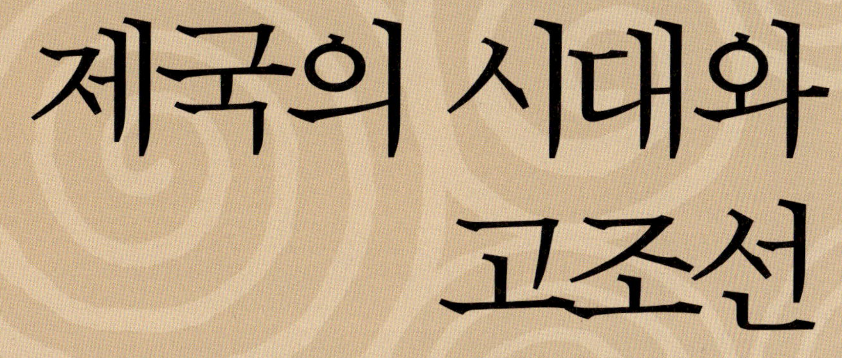

01

동서 제국의 등장

청동기 시대를 지나 철기 시대가 펼쳐지면서 세계 각 지역은 거대 제국을 중심으로 통합되는 움직임을 보였다. 이집트와 메소포타미아에서 시작된 고대 오리엔트 문명은 페르시아 제국에 의해 통합되고, 오리엔트의 영향을 받은 유럽 문명은 그리스를 거쳐 로마 제국에 의해 통합되었다. 문명의 중심이 계속해서 바뀐 서쪽 세계와 달리, 중국에서는 여러 세력이 하나의 중심점을 향해 모여들었다. 진시황이 춘추 전국 시대의 분열을 끝낸 데 이어 한나라는 중화사상에 입각해 세계 질서를 이룩하려 했다. 동서 제국 사이에는 실크로드와 인도가 펼쳐져 있었다. 바로 이때 고조선은 동방에서 제국의 시대를 맞이하고 있었다.

그리스 아크로폴리스에 있는 에렉테이온 신전 현관 입구의 소녀상.

서양에 우뚝 선 로마 제국

페르시아와 그리스

후기 청동기 시대에 오리엔트와 에게 해에 걸쳐 발전하고 있던 이집트, 히타이트, 미케네 등의 고대 문명을 '바다 민족'이 공략하며 혼란에 빠뜨린 뒤 긴 암흑 시대가 계속되었다. 그 후 기원전 800~700년경이 되자 신 아시리아와 신 바빌로니아가 주변 지역을 통일하며 지역의 강자로 떠올랐다. 이들이 오리엔트 일부의 통일에 만족했던 반면, 지금의 이란에서 일어난 페르시아는 오리엔트 세계 전체의 패자를 꿈꾸었다. 페르시아 제국은 기원전 6세기 후반 서아시아와 북아프리카뿐 아니라 유럽의 한 끝까지 걸치는 장대한 판도를 이룩한 뒤, 에게 해 건너편까지 노려보고 있었다.

바다 민족의 시대가 끝날 무렵 유럽 남부에서는 발칸 반도 북쪽에서 이주해 온 그리스 인이 지중해와 흑해 연안 곳곳에 새 정착지를 만들어 나가고 있었다. 그들은 이탈리아와 시칠리아로 건너가 식민 도시들

그리스 문화를 보여 주는 토기
그리스 신화에 나오는 헤라클레스와 아테나 여신이 그려져 있는 그리스의 토기(일부).

을 세웠고, 북아프리카와 흑해 연안에도 수많은 도시를 세워 여러 나라와 민족 사이의 교역을 중개하는 활동을 했다.

페르시아 제국은 그리스 인이 세운 도시 국가들도 손안에 넣고 싶어서 원정군을 보냈다. 오리엔트 세계를 평정한 페르시아 제국과 자그마한 그리스 도시 국가들의 싸움은 누가 보아도 결과가 뻔한 것이었다. 그러나 기적이 일어났다. 기원전 5세기 전반 아테네가 주도하는 그리스 도시 국가의 연합군은 페르시아 제국의 침략군을 맞아 땅과 바다에서 잇달아 눈부신 승리를 거두었다.

페르시아의 침략을 물리치고 독립을 지킨 그리스는 고대 유럽 세계에 자신의 이름을 강렬하게 아로새기고, 후세에 이름을 떨치게 될 위대한 문화를 창조할 수 있었다. 탈레스, 헤라클레이토스 등에서 시작되어 소크라테스, 플라톤 등이 꽃피운 고전 철학, 아이스킬로스와 소포클레스로 대표되는 고전 비극, 페리클레스가 완성한 고대 민주주의는 모두 그리스의 작품이었다.

페르시아 제국의 판도
오리엔트 세계를 주름잡던 페르시아 제국은 아케메네스 왕조(기원전 550~기원전 330)에서 비롯되었다. 페르시아라는 명칭은 고대 그리스 인이 이란 남서부 해안 지역에 사는 사람들을 부르던 '파르스'에서 비롯된 것. 아케메네스 왕조 페르시아의 다리우스 1세는 제국의 주요 도시들을 잇는 도로를 건설했는데, 이 도로를 '왕의 길'이라고 불렀다.

아테네가 주도한 그리스의 전성기가 막을 내린 것은 외세의 침략 때문이 아니라 도시 국가들 사이의 내분과 전쟁 때문이었다. 기원전 431년 아테네의 아성에 도전한 스파르타는 27년에 걸친 펠로폰네소스 전쟁 끝에 기원전 404년 마침내 승리를 거두었다. 그러나 이 전쟁은 아테네가 꽃피운 고전 문화까지 잠재우면서 그리스 전체의 몰락을 앞당겼다.

마케도니아와 헬레니즘

이때 그리스 본토를 장악한 것은 북쪽의 작은 왕국 마케도니아였다. 마케도니아는 일찍부터 그리스 도시 국가들의 축제인 올림픽에 참가하고 싶어했으나 야만 왕국 취급을 받으며 거부당하곤 했다. 그러자 마케도니아는 그리스를 무력으로 정복하여 이에 복수했다. 마케도니아의 알렉산드로스 왕(재위 기원전 336~323)은 그리스의 주요 도시 국가들에게 자치 민주주의 전통을 포기하고 자신의 지배를 받아들이도록 강요했다.

　　알렉산드로스는 정치적으로는 그리스의 정복자였으나 문화적으로는 그리스의 아들이었다. 그의 스승은 그리스의 위대한 철학자 아리스토텔레스였다. 스승의 영향을 받은 알렉산드로스는 '헬레니즘*'이라고 불리는 그리스 문화를 전 세계에 퍼뜨리겠다는 야심을 품고 있었다.

　　알렉산드로스는 그리스 연합군을 이끌고 페르시아로 진격했다. 기원전 331년 가우가멜라 전투에서 페르시아 제국의 다리우스 3세(재위 기원전 336~330)가 알렉산드로스에게 패하면서 고대 그리스와 오리엔트 세계에는 헬레니즘 시대가 열렸다. 알렉산드로스는 이집트에서 인도에 이르는 거대한 제국을 건설했지만, 그의 진정한 업적은 고대 오리엔트 문명과 그리스 문명을 접목시킨 것이었다.

　　알렉산드로스의 제국은 그가 죽자마자 분열되었다. 그러나 제국 전역에 그의 이름을 따서 세운 70여 개의 도시 알렉산드리아는 헬레니즘의 가치와 문화를 전파하는 중심으로 성장했다.

알렉산드로스
페르시아와 동방을 정복. 헬레니즘 시대를 연 알렉산드로스. 그림은 알렉산드로스와 다리우스 3세의 전투를 묘사한 대형 모자이크화의 일부. 왼쪽의 투구를 쓰지 않은 전사가 알렉산드로스이다.

로마

알렉산드로스가 동쪽으로 진격하는 동안 그리스 서쪽에서는 로마가 성장했다. 로마는 기원전 8세기 이탈리아 반도의 작은 도시 국가로 출발했다. 알렉산드로스 제국이 힘을 잃어 갈 무렵 로마는 북아프리카의 카르타고와 서부 지중해의 해상권을 두고 포에니 전쟁을 벌였다. 로마는 한때 카르타고의 명장 한니발에게 밀려 멸망 직전까지 갔으나, 결국 세 차례의 전쟁에서 카르타고를 꺾고 서지중해의 새로운 패자로 떠올랐다.

기원전 2세기경, 로마군이 동방 원정에 나섰을 때 그리스와 소아시아, 이집트 일대에는 이를 막아 낼 만한 군대가 없었다. 로마는 이 지역을 모두 차지하고 알렉산드로스 제국의 후계자로 확실히 자리 잡았다.

초기 로마는 왕이 아닌 귀족들이 원로원을 통해 국사를 운영하는 공화정* 체제였다. 원로원은 입법과 자문을 담당하는 실질적인 지배 기관으로 국내 정치와 외교를 지도했다. 그러다가 강력한 카리스마와 재력을 갖춘 정치가들이 잇달아 나타나면서 원로원의 권위를 넘어선 절대적 지배자의 출현이 불가피해졌다. 황제가 다스리는 제정*으로 넘어가기 시작한 것이다.

✝ 포에니 전쟁

포에니는 로마 인들이 카르타고의 주민인 페니키아 인을 부르던 말이었다. 포에니 전쟁은 서지중해 세계의 패권을 둘러싸고 로마와 카르타고가 벌인 전쟁으로, 기원전 264년에서 기원전 146년에 이르기까지, 118년 동안 세 차례에 걸쳐 벌어졌으나 결국 로마의 승리로 막을 내렸다. 그림은 카르타고의 명장 한니발이 코끼리를 타고 알프스를 넘는 모습의 중세 프레스코화.

이즈음 지중해는 로마 제국 안에 있는 바다, 곧 로마의 '내해內海'로 바뀌어 갔다. 지중해를 오가던 여러 국적의 국제 무역선이 로마 제국의 국내 교역선이 되어 버렸다. 로마는 일개 도시 국가에서 지중해를 제패한 거대한 제국의 심장이 되었고, 로마 시민권은 속주의 주민 누구나 선망하는 특권적 신분의 상징으로 여겨지게 되었다.

고대 로마의 중심지 포룸 로마눔
고대 로마의 중심부에 위치해 있으면서 정치와 종교의 중심이 되었던 광장. 원로원 의사당, 신전, 그 외에 일상에 필요한 시설을 갖추고 있었다.

인도에도 제국이 등장하다

마가다 왕국의 성립

기원전 2500년경 인더스 강 유역에 성립되었던 인더스 문명은 기원전 1500년경 시작된 아리아 계 정복자의 침략으로 철저하게 파괴되었다. 주민들은 학살되거나 흩어졌고, 도시의 지도자와 장인들이 지니고 있던 전문적인 지식과 기술은 잊히고 말았다. 이런 까닭에 인더스 문명의 주인공들이 남긴 문자는 오늘날까지 해독되지 못하고 미궁에 빠진 상태로 남아 있다.

정복자들은 기원전 1200년 이후 인더스 강 유역의 남쪽과 동쪽으로 퍼져 나가며 정착했다. 경전 『리그베다』와 서사시 『마하바라타』는 그들의 신화를 정리한 책이다.

기원전 900년 이후 갠지스 강 유역에서 철제 농기구로 벼농사를 짓게 된 정복자들은 더욱 빠르게 정착 농경민이 되어 갔다. 갠지스 강 주변에는 적지 않은 수의 마을과 도시 들이 생겨나고, 중앙 집권화된 왕국들도 출현하게 되었다.

갠지스 강 유역의 왕국들은 벼농사 덕분에 부강해지자 인더스 강 유역으로 뻗어 나갔다. 기원전 800년경에는 인도와 서아시아를 잇는 고대 해상

아소카 왕의 상징물
마우리아 왕조의 전성기를 열고 불교를 널리 퍼뜨린 아소카 왕이 정복지 곳곳에 세운 돌기둥의 머리 부분. 사자는 지혜와 용기를 상징한다.

교역로도 다시 열렸다. 기원전 4세기, 알렉산드로스가 인더스 강 북서부에 침입할 즈음 갠지스 강 일대는 마가다 왕국에 의해 사실상 통일되어 있었다.

인도 최초의 제국 마우리아

알렉산드로스 군대가 물러가자 마가다 왕국의 찬드라굽타(기원전 321~기원전 297)는 인더스 강 유역까지 자신의 영토로 삼고 마우리아 왕조를 열었다. 인도의 두 강 유역 전체를 아우른 최초의 제국이 등장한 것이다.

찬드라굽타의 손자 아소카(기원전 265?~기원전 238)는 기원전 250년경 인도 남부의 안드라 왕국까지 병합해 마우리아 제국의 전성기를 열었다.

인도를 독자적인 제국으로 바꾼 아소카는 불교*라는 신흥 종교를 제국 통치의 이념으로 삼고 이를 주변 세계 전체에 확산시키려고 했다. 불교는 기원전 6세기 갠지스 상 유역에서 소국 카필리의 왕자였던 싯다르타가 창시한 종교였다. 아소카는 왕의 이름으로 수많은 사찰을 짓도록 하고 무수한 포교 사절을 세계 각지로 파견했다.

쿠샨 왕국

그러나 아소카 왕이 죽자 마우리아 왕조는 급속히 쇠퇴했다. 제국은 여러 소왕국으로 분열되었고, 불교의 전파도 한동안 주춤할 수밖에 없게 되었다. 마우리아 제국의 영향력이 빠른 속도로 줄어들 무렵, 이란 계통의 쿠샨 인이 힌두쿠시 산맥을 넘어 인더스 강 쪽으로 밀고 내려왔다. 이들은 오늘날의 아프가니스탄에서 인더스 강 서북부에 걸쳐 새로운 왕국을 세웠다. 쿠샨 왕국이었다.

서기 1세기에 접어들면서 쿠샨 왕국의 카니슈카(서기 78~서기 144로 추정) 왕이 불교의 보호자를 자처하고 나섰다. 그리하여 대승 불교가 성립하고 간다라 미술이 발전했다. 대승 불교가 중앙아시아로 확산되어 동아시아로까지 전해질 수 있게 된 것도 카니슈카 왕의 적극적인 후원 때문이다.

＊붓다와 불교의 등장
인도 북부의 한 왕국에서 석가모니(기원전 563~기원전 483)가 태어나 바른 수행을 하면 누구나 부처, 곧 깨달음을 얻은 사람이라는 의미의 붓다가 될 수 있다고 설파했다. 이 가르침이 그의 사후 제자들에 의해 널리 전파되면서 불교가 성립했다. 특히 많은 전쟁으로 인명을 희생시킨 아소카 왕이 그것을 참회하며 불교를 널리 전파했다.

쿠샨 왕국 카니슈카 왕의 동전
카니슈카 왕은 불교를 보호하고 후원했다.

동양에 우뚝 선 한 제국

춘추 시대 (기원전 770 ~ 403)

황허 강 유역에서 상(은) 왕조를 무너뜨리고 등장한 나라가 주나라였다. 기원전 1046년 주나라의 무왕은 강태공의 도움을 받아 '주지육림(술과 여자에 빠져 방탕한 생활을 하는 짓)'에 빠져 있던 주왕을 폐하고 은나라를 멸망시켰다.

주나라는 스스로 종주국이 되고 주변의 작은 나라들을 제후국으로 봉하여 자신을 섬기게 했다. 이러한 체제를 일컬어 봉건제*라고 한다. 그러나 이것은 어디까지나 주나라가 강성할 때의 일이었다. 기원전 8세기 들어 주나라의 힘이 빠지자 주나라를 종주국으로 받들어 모시던 제후국들의 태도가 바뀌었다. 몇몇 제후국은 이미 주나라를 능가할 정도의 영토와 인구, 경제력, 군사력을 지니고 있었다.

제후국들은 주나라를 중심으로 하는 '춘추대의', 즉 대의명분을 밝혀 주나라에 대한 의리를 지킨다는 명목으로 서로 회합을 가졌다. 그러면서 저마다 천하의 새로운 패자로 나설 속셈으로 부지런히 동맹을 맺고 서로 견제했다.

　　이렇게 하여 춘추 시대가 펼쳐졌고, 진·제·초·오·월이라는 다섯 나라가 차례로 동맹 제후국들의 우두머리가 되었다. 이들 다섯 나라를 '오패'라고 한다. 한자 사자성어에 '오월동주'라는 말이 있는데, 서로 싸워 원수가 된 오나라와 월나라 사람이 같은 배를 타게 된 기막힌 상황을 가리킨다. 이 말에 나오는 오와 월이 바로 춘추 오패에 속하는 나라들이었다.

전국 시대 (기원전 403 ~ 221)

춘추 시대라는 이름은 이 시대를 다룬 공자의 역사책 제목인 『춘추』에서 비롯되었다. 이 춘추 시대는 기원전 453년 오패 가운데서도 가장 강했던 진晉나라가 세 나라로 나뉘면서 끝이 났다. 진나라를 지탱하던 한·위·조 세 가문이 나라를 세 조각내 버리자 세상은 약육강식의 살벌한 전쟁터로 변했다. 여러 나라들이 서로 싸우는 전국 시대가 시작된 것이다. 이 시대에 강자로 군림한 일곱 개의 큰 나라들을 '칠웅'이라 한다.

　　춘추 시대 초기에 백여 개에 이르렀던 제후국들은 약육강식이 중국 사회의 원리였던 전국 시대 중기에 십여 개로 줄었다. 무한 경쟁에 내몰리면서 제후국들은 무엇이든 이

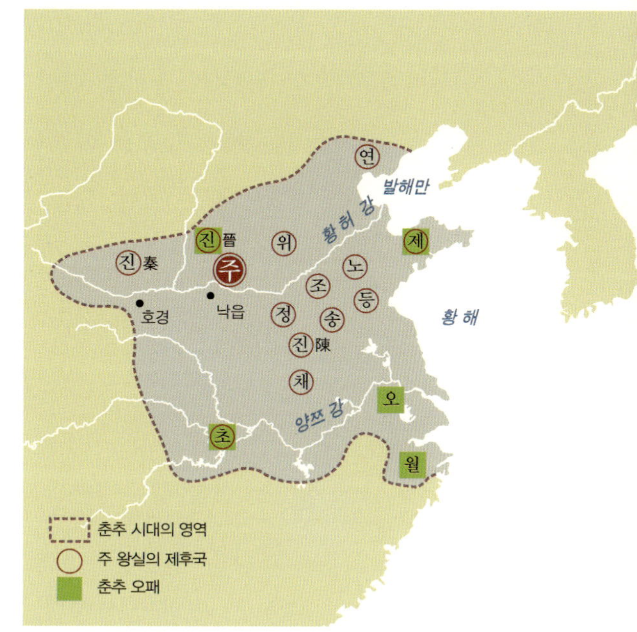

다섯 나라가 패권을 다투었던 춘추 시대 판도

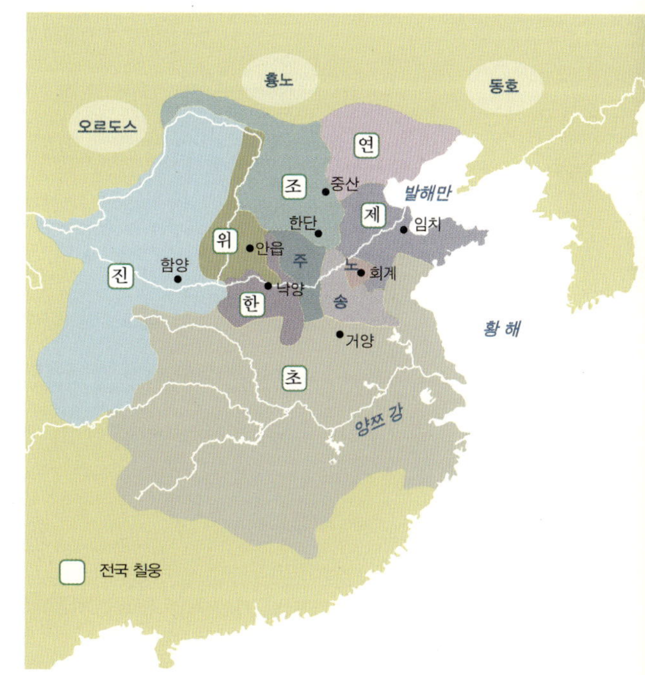

일곱 나라가 강자로 군림했던 전국 시대 판도

웃보다 앞서 시도하며 개발을 추진했다. 경쟁에서 이기려면 무엇을 하든 최고, 최선의 결과를 내야 한다는 시대 정신이 지배하면서 중국 사회의 각 분야는 빠른 속도로 발전했다.

제철, 제련 기술이 날로 새로워졌고 교통수단이 발전했으며 법률 체계가 정비되었다. 산업 기술이 개발되고 교역망도 크게 확대되었다. 칠웅의 수도는 대도시가 되었고, 천하의 인재들이 이런 도시들로 몰려들었다.

제자백가와 합종, 연횡

춘추·전국 시대에는 인간과 사회에 대해 새로운 해석을 하면서 질서를 회복하고 재편하려는 철학자, 사상가 들이 대거 나타났다. '백가쟁명'으로 불리는 이 현상은 서쪽의 진秦나라가 중국을 통일하고 전국 시대를 끝낼 때까지 계속되었다. 이때 나타난 수많은 학파를 '제자백가'라 한다.

칠웅 중에서 진나라는 제자백가 중 하나인 법가를 따랐다. 법가는 도덕보다 법을 중요하게 여겨 형벌을 엄하게 하는 것이 나라를 다스리는 기본이라고 주장한 학파이다. 진나라는 법가인 상앙과 이사의 제안을 받아들여 엄격한 법률 체계로 사회 전체를 병영처럼 고도로 조직화했다.

법가식 개혁으로 진나라가 강성해지자 한·위·조·초·연·제 등 다른 여섯 나라는 세로 즉 종從으로 동맹을 맺어 진에 대항하자는 '합종책'을 내세웠다. 그러자 진은 이들 6국과 가로 즉 횡橫으로 각각 화친하는 '연횡책'을 세워 합종책에 맞섰고, 결국 6국 동맹을 무력화시켰다.

진나라

진나라 왕인 정이 천하 통일을 위한 군대를 일으킬 무렵 대세는 이미 진나라로 기울어 있었다. 기원전 221년 마침내 중국이 통일되었고, 진나라 왕 정은 만세를 이어 갈 황제의 시대를 열었다고 하여 스스로를 첫 번째 황제,

곧 시황제로 불렀다.

진나라는 도량형(길이, 부피, 무게 따위의 단위를 재는 법)과 화폐를 정비·통일하고, 문자와 사상을 통일하고자 했으며, 이 과정에서 악명 높은 분서갱유* 사건이 일어나기도 했다. 이제 만리장성 너머의 북방 세력인 흉노만 잘 처리하면, 통일 제국 진나라는 오래도록 부와 번영을 누릴 것처럼 보였다.

그러나 진나라 천하는 2대 15년 만에 끝나고 말았다. 멸망한 6국의 귀족과 백성들은 실용적 법치주의를 내세운 엄격한 진나라의 법률 체계에 적응하기 힘들었다. 또한 진나라는 통일 뒤에도 장성을 쌓고, 도로를 정비하고, 함양에 새 수도를 건설하는 대토목 공사를 벌였다. 부역에 시달리던 백

진의 천하 통일을 위한 도구들

위 왼쪽부터 반량전, 청동 저울, 두호부. 반량전은 진나라 때 만든 최초의 칠전으로, 진시황은 모양과 크기, 가치가 다른 여러 나라의 화폐를 이 반량전으로 통일시켜 버렸다. 청동 저울은 만든 이의 이름과 무게의 단위가 적혀 있는 추로, 도량형을 통일하는 데 쓰였으며, 두호부는 황제의 명령이나 군대의 이동을 전달할 때 쓰였던 증표이다.

진시황릉의 병마용 갱
진시황릉을 둘러싼 여러 개의 껴묻거리 구덩이에서
는 지금까지 7,500기나 되는 실물 크기의 병사, 말,
전차 모형이 발견되었다. 이는 진시황의 위세가 얼마
나 대단했는지를 여실히 보여 준다.

성들은 전국 곳곳에서 반란을 일으킨 끝에 영원할 것 같던 통일 제국을 무너뜨렸다.

한나라

중국의 새 지배자가 되기 위해 싸우던 영웅들 가운데서는 천하장사로 불리던 항우와 시골 한량이었던 유방이 단연 돋보였다. 각각 초나라와 한나라를 세운 두 영웅의 대결은 『초한지』라는 대하 역사 소설을 낳을 만큼 풍부한 이야깃거리를 남겼다. 두 사람 가운데 제왕의 풍모를 더 많이 갖춘 사람은 항우였으나, 역사의 승자는 두루 인재를 품었던 유방이었다(기원전 202년). 이로부터 400여 년 동안 한나라의 통일 시대가 열렸다.

한나라는 이전에는 볼 수 없던 위세와 번영을 누렸다. 황허와 양쯔 강 유역으로 한정되었던 중국의 영역은 서방의 타림 분지로 접근해 갔고, 동방으로 랴오허 강을 넘어 한반도에 가까워졌다. 한나라의 영향력은 남으로 남중국해의 해안 지역, 북으로 고비 사막 주변 초원 지대까지 미치기 시작했다.

법가와 유가를 절묘하게 섞은 한나라의 정치 운영에 힘입어, 중국의 귀족과 백성 들은 진나라 때 강요당했던 군국주의적 통치 방식에서 벗어났다. 진나라가 시작한 중국 통일 정책의 긍정적 효과도 이때부터 나타났다. 진나라는 일찍이 화폐·도량형·문자를 통일하고 도로망과 수레 등의 교통 수단을 정비했다. 법률, 관료 조직, 문서 행정 체계도 가다듬었다. 이러한 진나라의 유산 위에서 한나라는 중국을 효과적으로 통일해 나갈 수 있었다.

진나라는 지방에 군현을 설치해 직접 다스렸는데 이것이 지방 귀족들의 저항을 불러일으켰다. 그러나 한나라는 군국제*라는 과도적인 체제를 거쳐 군현제*를 지방 통치 제도로 확립하는 데 성공했다. 고조선도 한나라의 침략을 받아 멸망한 뒤에는 한나라 군현의 직접 지배를 받게 된다. 이처럼 지방을 효율적으로 다스림에 따라 황제를 중심으로 한 중앙 집권적 지배 체

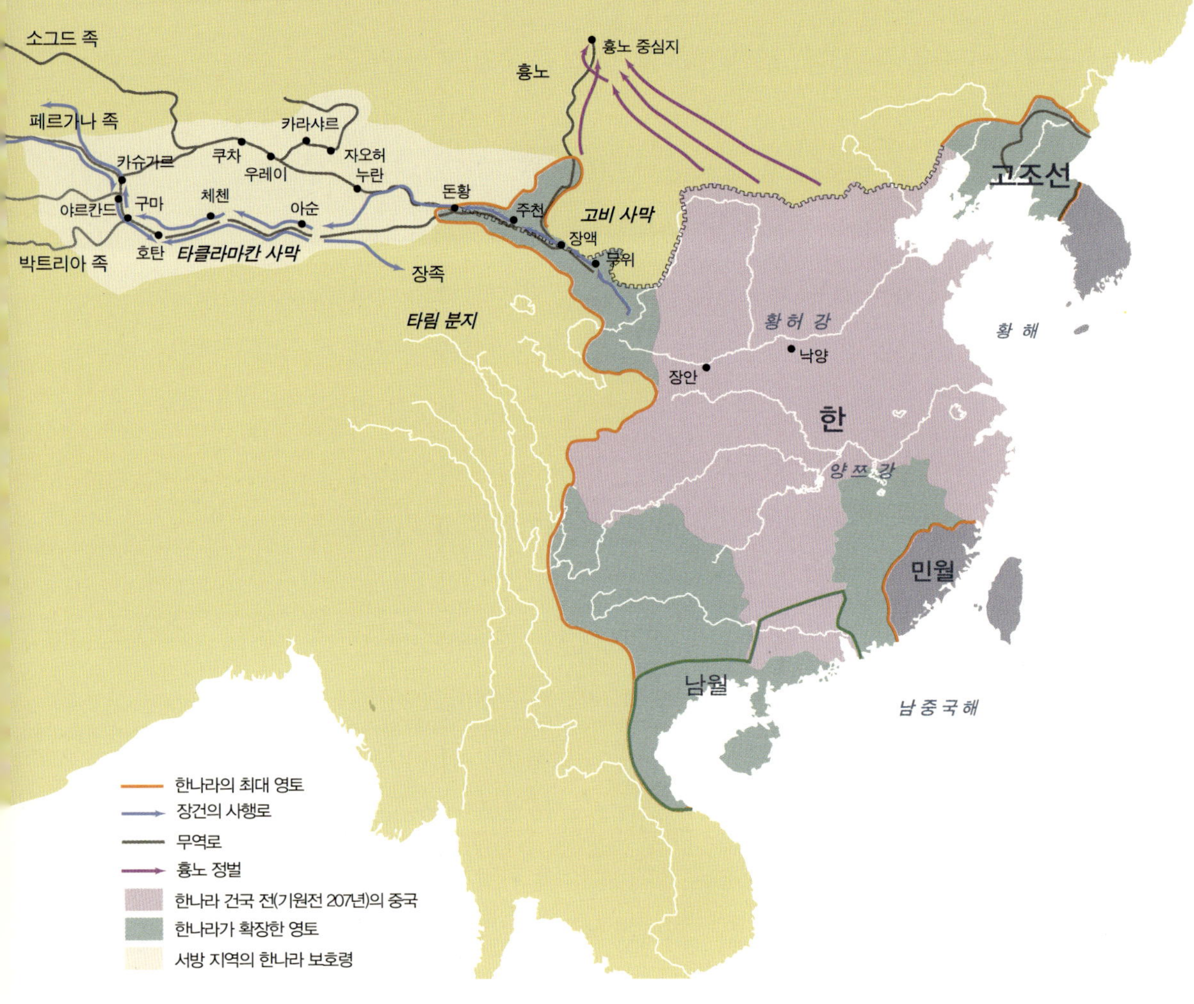

서쪽으로 뻗어 가는 한나라
한나라는 황허 유역의 중원을 벗어나 서역으로 세력을 확대했다. 한 무제는 장건을 서역으로 파견하여 흉노에 맞서는 군사 동맹을 맺으려 했고, 이를 계기로 동서 교역로인 실크로드가 열리게 되었다.

제도 자리 잡게 되었다.

7대 황제인 무제(재위 기원전 141~87)가 즉위하자 한나라는 영역을 확대하고 영향력을 확장하는 사업에 나섰다. 무제를 가장 괴롭힌 것은 북쪽에서 호시탐탐 중국을 위협하는 흉노라는 유목 제국이었다.

무제는 흉노에 맞서는 군사 동맹을 모색하기 위해 서쪽에 있는 대월지라는 나라와 접촉하려고 했다. 이를 위해 장건을 서역으로 파견했고, 장건은 도중에 흉노에게 잡혔다가 빠져나오는 수모를 당하면서도 두 차례에 걸친 서역 대장정을 성공적으로 마무리했다. 장건의 활약으로 동쪽의 중국과 서쪽의 페르시아(파르티아), 로마 등을 잇는 교역로 '실크로드'가 열렸다.

무제는 유학을 국가 운영의 지침으로 삼아야 한다는 동중서의 개혁안을 받아들였다. 이로 말미암아 정계에 진출하는 유학자 관료들이 늘어났다. 이 시기에 유학적 소양은 관료로 입신해 출세하는 데 반드시 갖추고 있어야 할 기본적 가치이자 자세였다.

유학은 황제가 덕으로써 세상을 다스릴 것을 강조한다. 무제는 이를 이용해 모든 힘과 권한을 황제에게 집중시키려 했고, 이를 확인하고자 전국을 순행했다. 그는 무려 30차례나 전국을 순행하면서 민심을 살피고 황제의 권위를 안팎에 과시했다.

한 무제의 전국 순행은 또한 중국이 천하의 중심이자 실질적으로 천하 그 자체라는 중화사상*을 바탕에 깔고 이루어졌다. 무제는 이러한 중화사상을 무기 삼아 적극적으로 바깥 세계를 정벌해 나갔다. 중국과 인접한 국가나 세력들을 한나라 황제를 꼭짓점으로 하는 중화 질서 안에 들어오도록 하겠다는 뜻이었다. 북쪽으로 강대한 흉노와의 대결을 마다하지 않았고, 남쪽으로는 지금의 베트남인 남월을 공략했으며, 동쪽으로는 고조선을 발아래 두고자 했다. 동쪽에서 독자적인 세력을 이룩하고 있던 고조선이 사방으로 제국의 영역을 넓혀 나가고 있던 한나라와 부딪히는 것은 역사의 필연이었다.

흉노의 유물
흉노는 중국 북쪽의 초원 지대에 살던 유목 민족으로 400여 년간 한나라와 충돌을 거듭했다. 사진은 중국 시안에서 발굴된 흉노의 유물인 상상의 동물 그리핀을 묘사한 금 조각품. 그리핀은 상체는 독수리이고 하체는 사슴, 사자와 같은 동물의 모습을 한 상상 속의 존재이다.

02

제국의 도전과 고조선

한나라는 스스로를 중화로 받들고 주변 민족을 이적夷狄이라 부르며 얕보는 중화사상을 펼쳐 나갔다. 그러나 한나라가 건국될 당시 북아시아의 흉노는 무력에서 한나라보다 우월했다. 그런 흉노가 한나라를 천하의 중심으로 받들어야 한다는 중화사상을 받아들일 리 없었다. 따라서 한나라와 흉노 사이에는 운명을 건 대결이 불가피했다. 그러한 사정은 지금의 베트남에 해당하는 남월과 우리 조상들이 세운 최초의 국가 고조선도 마찬가지였다. 남월은 한나라가 중국을 통일한 뒤 한동안은 조공을 바치며 잘 지냈으나, 끝내는 독자성을 유지하려는 세력이 권력을 잡으면서 한나라와 갈등을 빚었다.

동북쪽에 자리 잡은 고조선은 남월보다 훨씬 오래된 나라였다. 고조선은 춘추 전국 시대에 이미 중국의 나라들과 교류도 하고 싸움도 하면서 독자적 세력권을 키워 나갔다. 한나라가 들어선 후에는 흉노와 연대해서라도 한나라에 굴복하지 않고 독자성을 유지해 나가려고 했다. 그에 따라 한나라와 남월, 고조선 사이에는 갈등이 일어날 수밖에 없었고, 한나라가 천하를 자기 발아래 두려고 하는 한 무력 충돌도 불가피한 것이 당시 동아시아의 현실이었다.

청동기 시대 권력의 징표였던 청동 거울. 뒷면에 기하학적 무늬가 정교하게 새겨져 있다.

독자적으로 성장하는 고조선

단군 신화와 청동기 문명

한나라에서 볼 때 동쪽의 오랑캐인 '동이'를 대표하는 세력이 고조선이었다.

고조선은 기원전 7세기경부터 중국의 문헌에 나타나기 시작했다. 그 무렵

강상 무덤
고조선 초기의 무덤으로 랴오둥 반도의 남쪽 끝 뤼다 시 강상 언덕에 있다. 20여 기의 무덤이 있는데, 중앙의 돌곽무덤(사진)을 중심으로 100여 명의 순장 노예들이 묻혀 있다. 이 유적에서는 비파형동검, 창끝, 활촉, 질그릇 등의 유물이 발견되었다.

권력의 징표였던 청동기
왼쪽부터 차례대로 청동 방울, 청동 거울. 청동 검. 모두 청동기 시대의 주요한 종교적 상징이자 권력의 징표였다.(국립중앙박물관 소장)

고조선은 춘추 시대를 대표하는 강국인 제나라와 교역을 했다. 당시 고조선은 주나라를 종주국으로 받들던 중국의 제후국들과는 분명 다른 나라였다. 이 시기의 고조선 지역에서 만들어진 강상 무덤에서는 비파형동검과 같은 동이계 유물이 나왔다. 비슷한 시기와 장소의 누상 무덤 역시 춘추 전국 시대 중국 제후국 지배자들의 무덤과는 양식도 다르고 나오는 유물도 달라 고조선 사람들이 남긴 것으로 보인다.

고조선의 건국 신화는 단군 신화이다. 이 신화에 따르면 고조선은 청동기 문화를 바탕으로 성립된 나라라는 것을 알 수 있다. 신화에 등장하는 세 개의 '천부인天符印'이 바로 청동기 문화를 상징한다. 하늘 세계의 왕자 환웅이 아버지 환인으로부터 받은 천부인은 청동기 시대의 주요한 종교적 상징물인 청동제 거울과 방울, 검(혹은 옥)일 가능성이 높다. 이런 물건들은 청동기 시대의 제사장이 하늘의 신과 의사소통하고자 할 때 쓰던 도구들이다.

환웅이 지상으로 내려간 곳인 신시, 신시에 있던 나무인 신단수는 제정일치 사회였던 고조선의 정신세계를 반영하고 있다. 신단수는 하늘과 땅을 잇는 우주 기둥으로, 하늘 세계의 사람들이 땅으로 내려올 때 일종의 사 다리 역할을 한다. 이 나무는 땅의 생명이 하늘의 하느님인 환인을 향해 소원하는 것을 빌 때 그 뜻이 위로 전달되는 통로로 쓰인다. 신단수를 중심 으로 한 일정한 영역, 곧 하늘 세계에서 내려온 신들이 지내는 땅이 신시이 며, 이곳 역시 신성한 구역이다.

노예제, 사유 재산제 사회

청동기 문명을 기반으로 성립한 다른 사회들처럼 고조선은 노예제 사회였 다.* 오늘날까지 전해지는 고조선의 기본법인 '팔조범금八條犯禁' 가운데에는 "도둑질한 자는 그 집의 노비로 삼으며, 이 죄를 씻으려면 50만 전을 내야 한다."라는 조항이 있다. 또 "죄를 씻고 다시 평민이 되어도 이를 천하게 여 겨 결혼할 짝을 구할 수 없다."라는 고조선 사회의 관습도 전한다. 평민과

고조선 시대의 마차(상상도)
왼쪽의 사진은 마차 양옆에 세웠
던 장식이다.

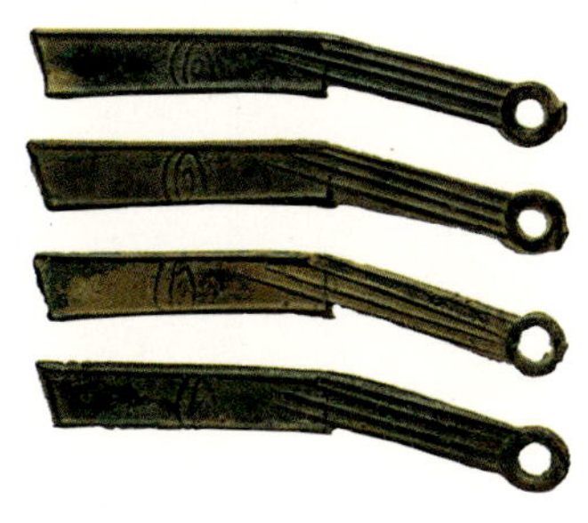

노비 사이에는 건너기 어려운 신분적 거리가 있었음을 알 수 있다.

이러한 고조선 사회에서는 빚을 갚지 못하거나 죄를 지어서, 또는 전쟁 중에 붙잡혀서 노비가 되면 '말하는 도구'나 마찬가지로 여겨져 가혹한 노동에 시달렸다. 노비들은 매매도 되고 재산의 일부로 상속되기도 했다.

고조선은 또한 사유 재산제 사회였다. 개인이 자신의 재산을 마음대로 관리하고 사용하며 처분할 수 있었다. 따라서 도둑질과 같은 사유 재산 침해 행위는 사회적으로 심각한 죄로 여겨졌다. 또 이미 안팎에서 상업 활동이 왕성하게 이루어지고 있었기 때문에 남에게 해를 입힌 범죄 행위도 경제적으로 배상함으로써 해결되었다. 예를 들어 팔조범금 중에는 "상해를 입힌 자는 곡식으로 배상한다."라는 조항이 있었다.

청동기 시대에 국가의 모습을 갖추기 시작한 고조선에서는 오랜 기간 동안 종교 지도자인 제사장이 정치 지도자인 왕을 겸했다. 정교함을 자랑하는 청동 의례 도구들은 그러한 제사장의 권위를 상징했다.

철기의 도입과 왕권의 강화

그러던 고조선이 중국 전국 시대의 연나라, 제나라 등과 교류하면서 철기를 받아들이고 철제 무기를 갖춘 군대를 거느리게 되었다. 그러면서 왕의 권한이 강해졌고, 왕이라는 정치적 지위가 더 중요해졌다. 이제는 제사장이 왕

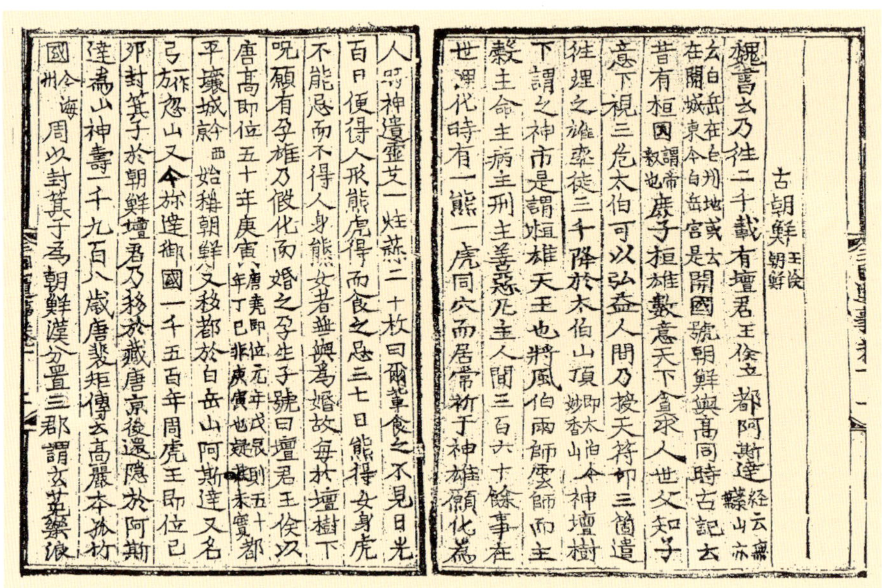

『삼국유사』의 고조선조 부분

을 겸하는 것이 아니라 왕이 제사장을 겸하는 존재로 여겨지게 되었다. 점차 제사장은 왕과 분리되어 종교적 직무를 담당하는 존재로 여겨지게 되었다. 왕의 인척이나 무당 가운데 지위가 높은 자가 제사장직을 맡기도 했다.

지금까지 살펴본 것처럼 고조선은 중국과는 구별되는 독자적인 영역에서 독자적인 나라로 성장해 갔다. 고조선의 무덤에서 나온 독특한 유물을 보면 그것을 알 수 있다. 그러면서 고조선은 중국을 비롯한 다른 지역 고대 국가들의 보편적인 성격도 지니고 있었다. 오리엔트의 나라들과 중국의 주나라처럼 고조선은 청동기 시대에 국가로서의 삶을 시작했다. 철기 시대까지 이어진 고조선은 로마와 중국의 한나라처럼 노예제 국가였고, 사유 재산이 법률로 보호되는 나라였다. 그러한 고조선에도 마침내 제국의 시대라는 세계사의 흐름이 밀어닥쳤다.

고려 시대에 승려 일연이 펴낸 『삼국유사』에는 고조선이 성립하던 당시의 사회 분위기와 시대 상황을 짐작하게 하는 다음과 같은 내용의 신화가 전한다. 이 신화는 『위서魏書』를 통해 일연이 살던 12세기까지 전해졌다.

『위서』에 이르되 2,000년 전에 단군왕검이 있어, 도읍을 아사달에 정하고 나라를 열어 조선이라 일컬었다. 고기古記에 이르되, 옛날에 환인의 서자 환웅이 있어, 항상 천하에 뜻을 두고 사람 사는 세상을 탐내거늘, 아버지가 아들의 뜻을 알고 삼위태백三危太伯을 내려다보며 인간을 널리 이롭게 할 만한지라. 이에 천부인 세 개를 주어, 가서 다스리게 했다. 환웅이 무리 3,000명을 이끌고 태백산 꼭대기 신단수 밑에 내려와 여기를 신시라 이르니 이가 환웅 천왕이다. 풍백·우사·운사를 거느리고 곡식·수명·질병·형벌·선·악 등 무릇 인간의 360여 가지 일을 맡아서 세상을 다스리고 교화했다.

곰 한 마리와 호랑이 한 마리가 같은 굴에 살며 항상 환웅에게 "원컨대 변해 사람이 되게 하소서." 하고 빌었다. 한번은 환웅이 신령스러운 쑥 한 타래와 마늘 스무 개를 주고 "너희들이 이것을 먹고 100일 동안 햇빛을 보지 아니하면 곧 사람이 되리라."라고 했다. 곰과 범이 이것을 받아서 먹고 삼가하기를 삼칠일 만에 곰은 여자의 몸이 되고 범은 능히 삼가하지 못해 사람이 되지 못했다. 웅녀는 그와 혼인해 주는 이가 없으므로 항상 신단수 아래에서 "아이를 배고 싶습니다." 하고 기원했다. 환웅이 이에 잠깐 변해 웅녀와 결혼해 아들을 낳으니 이름을 단군왕검이라 했다.

단군왕검은 평양성에 도읍하고 조선이라 했다. 또 도읍을 백악산 아사달로 옮겨, 그곳에서 나라를 다스리기 1500년이었다. 주나라 호왕(무왕) 때 기자를 조선에 봉하매, 단군은 장당경으로 옮겼다가 후에 아사달에 돌아와 숨어서 산신이 되니, 1908세였다 한다.

전운이 감도는 동북아시아

고조선의 세형동검

한반도 지역으로의 이동

기원전 4세기경 고조선은 최고 지배자가 스스로를 왕으로 칭하면서, 중국의 전국 칠웅 가운데 하나이던 연나라를 공격하려고 할 만큼 국력이 커졌다. 그러나 고조선은 실제로 연나라를 치지는 않았다. 고조선 귀족인 대부 예가 왕에게 조언해 이를 막았다고 한다.

고조선이 연나라를 치지 않은 것은 잘못이었을까? 기원전 3세기가 되자 연나라는 1세기 전보다 국력이 크게 신장되었다. 그러자 연나라는 장군 진개를 동쪽으로 보내 고조선을 공격했고, 고조선은 연나라 군대의 진격을 막지 못하고 밀려났다. 결국 고조선은 랴오허 강 유역의 상당 부분을 잃고 중심지를 한반도 지역으로 옮기게 된다.

이 무렵부터 평양을 비롯한 한반도의 서북 지대에서는 비파형동검보다 가늘고 길며 날이 선 동검이 많이 만들어졌다. '세형동검'이라고 불리는 이 새로운 동검은 그 이전에 만주에서 주로 만들어지던 비파형동검을 전투에 더 적합하도록 개량한 것이다. 고조선이 연나라의 침입을 받아 점차 동

고조선의 영토(기원전 5~2세기)
고조선은 전국 칠웅의 하나인 연나라와 맞닿아 있었다.

쪽으로 중심을 옮기다가 지금의 평양 일대에 마지막 도읍을 정하는 과정에 이 같은 동검 모양의 변화가 나타나게 된 것이다.

위만 조선

기원전 3세기 후반 중국에서는 진나라가 주도하는 통일 전쟁이 격렬하게 일어났다. 그러자 연나라, 제나라를 비롯한 동쪽 제후국들의 주민이 전쟁과 부역을 피해 잇달아 고조선으로 흘러들었다. 그러다 중국을 통일한 진나라가 2대 만에 멸망하고 중국이 다시 전란에 휩싸이자, 또다시 많은 백성들이 살길을 찾아 고조선으로 넘어왔다.

한나라가 중국을 다시 통일한 뒤에도 서쪽 정세는 하루아침에 안정되지 않았다. 한나라가 옛 연나라 왕으로 임명한 노관이라는 사람이 흉노로 망명하는 등 불안한 사태가 이어졌다. 그러자 더 많은 주민들이 잇달아 동쪽으로 옮겨 왔다.

고조선의 귀족들이 사용했던 여러 도구들
왼쪽부터 시계 방향으로 토기, 구슬, 수레의 부품들과 화려한 허리띠 고리이다. 귀족들은 많은 돈과 권력을 가졌으므로, 화려한 장신구로 치장을 하고 수레를 타고 다녔다. 평양 정백동 무덤 출토.

＊북상투란?
북상투란 머리카락을 위로 둥글게 묶어 올린 상투를 가리킨다.

＊준왕과 기자 조선
사마천의 『사기』에는 은나라의 현자였던 기자가 동쪽으로 가서 조선의 제후가 되었다고 전한다. 이를 근거로 단군 조선에 이어 기자 조선이 있었으며, 준왕은 기자 조선의 마지막 왕이라는 설이 내려온다. 준왕이 '한왕'을 칭했다는 기록을 보고 기자가 한씨였다고 추측하기도 한다.

이때 위만이라는 사람도 1,000여 명의 무리를 이끌고 고조선으로 망명했다. 위만은 한나라 사람이었지만 고조선 사람들의 습관이던 북상투＊를 하고 있었다. 이는 위만이 중국 문화를 버리고 고조선 사람이 되겠다는 뜻을 나타내고자 했기 때문이었을 것이다.

고조선의 준왕＊은 중국에서 백성들이 넘어오면 서쪽 변경 지대에 삶터를 마련해 주면서 스스로 정착한 땅을 지키도록 했다. 위만도 서쪽 국경 지대에 살도록 허락받았다. 오래지 않아 위만은 100리의 땅도 하사받고 박사라는 관직도 얻었다. 또한 준왕으로부터 천자가 제후에게 내리는 옥으로 만든 상징물인 '규珪'를 하사받을 정도로 신임을 얻게 되었다. 위만은 고조선 서쪽의 국경 방어를 담당하면서 중국으로부터 들어오는 이주민들을 모아 세력을 키웠다.

어느덧 자신이 거느리는 군사력이 꽤 커지자 위만은 욕심이 생겼다. 그는 한나라의 위협으로부터 왕궁을 지켜야 한다면서 군대를 이끌고 도성으로 쳐들어가 당시 고조선의 왕이던 준왕을 내쫓고 스스로 왕위에 올랐다. 기원전 194년의 일이다. 이렇게 해서 고조선에는 새롭게 위씨 왕조가 들어섰다.

쫓겨난 준왕은 자신을 따르는 무리들과 함께 배를 타고 남쪽의 진국* 땅으로 내려가 새로 자리를 잡고 스스로를 '한왕韓王'이라 일컬었다.

당시 한나라는 흉노와의 전쟁에서 패하고 나라를 안정시키는 데 골몰하고 있었다. 위만은 이 틈을 타 국경 지대를 안정시켜 주겠다는 약속을 하고 한나라와 평화 관계를 맺었다. 그런 뒤에는 한나라가 간섭하지 않는 사이에 주변의 작은 나라들을 복속시키기 시작했다.

진번, 임둔이 고조선의 지배 아래 들어갔고 다른 작은 나라들도 고조선 왕의 명령을 받게 되었다. 부여는 고조선의 세력권에 끌려 들어가지는 않았지만, 고조선의 세력 확장을 막을 만한 힘은 없었다. 위만 당대에 고조선의 세력권은 사방 수천 리에 이르게 되어 동방의 패자로 불릴 수 있게 되었다.

고조선은 영역이 확대되고 세력권도 크게 넓어지자 나라 안의 제도도 정비했다. 박사·대부와 같은 기존의 관직에 더해 여러 종류의 비왕·상·대신·장군·비장 등을 신설했다. 문관직과 무관직을 자세히 나누고 직급에 따른 역할을 맡도록 했다. 고조선의 지배층 가운데는 대신·장군 등 왕을 보좌하며 왕의 명령을 받는 중앙의 관리도 있었고, 별도의 세력을 지닌 귀족도 있었다. 관리들과 달리 귀족들은 자신의 기반과 세력을 별도로 지니고 있어 독자적으로 군사를 동원할 수도 있었다. 국가 차원의 큰 전쟁이 일어나면 귀족들은 자신의 군대를 거느리고 왕의 군대와 함께 전투에 참여했다.

서서히 번지는 전쟁의 기운

고조선의 세력이 강성해지자 한나라에서는 이 나라가 중국에 위협이 될 것이라는 걱정이 높아 갔다. 북방의 흉노와 대결하기에도 힘이 달리는 마당에 남쪽의 남월과 동쪽의 고조선이 커지면 더 큰 어려움을 겪을 수도 있다는

＊진국
기원전 4세기부터 기원전 2세기 무렵까지 청동기와 초기 철기 문화를 바탕으로 한반도 중남부 지역에 존재한 여러 부족 국가를 통틀어 일컫는다. 위만 조선과 공존했고, 이후 마한·변한·진한의 삼한으로 정립된 것으로 보인다. 마한의 세력이 가장 컸다.

주장이 힘을 얻었다. 그래서 서둘러 이들 나라를 정벌해야 한다는 목소리가 높아졌다.

위만의 손자인 우거왕 대에 이르러 고조선은 더욱 대담하게 한나라의 신경을 거스르는 행동을 했다. 한반도 남쪽의 진국이 한나라와 직접 교류하는 것을 가로막고 나선 것이다. 진국은 옛날 위만에게 쫓겨난 준왕이 내려가서 '한왕'을 칭했다는 나라이다. 우거왕은 진국더러 한나라와 교역을 하려면 고조선을 통해서 하라고 으름장을 놓았다. 중계 무역을 통해 이익을 챙겨 나라의 힘을 더욱 키우려는 속셈이었다.

그러자 한나라는 고조선과 그 주변 세력을 분열시켜 고조선을 고립시키는 작전에 들어갔다. 기원전 128년 고조선 동북 지역에 있던 예濊라는 작은 세력의 군장 남려와 교섭해 28만 명의 인구가 사는 그곳을 중심으로 창해군을 설치한 것이다. 창해군은 한나라가 우리 조상의 영역에 설치한 최초의 군현이었다. 그러나 한나라는 동방과의 교통로를 열기 위한 물자와 인력을 충분히 대지 못해 끝내 창해군을 폐지하고 말았다.

고조선은 한나라의 견제와 방해에도 불구하고 중계 무역의 이익을 독점하며 경제적 발전을 거듭했다. 고조선의 주변 지역에 대한 영향력은 더욱 커지고 확대되었다.

이 무렵 한나라의 황제는 7대 무제였다. 호전적인 무제가 고조선의 팽창을 가만히 바라보고만 있을 리 없었다. 흉노와 남월을 제압하면 그 다음 차례는 고조선이 분명했다. 동아시아에 서서히 전쟁의 어두운 그림자가 깔리기 시작했다.

고조선 말기에 만주에는 부여, 한반도에는 삼한이라는 우리 조상들의 국가들이 있었다. 삼한에서는 제사장이 천군으로 불렸고 왕과는 구분되는 존재였다. 부여에서는 왕이 제사장의 역할도 해야 했지만 이는 오히려 왕의 권한을 제한하기 위한 수단으로 쓰였다. 잇달아 흉년이 들거나 기후가 순조롭지 않으면 부여에서는 왕이 제사장 역할을 제대로 하지 못한 탓이라고 보았다. 이를 빌미삼아 귀족 회의에서 선출되었던 왕을 처형하기도 했다.

왕과 제사장이 분리된 이후에도 제사장의 종교적 권위는 함부로 할 수 없는 신성한 것이었다. 삼한에서는 제사장인 천군이 '소도'라 불리는 신성 구역을 관장했는데, 죄인이 이곳으로 도망하면 들어가 붙잡아 올 수 없었다. 소도의 입구에는 큰 나무를 세우고 방울과 북을 달아 놓아 평범한 세속의 세계와 구분했다.

국가 성립 단계에 제사장이 왕을 겸했던 것에서 알 수 있듯이 하늘에 대한 제사, 신과의 소통은 고조선과 부여에서 정치적으로 매우 중요한 의미를 지녔다. 부여에서는 전쟁이 나면 하늘에 제사를 지내고 소를 잡아 그 발굽을 보고 길흉을 점쳤다. 삼한에서도 동물의 뼈로 점을 치는 풍습이 있었다.

운명을 가르던 뼈
삼한에서는 동물의 뼈에 둥근 홈을 판 다음 불로 지져서 금이 가는 모양을 보고 점을 쳤다. (국립중앙박물관 소장)

03

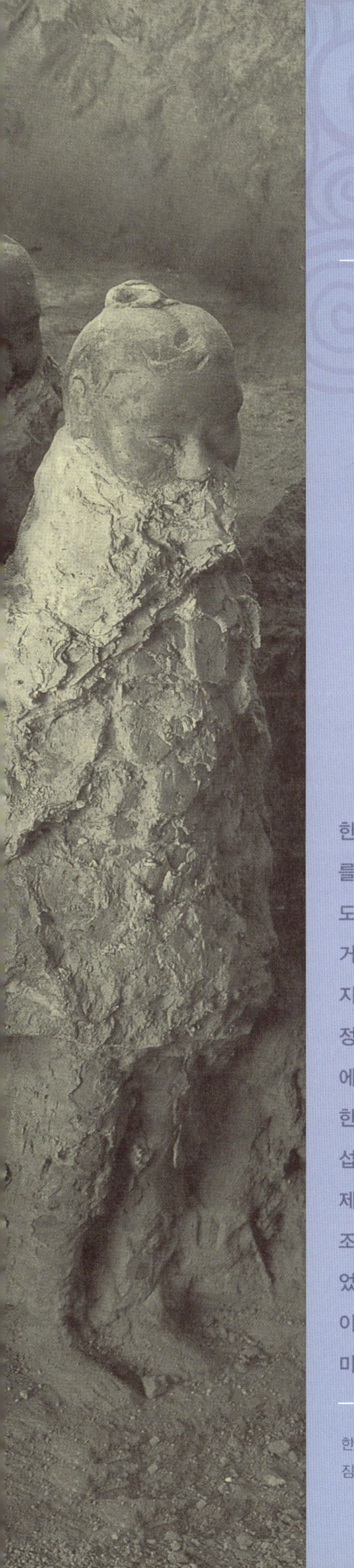

고조선의 유산

한 무제는 기원전 129년 흉노와 전쟁을 시작해, 맹장 곽거병의 활약으로 10년 만에 흉노를 고비 사막 너머로 몰아냈다. 그와 더불어 흉노가 장악하고 있던 서쪽 교통로를 여는 데도 주력했다. 흉노의 혼야왕이 투항해 오자 하서 지역에 네 개 군을 설치해 서역 진출의 거점으로 삼기도 했다. 흉노와의 전쟁에서 승리한 뒤에는 남쪽으로 발길을 돌렸다. 먼저 지금의 중국 푸젠 성에 있던 민월과 동월 두 왕국을 병합하고, 기원전 111년에는 남월을 정복해 아홉 개 군을 설치했다. 또한 지금의 쓰촨 성 남부로 진출해 윈난·구이저우 등지에 살던 여러 종족을 복속시키고 그 곳에 여섯 개의 군을 두었다. 이제 남은 것은 고조선. 한 무제는 먼저 사신 섭하를 보내 고조선을 회유하려 했다. 그런데 고조선이 섭하에게 섭섭하게 대했던 것일까? 섭하는 돌아가던 길에 배웅 나온 고조선 장수를 살해했다. 한 무제는 그런 섭하를 책망하기는커녕 그에게 요동군 동부도위라는 중책을 맡겼다. 그러자 고조선은 군사를 보내 섭하를 죽였다. 이로써 한나라와 고조선의 전쟁은 돌이킬 수 없게 되었다. 한나라의 좌장군 순체는 감옥을 돌며 흉악범들을 골라 군대에 넣었다. 잔혹한 전쟁이 준비되고 있었던 것이다. 고조선도 결전 태세에 들어갔다. 기원전 109년 동북아시아의 미래를 결정짓는 운명의 전쟁이 다가오고 있었다.

한나라 6대 황제 경제의 릉에 묻혀 있는 병사 인형들. 실물보다 매우 작게 제조되었지만, 당시 한나라 군대의 모습을 짐작해 볼 수 있다.

고조선의 장렬한 최후

한나라의 공격

기원전 109년 한나라는 고조선을 단기간에 멸망시키기 위해 사형수 출신 군인들을 포함한 5만 7,000명의 대군을 파견했다. 좌장군 순체가 이끄는 육군 5만 명은 랴오허 강을 건너 왕검성*으로 진격하고, 누선(배의 일종) 장군 양복이 지휘하는 수군 7,000여 명은 황해를 건너 평양에서 육군과 합류할 계획이었다.

그러나 고조선도 앉아서 당하고 있지만은 않았다. 고조선은 한나라 수군이 상륙할 곳에 미리 군대를 배치해 놓고 기다렸다. 누선 장군 양복의 수군은 고조선의 해안에 상륙하자마자 기습에 말려 전멸하고 말았다.

한나라의 육군도 강력한 저항에 맞닥뜨렸다. 험준한 길목에서 갑옷을 입고 투구를 쓴 고조선 장수들이 기마병의 호위를 받으며 좌장군 순체의 5만 대군을 기다리고 있었다. 쇠뇌와 칼, 창 등으로 무장한 고조선 군대는 단숨에 왕검성으로 진격하려던 순체의 발목을 잡고 첫 번째 전투에서 대승을 거두었다.

*왕검성王儉城의 위치
고조선의 후기 도읍지 왕검성은 요동 지역에 있었다는 설도 있으나 지금의 평양이 유력하다.

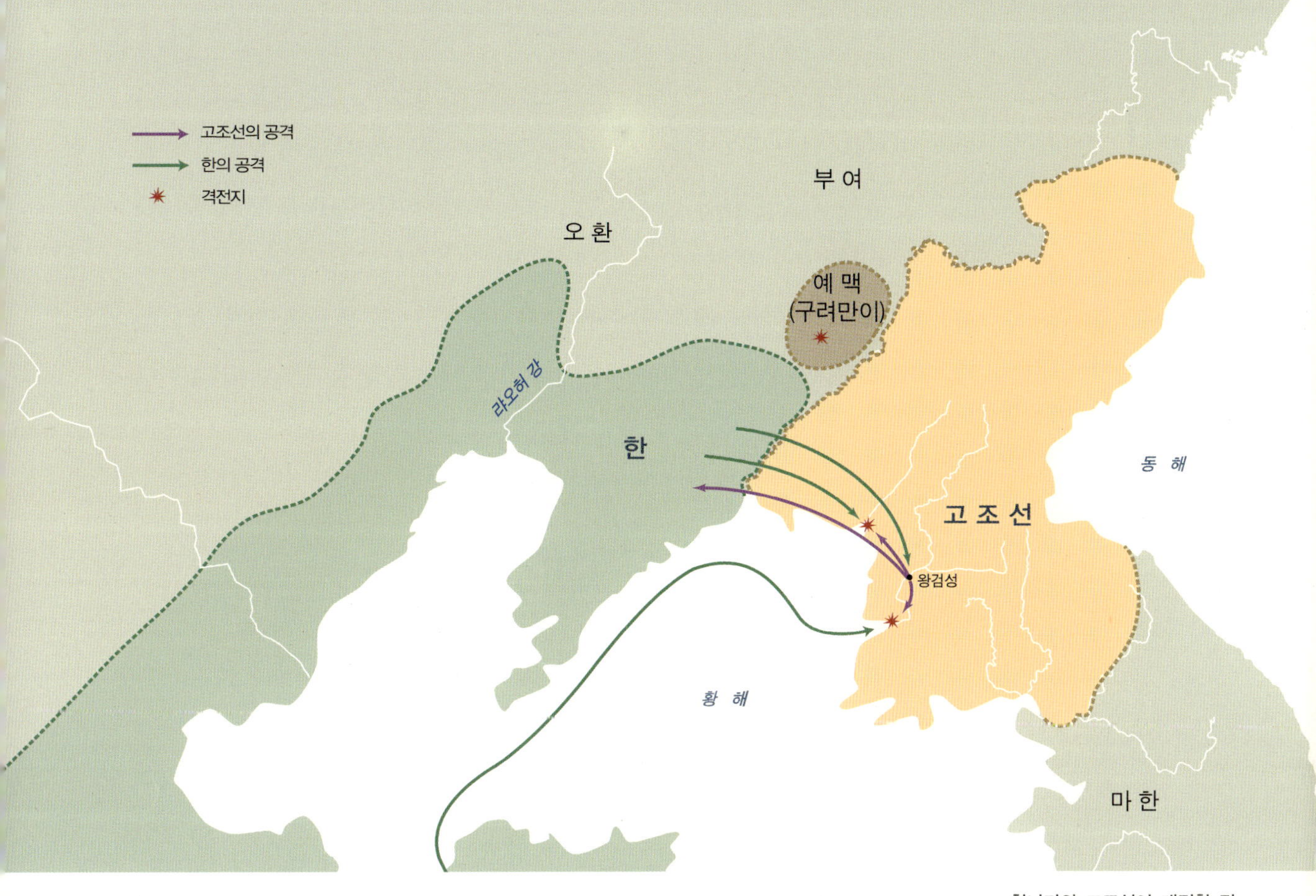

한 무제는 고조선 제압이 쉽지 않다는 것을 깨달았다. 무제는 사신 위산을 보내 고조선을 달래려 했고, 고조선도 답례로 태자를 보내면서 말 5,000필과 군량도 함께 제공하려 했다. 그러나 고조선과 한나라의 경계이던 패수를 건너기도 전에 두 나라 사이는 다시 악화되었다. 한나라 장수들은 고조선 태자에게 무장한 1만 군사를 두고 패수를 건너오도록 요구했고 태자는 이를 거절했다.

두 나라 사이는 정녕 외교로 풀 수 없는 것이었을까? 수만 명의 젊은 이들이 전장에서 죽는 것보다는 쉽고 간단하게 풀릴 것처럼 보였던 이 문제 때문에 두 나라 사이의 협상은 결렬되었다. 한 무제는 협상을 성공시키지 못한 책임을 물어 위산을 처형해 버렸다.

고조선과 한나라 사이에는 다시 전쟁이 벌어졌다. 한나라는 고조선의 방어선을 돌파하고 왕검성을 포위했다. 하지만 왕검성은 쉽게 무너지지 않았다. 오히려 고조선 측이 한나라 장군들을 이간시키는 전술을 펼쳐 한나라 장군들 사이에 불화가 심해지는 바람에 한나라 군대의 전투력만 날로 약화되었다. 한나라는 제남 태수 공손수를 파견해 다시 한 번 총공격을 시도했으나 역시 실패로 돌아갔다. 공손수는 패전의 책임을 뒤집어쓰고 다른 신하들처럼 한 무제의 희생양이 되어야 했다.

내부 분열에 의한 멸망

전쟁은 1년 가까이 계속되었으나 전투를 통한 승패는 쉽게 결말이 나지 않았다. 포위전이 오래 가자, 고조선의 지배층은 싸움을 계속하자는 주전파와 전쟁을 멈추고 화해하자는 주화파로 갈리기 시작했다.

한나라도 전략을 바꾸어 왕검성 내의 분열을 유도했다. 조선상 역계경은 한나라와 화해하자고 주장하다가 자신의 의견이 받아들여지지 않자 무리를 이끌고 남쪽의 진국으로 내려갔다. 조선상* 노인, 니계상* 참, 장군 왕협 등은 한나라군에 항복하자고 우거왕을 설득했다. 그러나 우거왕은 그들의 뜻을 거부하고 끝까지 한나라에 맞서 싸웠다. 그러자 니계상 참은 한나라에 투항하면서 우거왕의 침실에 자객을 들여보냈다. 강대한 제국의 군대 앞에서도 굴할 줄 모르던 우거왕은 그렇게 내부의 반역자에 의해 삶을 마감하고 말았다.

우거왕은 죽었지만, 그것으로 끝이 아니었다. 고조선군은 성기라는 대신을 중심으로 뭉쳐 계속 저항했다. 한나라군의 공격이 몇 차례 더 있었지만 왕검성은 함락되지 않았다. 정작 왕검성을 무너뜨리는 데 가장 큰 공을 세운 사람들은 한나라 군대가 아니라 고조선의 반역자들이었다. 왕자 장, 조선상 노인의 아들 최 등이 대세를 돌이키기 어렵다는 이유로 사람들

을 동원해 대신 성기를 죽이고 한나라군에 항복의 뜻을 전했다. 기원전 108
년 마침내 왕검성의 성문이 열리고 고조선은 멸망하고 말았다.

끝내 고조선을 멸망시켰음에도 불구하고 한 무제는 크게 화가 나 있
었다. 그는 전쟁을 제대로 수행하지 못했다는 이유로 한나라 장군들을 극형
에 처하거나 신분을 떨어뜨려 버렸다. 동방의 패권 국가 고조선은 중국의
통일 왕조 한 제국과의 전쟁에서 이처럼 끈질기게 저항하며 강한 인상을 남
긴 채 사라졌다. 고조선이 남긴 이러한 인상은 그 뒤를 이어 이 땅에서 전개
될 역사에도 뚜렷하게 아로새겨졌다.

헤쳐 모이는 한반도와 만주의 세력들

한나라의 군현을 통한 문화의 전파

한나라는 고조선의 옛 영토와 세력권을 직접 지배하고자 왕검성 일대에는 낙랑군을 두고, 그 외의 지역에는 임둔·진번·현도 등의 군을 차례로 설치했다. 왕검성에 살고 있던 귀족과 백성들 가운데 많은 이가 한나라로 붙잡혀 가서 수도 장안을 비롯한 여러 곳에 흩어져 살아야 했다. 새로 설치된 군현에는 한나라로부터 파견된 관리들과 그 가족들이 옮겨 왔으며, 이들을 통해 한나라의 문물이 고조선 옛 땅에 전파되었다.

한나라의 율령을 비롯한 법률 체계와 행정 제도가 지역에 맞게 일부 수정되어 적용되기 시작한 것도 이때부터였다. 관리들과 함께 한나라의 상인들도 새 군현으로 옮겨와 고조선이 누리던 중계 무역의 이익을 넘겨받았으며, 이 과정에서 한나라 화폐가 고조선 세력권의 주요한 통화 수단이 되었다.

고조선의 멸망은 동방 사회에 큰 충격과 변화를 가져왔다. 동방의 패자로 성장했던 고조선이 사라지면서 만주와 한반도 일대에는 사회·문화적

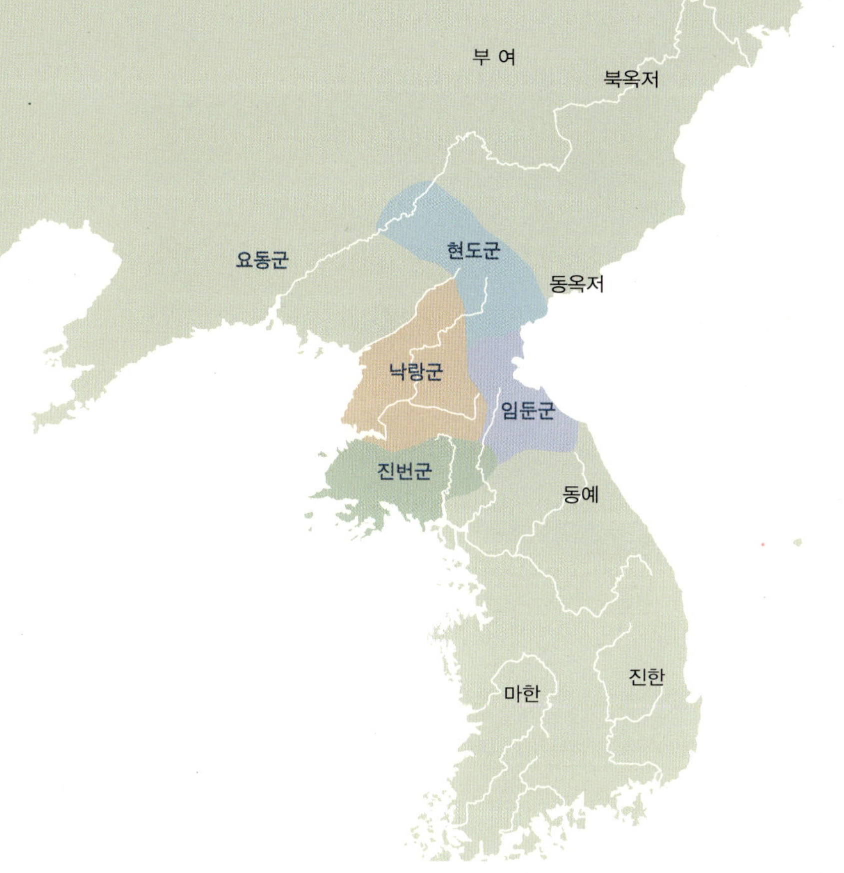

한나라의 **통치 기구**
한나라는 고조선이 있던 자리에 낙랑·임둔·진번·현도 등 네 개 군을 설치하고 그 아래 많은 현을 두었다.

중심이 없어지고 말았다. 대신 예·맥·한족이 세운 그만그만한 나라들이 흩어져 각자 능력껏 성장하거나 이웃에 병합되어 없어지는 상황에 처하게 되었다.

동서남북의 각종 문물이 과거처럼 고조선의 왕검성으로 모였다가 흩어지는 것이 아니라, 한나라가 세운 군현을 거쳐서 주변의 작은 나라들로 흘러 들어갔다. 그에 따라 작은 나라들에 대한 한 군현의 영향력은 커졌다.

부여, 옥저, 동예, 삼한

만주 중부에 자리 잡고 있던 부여는 고조선이 있는 동안 끊임없이 고조선의 견제와 압박을 받아 왔다. 그런데 이제 고조선이 멸망했으니 더 이상 그러

낙랑의 유물, 금제 띠고리
평안남도 대동군 석암리 9호분에서 출토된 정교한 금제 띠고리는 1~2세기에 북방 유목 문화의 강한 영향 아래 만들어진 것이다. (국립중앙박물관 소장)

한 견제와 압박은 걱정하지 않아도 되었을까? 그렇지 않았다. 고조선 땅에 설치된 한나라의 군현들이 이런저런 간섭을 했기 때문이다. 한나라는 특히 압록강 중류 지대에 세워진 현도군을 통해 부여에 여러 가지 간섭을 했다. 부여는 현도군을 통해 한으로부터 왕의 장례에 쓰일 옥갑玉匣을 받고 옥벽玉璧, 규 등을 받으면서 서서히 한나라의 사회·문화적 영향력 아래 들어가게 되었다.

이렇게 부여가 한나라의 간섭에 시달리며 힘을 잃어 가자, 부여 주변의 크고 작은 부여계 세력들은 정치적으로 독자 행보를 보이거나, 부여와는 완전히 구별되는 독립 세력이 되려는 경향을 보였다. 부여를 모태로 삼아 성립한 옥저도 한반도 북부의 동해안 지역에서 세력을 키워 나가려 애썼다. 그러나 옥저는 내부에 독립성이 강한 읍락이 많아 응집력 있는 고대 국가로 성장하는 데는 한계가 있었다. 고조선 세력권에 속했던 동예도 옥저 남쪽의 동해안 지역에서 읍락별로 세력을 넓혀 나가려고 노력했다.

현도군이 설치된 압록강 중류 일대에서는 훗날 고구려로 성장하는 맥인들이 여러 갈래로 나뉜 채 성장하고 있었다. 한반도 중남부에 자리 잡고 있던 진국에서는 수십 개의 크고 작은 세력들이 성장하면서, 필요에 따라 지역이나 풍습을 바탕으로 무리를 지어 공동으로 대외 접촉을 시도했다.

한반도 중남부에서는 70여 개의 소국들이 성립되었다가 다시 세 개의 커다란 소국 연합체로 재편성되었다. 수천 가家~1만여 가를 단위로 한 54개의 소국으로 이루어진 마한, 600~700가에서 4,000~5,000기를 단위로 한 각 12개의 소국들이 연합을 결성한 진한과 변한이 그것이다. 마한은 10만여 호戶의 인구를 자랑했고, 진한과 변한은 4만~5만 호 정도였다.

농사 짓는 사람의 모습이 새겨져 있어 농경 무늬 청동기라고 불리는 이 유물에는 따비로 밭을 가는 남자의 모습이 새겨져 있다.(붉은 원 부분) 따비는 땅을 깊게 가는 도구로, 이 시대에 이미 이러한 도구가 발달하여 곡식의 생산이 많아졌음을 짐작케 한다.(국립중앙박물관 소장)

고조선 철기 문화의 한반도 전파

고조선의 주민 가운데 많은 사람들이 나라가 멸망하는 과정에 난리를 피해 동서남북으로 흩어졌다. 일부는 멀리 한반도 동남쪽 깊숙한 곳으로 피난 가기도 했다. 고조선 주민들이 흩어지면서 고조선을 중심으로 발전했던 높은 수준의 동방 철기 문화도 만주와 한반도의 구석진 곳까지 퍼져 나갔다.

고조선의 변경에 속했던 압록강 중상류의 예맥 사회, 동해안 북부의 옥저, 중부의 동예가 새로운 인력과 문화의 세례를 받았고, 한반도 중남부의 옛 진국 사회도 더 수준 높은 기술과 문화를 지닌 사람들을 새 주민으로 받아들였다.

고조선 유민이 사방으로 흩어지면서 고조선의 철기 문화도 만주와 한반도 전역으로 확산되었다. 이에 따라 동북아시아의 청동기 문화 전통은 빠른 속도로 역사 무대 저편으로 밀려나게 되었다. 철제 무기가 보편적으로 사용되었으므로 청동제 무기는 거의 만들어지지 않았고, 그나마 사용되던 청동제 무기는 점차 무덤의 부장품으로 매장되며 사라져 갔다. 청동으로 만든 제의 도구는 여전히 제사장들의 상징물이었지만, 이전처럼 신성한 능력의 근원으로 깊은 숭배를 받지는 않게 되었다.

철기 제작 기술이 널리 전파되고 철광이 다수 개발되면서 철정(덩이쇠)이 만들어져 중요한 상품으로 거래되었다. 그중에서도 가장 인기가 있었던 것은 변한의 철정이었다. 변한의 철정은 특히 낙랑과 왜에서 인기가 있었다. 철정은 무기로도 만들어졌지만 농기구를 제작하는 재료로도 쓰였다. 철제 따비나 보습은 땅을 깊이 갈고 단단하게 덩어리진 흙을 부수는 데 큰 도움이 되었다. 철제 농기구를 사용해 밭에서 더 많은 곡식을 수확할 수 있었고, 이로 말미암아 동북아시아의 인구도 이전보다 빠른 속도로 증가했다.

한나라 문물의 전파

고조선이 멸망하고 그 터에 한 군현이 설치되자 동북아시아는 사실상 한나라 문화권에 강제로 편입되었다. 한나라의 각종 문물이 관리와 상인 들을 통해 고조선 옛 땅에 널리 전해졌다. 한나라의 화폐와 물품을 사용하는 것이 남보다 앞서고 발전된 선진의 상징처럼 여겨지기도 했다. 왕검성 일대의 일부 주민은 중국으로부터 전해진 종교와 신앙을 받아들이기도 하고 중국 사람들의 것과 비슷한 무덤을 만들어 쓰기도 했다. 중국인 관리가 아니면서도 커다란 중국식 덧널무덤을 짓고 그 안에 고조선의 전통적인 그릇과 한나라에서 수입한 그릇을 함께 묻는 사람들도 있었다. 오래지 않아 중국식 벽돌무덤도 고조선 옛 땅

에서 만들어지게 되었다.

삼한 지역에서는 여전히 청동기 시대 이래의 고인돌 무덤이 만들어졌지만, 북쪽에서 흘러든 사람들이 사용하던 돌덧널무덤과 돌널무덤도 받아들여졌다. 그러나 압록강 유역의 예맥 사회에서는 여전히 전통적인 돌무지무덤이 만들어졌다.

고조선의 멸망이 불러온 사회적 충격과 파장으로 말미암아 고조선 유민들뿐만 아니라 주변의 여러 사회 사람들까지도 이곳저곳으로 무리 지어 움직이게 되었다. 사람들이 크게 무리 지어 움직이면서 철기와 도기 제작법을 비롯한 각종 기술과 문화의 이동도 함께 이루어졌다. 그것은 고조선 멸망의 아픔을 딛고 동방 사회에서 새로운 세력과 질서를 세우려는 움직임이기도 했다.

제국의 시대와 고조선을 나오며

동서의 대제국은 사람들로 하여금 세상을 중심과 주변으로 나눠 인식하게 만들었다. 중심은 문명이고 주변은 야만이었다. 로마 제국에서는 로마 시민권을 가진 자와 그렇지 않은 자로 구분되었으며, 제국의 성벽 안에 있는 문명인과 성벽 바깥에 사는 야만인으로 나뉘었다. 한 제국에서도 중화의 세계 안에 있는 자와 바깥에 있는 자는 구별되었다. 한나라라는 천하 안에 있는 한인과 그 바깥에 있는 오랑캐는 하늘이 구분한 존재로 인식되었다.

그러나 유라시아의 동과 서를 잇는 광대한 초원 지대 사람들의 눈에 동서의 제국들은 좁고 더러운 도시들과 그 주변의 땅에 매여 농사나 짓고 사는 작은 나라들의 모임에 불과했다. 바다로 이어지는 얇은 띠처럼 보이는 제국의 도시들과 농경지들이 초원의 유목민들에게는 자신들의 일상생활에 필요한 물자를 생산하는 기지들처럼 보였다. 유목 세계의 사람들은 평화로운 교역을 통해서, 혹은 약탈과 정복을 통해서 이들로부터 물자를 공급받을 수 있으면 그것으로 족했다.

고조선은 흉노 제국이라는 유목 세계 사람들과도 교통하고 한이라는 농경 제국 사람들과도 교류하면서 동북아시아의 패자로 성장하기를 원했고 그렇게 되어 간다고 믿었다. 그러나 동방에서의 교역 이익을 극대화하려던 한나라와 충돌하는 것은 피하지 못했다. 그로 말미암아 고조선은 동북아시아의 패권을 잡아 가던 와중에 역사의 무대에서 사라지고 말았다.

　　고조선의 멸망이 고조선을 일부로 하는 우리 조상들 세계의 소멸을 의미하는 것은 아니었다. 오히려 우리 민족의 조상들은 고조선의 패망과 한 군현의 지배를 기회 삼아 중국이라는 거대한 세력으로부터 구별되어 독자적으로 살아남는 법을 익혀 나갔다. 그 학습 효과는 곧이어 꿈틀거릴 맥족의 나라 고구려를 통해 똑똑히 드러나게 된다.

청동 방울 팔주령
청동기 시대의 주요한 종교적 상징이자 권력의 징표였던 청동 방울. 방울 안에는 쇠구슬이 들어 있어 주술이나 종교 의식을 행할 때 흔들어 소리를 내는 역할을 했다.

3
기원전 108년~서기 589년
키르기즈
브리타니아
게르마니아
유연(아바르 족)
부여
서고트
고구려
훈 족
부남
위
쿠샨 왕국
로마 제국
신라
왜
사산 왕조 페르시아
백제
가야
촉
오
동·서 로마의 경계선
굽타 왕국
부남

대이동의 시대와 삼국의 발전

01

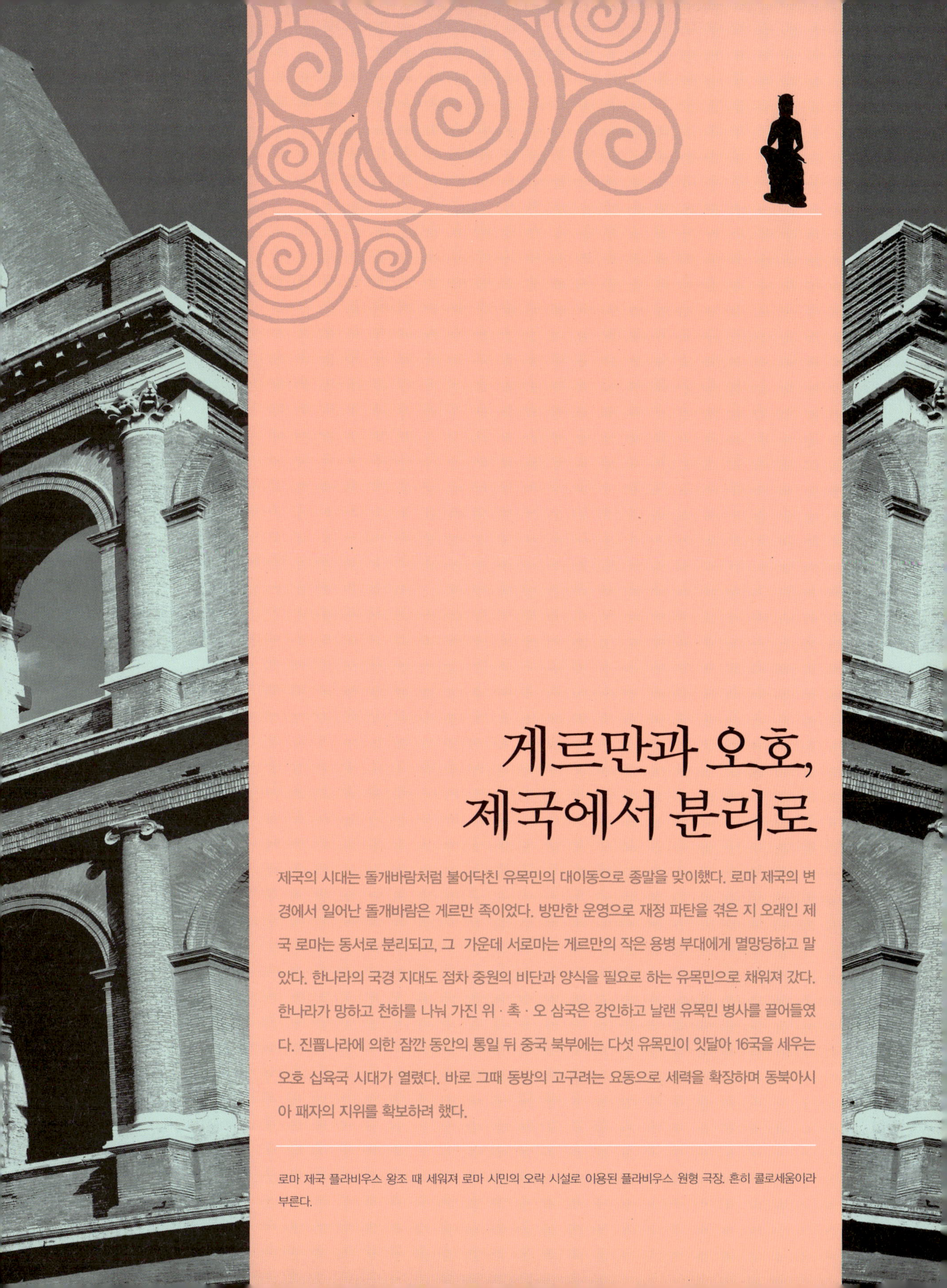

게르만과 오호,
제국에서 분리로

제국의 시대는 돌개바람처럼 불어닥친 유목민의 대이동으로 종말을 맞이했다. 로마 제국의 변경에서 일어난 돌개바람은 게르만 족이었다. 방만한 운영으로 재정 파탄을 겪은 지 오래인 제국 로마는 동서로 분리되고, 그 가운데 서로마는 게르만의 작은 용병 부대에게 멸망당하고 말았다. 한나라의 국경 지대도 점차 중원의 비단과 양식을 필요로 하는 유목민으로 채워져 갔다. 한나라가 망하고 천하를 나눠 가진 위·촉·오 삼국은 강인하고 날랜 유목민 병사를 끌어들였다. 진晉나라에 의한 잠깐 동안의 통일 뒤 중국 북부에는 다섯 유목민이 잇달아 16국을 세우는 오호 십육국 시대가 열렸다. 바로 그때 동방의 고구려는 요동으로 세력을 확장하며 동북아시아 패자의 지위를 확보하려 했다.

로마 제국 플라비우스 왕조 때 세워져 로마 시민의 오락 시설로 이용된 플라비우스 원형 극장. 흔히 콜로세움이라 부른다.

로마 제국의 분열과 게르만의 이동

로마의 쇠퇴

로마가 귀족들의 공화정에서 황제가 다스리는 제정으로 나아간 것은 기원전 1세기 말이었다. 황제가 되고자 했던 카이사르(기원전 100~44)는 암살당했지만, 그의 양아들이었던 옥타비아누스가 원로원으로부터 '아우구스투스(존엄한 자)'라는 칭호를 받음으로써 로마는 일인 독재 체제인 제정으로 나아갔다.

로마 제국의 황제 지위는 아버지에서 아들로 계승되는 것이 아니라 혈통과 관계없이 유능한 후계자에게 계승되었다. 이러한 후계 방식이 제대로 작동되기만 하면 매우 훌륭한 지도자를 가질 수 있었다. 다섯 명의 훌륭한 황제가 잇달아 즉위한 서기 1~2세기의 5현제 시대가 그러했다. 그런데 5현제의 막내 마르쿠스 아우렐리우스(재위 161~180)에 이르자 제국 로마의 기세는 주춤거리기 시작했다.

아우렐리우스는 더 이상의 영토 확장을 중단하고 제국 내부의 안정에 더 깊은 관심을 기울였다. 당시 로마는 너무 비대해져

아우구스투스
로마 제국의 초대 황제가 되어 제정 시대를 연 아우구스투스의 흉상.

서 이집트의 곡물이 있어야만 로마 시민을 먹여 살리고, 시리아로부터 중국 비단과 각종 옷감이 와야 로마 귀족이 옷을 지어 입을 정도였다. 이러한 분업과 교역 체제가 자리 잡아 가면서 로마와 속주(총독 등을 파견하여 간접적으로 다스리던 이탈리아 반도 바깥의 로마 영토이자 행정 단위)들의 자급 능력은 떨어지고 있었다.

그 와중에 로마와 한나라는 서서히 서로에게 다가가고 있었다. 166년 마르쿠스 아우렐리우스가 보낸 사절이 후한의 수도 낙양에 도착함으로써 두 제국 사이에 직접 교류의 문이 열리는가 싶었다.

그러나 이즈음 후한은 쇠퇴의 길로 들어섰고 로마 역시 제정의 혼란기로 접어들었다. 후한이 멸망한 데 이어 천하가 삼국으로 나뉘고 로마도 군인 황제 시대*를 겪게 되자 본격적인 동서 교통은 뒷날을 기약할 수밖에 없게 되었다.

유목민의 대이동과 로마의 몰락

바로 이때 로마의 동북 변경 끝자락, 유라시아 초원 지대에서는 서방을 향한 유목민의 연쇄 이동이 일어나고 있었다. 1세기 무렵 몽골 초원에 자리 잡고 있던 흉노가 한나라와의 전쟁에 패하자, 그중 한 갈래가 중앙아시아와 서아시아의 초원 지대로 근거지를 옮기면서 대이동은 시작되었다. 흉노의 일부로 알려진 훈 족은 4세기에 흑해 북쪽에 살던 일부 게르만 족의 영토를

게르만 용병
마르쿠스 아우렐리우스 기념비에 새겨져 있는 게르만 용병들의 모습.

유린했다. 훈 족의 이동과 압박으로 사산 왕조 페르시아*는 큰 충격을 받았고, 인도의 굽타 제국은 멸망했다. 동로마는 발칸 반도 북부에 대한 통제력을 잃어버렸으며, 동유럽과 중부 유럽의 게르만 족은 밀려드는 훈 족을 피해 서쪽과 남쪽으로 움직이기 시작했다.

일찍이 디오클레티아누스 황제(재위 284~308)는 로마를 동서로 분리하고, 동·서 로마 두 명의 황제 밑에 각각 두 명의 부황제를 두어 광대한 제국을 효율적으로 관리하려고 했다. 그러나 이런 조치만으로 라인 강 연안의 대장벽을 넘어오는 게르만 족 이주민과 용병들, 발칸 반도 북쪽으로부터 제국 영내로 들어오려는 초원 지대 유목민에 제대로 대처하기는 힘들었다.

이미 4세기 이전부터 국경 지대 로마군의 상당수는 게르만 용병과 노예 병사로 채워졌다. 그런 까닭에 4세기 들어 게르만 족이 제국 내부를 향해 본격적으로 이동하기 시작하자, 이를 통제하기가 어려웠다. 국경이 사실상 열려 있는 상태였으므로 고트 족·알레마니 족·프랑크 족·반달 족 등 게르만의 각 부족은 로마 제국 내의 속주들을 새로운 정착지로 삼거나 이탈리아 반도 안으로 들어가는 데 큰 어려움을 겪지 않았다. 이들 게르만 족은

아야 소피아(소피아 대성당)
비잔티움 제국으로도 불리는 동로마 제국의 수도 비잔티움(터키의 이스탄불)에 세워진 성당으로, 비잔티움 건축의 걸작으로 손꼽힌다.
네 개의 첨탑은 후에 이슬람에 의해 세워진 것.

410년과 455년 두 차례에 걸쳐 로마를 약탈했고, 게르만 족 용병 대장 오도아케르는 476년 서로마의 마지막 황제를 퇴위시켰다. 지중해 서쪽에서 로마의 역사가 종언을 고한 것이다.

이처럼 서로마는 멸망했지만 동로마는 건재했다. 6세기 유스티니아누스 대제(재위 527~565) 때에는 일시적으로나마 서로마의 상당 부분을 다시 정복하기도 했다. 물론 이런 상태는 오래가기 어려웠다. 이미 옛 서로마 제국 영역에서 여러 갈래의 게르만 족이 정치와 사회를 주도하고 있었기 때문이다. 이후 동로마는 비잔티움 제국으로 불리면서 동·남 유럽과 소아시아를 주 무대로 역사를 펼쳐 나갔고, 서유럽에서는 게르만 족이 세운 여러 나라가 서로 힘을 겨루면서 새 역사를 꾸려 나갔다.

초기 인더스 문명을 정복한 아리아 계 주민은 카스트라는 신분 제도를 갖고 있었다. 종교 제의 담당자는 가장 높은 브라만, 전사 계급은 크샤트리아, 상인과 농민 계급은 바이샤라는 카스트에 속했고, 아리아 계가 아닌 천민은 수드라라는 최하층 카스트에 속했다. 각각의 카스트는 또 그 안에서 관습과 직업, 결혼 상대 등을 공유하는 수많은 카스트로 나뉘었다. 인도 사람들은 사람이 죽은 뒤에 다시 태어난다는 재생 교리를 믿었는데, 그렇게 다시 태어날 때 카스트가 달라질 수 있다고 믿었다.

처음에는 브라만의 힘이 컸다. 사람들이 다음 생에 더 나은 카스트로 태어나려면 브라만의 가르침에 따라 선행을 해야 했기 때문이다. 그런데 부족 국가에서 왕국으로, 다시 제국으로 변화하면서 크샤트리아와 바이샤의 비중이 커졌다. 브라만이 이끄는 제의는 점차 인기를 잃고, 명상과 금욕적 수행이 큰 의미를 얻게 되었다. 기원전 500년경 자이나교, 불교 등 새로운 종교가 잇달아 창시되었다.

자이나교는 금욕적 수행을 강조했으나, 불교는 명상과 토론을 중심으로 수행자 공동체를 꾸려 나가는 데 치중했다. 여러 계층의 지지와 호응을 얻은 것은 불교였다. 세속과 인연을 끊은 출가자들의 계율 공동체라는 근본적 한계가 있었지만, 불교의 영향력은 인도 전역으로 퍼져 나갔다. 마우리아 왕조 아소카 왕의 적극적 지지를 받게 되자 불교는 인도 바깥 세계로도 전해지기 시작했다.

불교는 쿠샨 왕국에 이어 굽타 왕국이 열어젖힌 인도 문화 황금기의 덕도 톡톡히 보았다. '세계의 통치자'로 자처했던 찬드라굽타는 서기 320년부터 정복 사업에 나섰다. 이때부터 굽타 왕국은 세력

엘로라의 자이나교 석굴
엘로라에 있는 자이나교 석굴 중 하나. 대지의 여신 야크시가 부조되어 있다.

을 넓혀 북인도 전역을 영토로 삼고 중부와 남부 인도까지 영향권 안에 두는 대제국을 건설했다. 그런데 이때 영향력을 크게 넓혀 나간 종교는 사실 불교가 아니라 힌두교였다. 힌두교는 자이나교와 불교의 장점을 일부 수용하고 세속의 일상생활과 출가 수행자의 삶까지 포용했다. 그러나 굽타 제국 때 인도의 불교 미술은 정점에 이르렀으며 불교 교육 기관의 활동도 어느 때보다 활발히 이루어졌다.

불교와 힌두교를 포교하는 사람들은 상인들과 함께 동남아시아 전역에 파견되어 종교 제의와 함께 인도 문명을 전파했다. 불교는 쿠샨 왕국 때 중앙아시아, 굽타 왕국 때 타클라마칸 사막을 넘어 중국까지 들어갔으며, 마침내 동쪽 끝의 한국과 일본에도 전해졌다. 이즈음 인도 본토의 불교를 배우려는 순례자의 행렬이 동쪽에서 서쪽으로 이어지면서, 상대적으로 고립되어 있던 중국 중심의 동아시아 문화에 서아시아와 인도 문화가 섞여 들게 되었다.

아잔타의 불교 석굴과 엘로라의 힌두교 석굴
위는 아잔타의 불교 석굴로, 굽타 양식의 조각과 회화가 보존되어 있다. 아래는 엘로라의 힌두교 석굴 가운데 하나로, 시바 신과 그 아내 파르바티가 조각되어 있다.

중국의 분열과 5호

광무제 유수
호족과 농민군을 이끌고 왕망의 군대를
처부순 뒤 한 왕조(후한)를 다시 세웠다.

후한~위 · 촉 · 오 삼국 시대

한나라에서는 기원전 87년 정복 군주 무제가 죽은 뒤 중앙에서 외척이 세력을 잡는 경향이 나타났다. 서기 8년 한나라를 일시적으로 멸망시키고 신나라를 세운 왕망도 외척 출신이었다. 왕망(재위 8~23)은 유교 경전에 바탕을 둔 이상적인 국가를 세우고자 토지 소유를 제한하고 노예 매매를 금지시키는 등 급진적인 개혁을 시도했다. 그러나 개혁은 실패하고, 한나라 황실의 혈통을 이어받은 유수(광무제)가 호족과 농민군을 이끌고 장안에 들어와 후한을 세웠다.

한나라는 본래 지방 호족을 억제하고 중앙으로 권력을 집중시킨 나라였다. 그러나 광무제(재위 25~57)는 후한을 세우면서 호족의 도움을 받았기 때문에 그렇게 할 수 없었다. 호족의 토지 소유 제한은 풀렸고, 호족이 중앙 정계로 진출하는 것도 별다른 통제를 받지 않았다. 호족들은 황무지를 개간하고 상업 작물을 재배하면서 장원 경제를 키워 나갔다. 이처럼 호족이 성장하자 소농민이 몰락했다. 호족들이 토지를 자기들 손에 집중시키니 토지를 잃고 떠돌아다니는 몰락 농민이 늘어날 수밖에 없었다. 여기에 더하여 환관과 외척이 득세하면서 정치가 제대로 이루어지지 않자 백성은 도교에 기대어 노란 두건을 머리에 쓰고 반란을 일으켰다. 황건의 난, 184년의 일이었다.

황건의 난으로 말미암아 후한의 행정 체제가 마비되자 지방 호족들은 중앙 정부와 거리를 두고 지역별로 독립하기 시작했다. 그런 호족들이 서로 합치고 정복하는 과정을 거쳐 생겨난 것이 위·오·촉 삼국이었다. 이 가운데 위나라를 세운 조조의 아들 조비가 220년 후한의 마지막 황제를 폐하고 위나라 황제로 즉위함으로써 후한은 멸망했다.

위나라는 삼국 사이에서 군사적 우위를 유지하고자 수시로 흉노·선비 등 북방 유목민 전사들을 용병으로 받아들였다. 한나라에 밀려났던 흉노, 목축에 적합한 곳을 찾아 남쪽으로 내려가던 선비족 젊은이들에게 물산이 풍부한 중국에서 살 수 있다는 사실은 매력적이었다. 265년 위나라를 계승한 진晉나라가 중국의 주인이 되었을 때 중국 북방의 주요 군대에서는 유목민 출신 용병이 군사력의 중추를 차지할 정도였다.

오호 십육국 시대

유목민 출신 용병들은 진나라가 오나라를 멸망시키고 중국을 다시 통일할 때에도 큰 역할을 했고, 진나라의 황제 계승을 둘러싸고 황족들이 서로 싸우던 '8왕의 난' 때에도 두드러진 활약을 펼쳤다. 그러더니 304년에 이르러서는 흉노 출신 장군 유연이 중국 땅에 '한'이라는 나라를 세우기에 이르렀다. 이로부터 흉노·선비·갈·저·강 등 다섯 유목민이 136년간 북중국 곳곳에서 독자 정권을 세우는 '오호 십육국 시대'가 시작되었다. 이 나라들은 왕족과 지배층 일부만 유목민인 호족이고 관료와 백성 대부분은 농사를 짓는

위나라의 도장
사각형과 삼각형으로 이루어진 24면체의 재미있는 도장. '서위 명장 독고신' 등 글자가 새겨진 면은 모두 14면으로, 이 같은 방식의 도장은 중국에서 여러 차례 발견되었다.

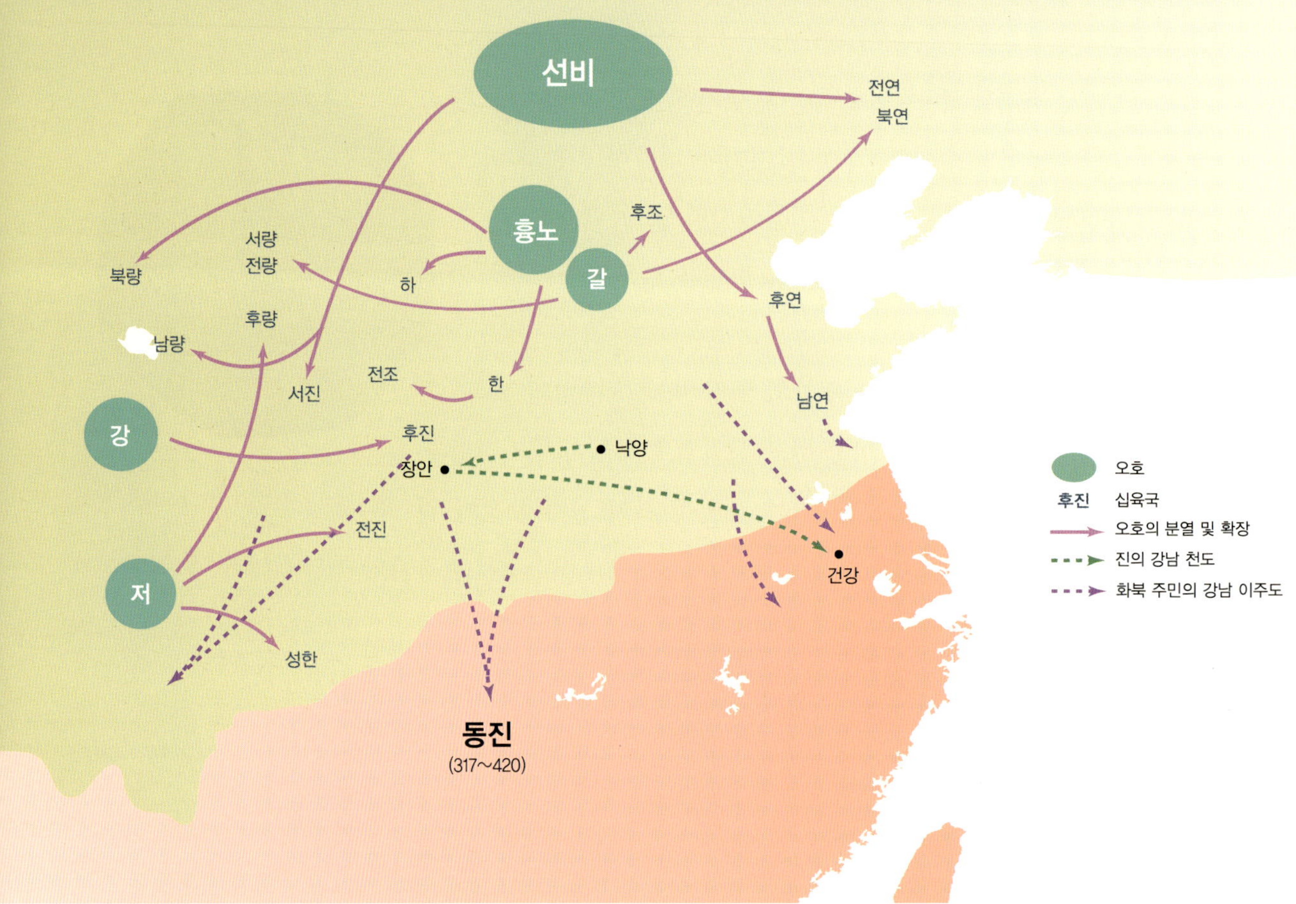

오호 십육국의 판도

오호라 불리는 선비, 흉노, 갈, 강, 저의 다섯 유목 민족이 양쯔 강 이북인 화북에서 정치적 주도권을 확보하고 번갈아, 혹은 동시에 세운 왕조가 열여섯 개에 이른다 하여 이 시기를 오호 십육국 시대라 한다. 오호 십육국의 분열 시대에 상당수 화북 주민들은 양쯔 강 이남인 강남 지역으로 이주하게 되었다.

한족이어서 사회가 안정되기 어려웠다. 사회가 불안정한 상태에서 왕위 계승 투쟁이 일어나거나 다른 나라의 공격을 받으면 쉽게 무너지곤 했다. 이러한 오호 십육국 시대는 439년 선비족 탁발씨가 세운 북위가 북중국을 통일하면서 마침표를 찍었다.

남북조 시대

한편 중국의 주인이던 진晉나라는 흉노가 세운 한나라에 밀려 일시적으로 멸망했다가, 317년 강남(양쯔 강 이남)으로 옮겨 가 새 나라 동진*을 세웠다. 당시까지 중국의 변방에 불과했던 강남은 이때부터 황허 강 유역에 이어 중국의 또 하나의 중심으로 떠올랐다. 강남의 한족 왕조는 동진 이후 송·제·

양·진陳으로 이름이 잇달아 바뀌지만, 정권의 중심에는 늘 남쪽으로 내려간 서진*의 왕족과 귀족의 후예들이 있었다. 북중국은 439년 북위에 의해 통일되었는데, 이로부터 수나라가 남북 왕조를 모두 통일할 때까지를 역사학자들은 '남북조 시대'라고 부른다.

남북조 가운데 북조를 대표하는 북위는 북중국을 통일하는 과정에서 동쪽에 자리 잡은 강력한 나라와 맞닥뜨렸다. 북위와 군사 대결까지 벌일 뻔했던 그 나라의 이름은 고구려. 당시 북위와 고구려는 서로 북중국과 동북아시아의 패자라는 것을 인정하고 군대를 되돌렸다. 이처럼 고구려는 중국의 남북조 국가들과 당당히 공존하던 동방의 강국이었다.

북위가 북중국을 통일한 뒤 1세기 동안 동아시아는 중국의 남북조, 초원 지대의 유연, 동북아시아의 고구려가 세력 균형을 이루며 긴장 속의 평화를 누렸다. 이 세력 균형은 589년 북쪽의 수나라가 남조의 진나라를 멸망시키고 270여 년 만에 중국 전체를 통일할 때까지 이어졌다.

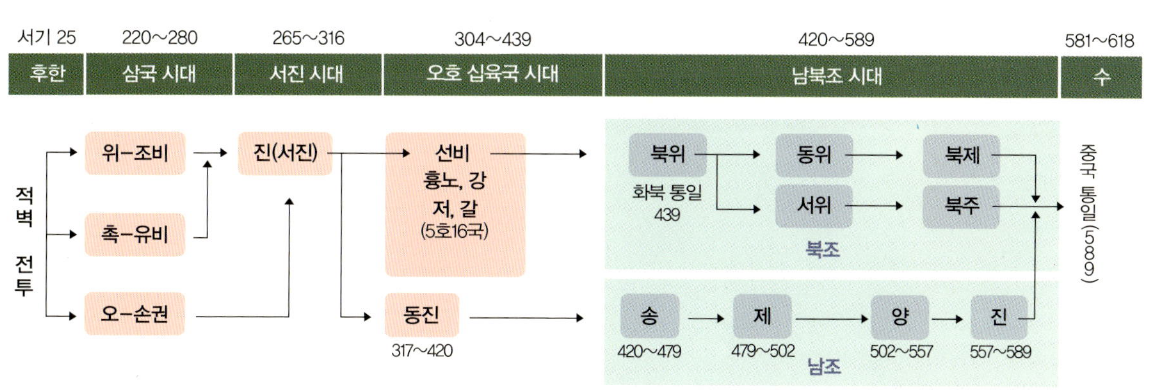

북제 시대의 고분 벽화 (부분) 산시 성 타이위안에 있는 북제 시대 고분의 벽화로, 말 탄 무사의 모습이 그려져 있다.

서기 25	220~280	265~316	304~439	420~589	581~618
후한	삼국 시대	서진 시대	오호 십육국 시대	남북조 시대	수

위·진 남북조의 변천사
한나라가 멸망한 뒤 위·촉·오 삼국 시대부터 여러 나라가 일어났다 스러지기를 거듭하다 수나라가 중국을 통일하기까지의 혼란했던 시기를 '위·진 남북조 시대'라고 한다. 5호 16국 시대는 한나라의 건국에서부터 북조의 북위가 북중국을 통일할 때까지 북중국의 분열기를 가리키는 표현이다.

02

삼국 시대를 향하여

고조선 옛 땅에 설치된 한나라 군현들은 고조선 유민과 예맥계 주민의 반발 속에 차례차례 사라졌다. 그러나 왕검성 일대의 낙랑군은 한나라의 동방 전초 기지라는 위치를 지키면서 오랫동안 주변 지역에 대한 영향력을 유지했다. 이곳에 살던 고조선 지배층과 유력자들이 한나라로 끌려가는 바람에 토착 주민의 세력이 크게 약해졌기 때문이다. 옛 고조선 중심지에서 낙랑군이 건재를 과시하는 동안, 압록강 연변의 예맥인들은 현도군을 밀어내고 졸본 부여를 중심으로 힘을 모으기 시작했다. 부여에서도 여러 무리가 내려가 졸본 부여에 힘을 보탰다. 이들이 발전해 나타난 새로운 고대 국가가 고구려이다. 남쪽에서는 마한·진한·변한 등 삼한에 속하는 여러 소국 연맹체들이 이합집산을 거듭하고 있었다. 이들은 북쪽에서 내려온 예맥계 부족들과 다투기도 하고, 섞이기도 하면서 점점 몇 개의 나라로 통합되어 갔다. 북쪽에서 고구려가 성립할 즈음 삼한에서도 비슷한 고대 국가들이 등장하는 단계에 들어서고 있었다. 훗날 고구려와 세발솥처럼 나란히 서서 만주와 한반도를 삼분하게 될 백제와 신라도 그 가운데 있었다.

고구려의 첫 도읍지인 졸본의 흘승골성으로 여겨지는 중국 라오닝 성 번시 시 환런 만족자치현의 오녀산성

한나라여 비켜라, 고구려가 간다

고구려의 건국

현도군을 밀어내는 데 성공한 압록강 중류와 그 지류 일대의 예맥인들은 혼강 유역에 기반을 둔 졸본 부여를 중심으로 힘을 모으기 시작했다. 거기에 부여로부터 내려온 무리들이 졸본 부여에 받아들여졌다. 그들이 가져온 앞선 문화 덕분에 졸본 부여는 주변의 다른 예맥계 나라들보다 군사력, 농경 기술, 제철·제련술 등이 앞서게 되었다.

기원전 1세기 후반에는 부여의 왕자였던 주몽이 졸본 부여의 왕위에 올랐다. 그는 '나'라고 불리던 주변의 크고 작은 예맥계 세력들을 널리 끌어 모은 뒤 새 나라의 건국을 선언했다. 새 나라의 이름은 고구려였다. 고구려의 건국에는 다섯 개의 커다란 연맹체('나'들의 연맹체)들이 참여했으며, 이들 연맹체장들은 주몽을 새 나라를 대표하는 왕으로 추대했다.

무용총의 말 탄 사수
중국 지린 성 지안 시에 있는 무용총 벽화의 말 탄 사수의 모습. 용맹스런 고구려 무사의 기상이 느껴진다.

고구려가 건국될 즈음 동북아시아의 북방 사회는 강력한 철기로 무장한 영웅 시대에 들어선 지 이미 오래였다. 고조선 위씨 왕조 시대에 본격적으로 받아들여진 철기 제작술이 기원전 1세기경에는 부여 및 예맥계 사회 곳곳에 전해져 철제 무기와 농기구가 널리 보급되고 있었다. 청동기의 원료인 구리와 주석, 아연은 구하기도 어려울 뿐만 아니라 합금하여 단단한 무기나 도구를 만들기가 어려웠다. 그에 비해 철은 대량 생산이 가능하고 무기나 농기구로 만들기가 훨씬 수월했기 때문이었다.

기원전 1세기 동북아시아는 철제 무기로 무장한 전사들을 앞세운 정복과 통합의 시대 한가운데 있었다. 주몽도 그런 전사들을 이끌던 지도자들 가운데 하나였다. 주몽은 부여 말로 '활 잘 쏘는 사람'을 뜻한다. 주몽은 청동기 시대에 떠받들어지던 신성한 혈통의 지배자가 아니라, 철기 시대 최고의 전사 출신 왕이었다. 그가 자신을 따르는 무리를 이끌고 부여를 떠난 일, 지나는 길의 크고 작은 세력을 아우르며 졸본 부여에 이르는 과정, 졸본 부여의 왕과 영웅의 자질을 겨루어 이긴 일, 그리고 새 나라 고구려의 건국을 선언하기까지의 무용담은 고구려가 남긴 역사 기록과 백성들의 입을 통해 후세에 전해졌다. 414년 장수왕에 의해 세워진 광개토대왕릉비에는 고구려 사람들 사이에 전승되던 건국 시조 주몽의 삶에 대한 이야기가 다음과 같이 문자로 새겨졌다.

옛적 시조 추모(주몽)왕이 나라를 세웠는데 (왕은) 북부여에서 태어났으며, 천제天帝의 아들이고, 어머니는 하백河伯의 따님이었다. 알을 깨고 세상에 나왔는데, 태어나면서부터 성스러운 … 있었다(다섯 글자가 명확하지 않음). 길을 떠나 남쪽으로 내려가는데,

광개토대왕릉비
고구려 19대 광개토대왕의 능비로, 중국 지린 성 지안 시에 있다. 비문에는 고구려의 건국 신화와 광개토대왕의 정복 활동, 능을 관리하는 수묘인에 관한 내용 등이 적혀 있다.

부여의 엄리대수를 거쳐 가게 되었다. 왕이 나룻가에서 "나는 천제의 아들이며 하백의 따님을 어머니로 한 추모왕이다. 나를 위해 갈대를 잇고 거북이 무리를 짓게 하라."라고 했다. 말이 끝나자마자 곧 갈대가 이어지고 거북 떼가 물 위로 떠올랐다. 그러자 강물을 건너가서, 비류곡 홀본(졸본) 서쪽 산상에 성을 쌓고 도읍을 세웠다. 왕이 왕위에 싫증을 내니, (하늘님이) 황룡을 내려보내서 왕을 맞이했다. 왕은 홀본 동쪽 언덕에서 용의 머리를 디디고 서서 하늘로 올라갔다.

점차 강성해지는 고구려

주몽이 세운 고구려는 처음부터 한의 군현과 군사 대결을 벌여 한 군현의 관리들에게 큰 부담을 주었다. 유리왕(재위 기원전 19~서기 18) 때는 수도를 국내성으로 옮기고 북방의 강자 부여와의 일전에 대비했다. 국내성은 3면이 산으로 둘러싸여 바깥으로부터 침범하기 쉽지 않으면서도 압록강을 이용한 내외 교통이 편리한 곳이었다.

3대 대무신왕(재위 18~44) 때에는 오래지 않아 국내성 주변 지역 대부분이 고구려의 영향력 아래 들어왔다. 압록강과 그 지류 연안, 태백산(지금의 백두산) 동남의 부전고원 너머 동해안 일대까지 고구려의 지배력이 미치게 되었다. 고구려의 세력권 안으로 편입된 옥저와 동예는 고구려에 양식·생선·소금을 공물로 바쳐야 했다.

주변의 군소 세력을 어느 정도 아우르자 대무신왕은 부여 정벌군을 일으켰다. 이때 부여를 완전히 제압하지는 못했지만, 부여 왕 대소를 전사시키는 성과를 거뒀다. 부여의 기세는 꺾였고, 고구려는 남만주와 한반도 북부의 어떤 세력도 함부로 할 수 없는 지역 강국으로 떠오르게 되었다.

이제 고구려의 칼끝은 한 군현을 대표하는 낙랑군으로 향했다. 『삼국사기』에는 대무신왕의 왕자 호동이 낙랑 공주와 사랑하는 사이가 된 다음

뻗어 나가는 고구려
건국 초기 고구려는 낙랑군을 몰아내고 만주와 한반도에 걸쳐 영토를 확장해 나갔다.

낙랑 공주를 시켜 자명고를 찢어 버리게 한 뒤 낙랑을 기습 공격했다는 이야기가 나온다. 자명고는 외적의 침입 때 자동으로 울리는 북을 말하는데, 아마도 낙랑에 있었던 특별한 비상 경보 장치였을 것이다. 호동 왕자와 낙랑 공주 이야기는 대무신왕 때 낙랑의 비상 대응 체제를 무력하게 만든 뒤 기습 공격을 펼쳐 낙랑을 제압했음을 짐작하게 해 준다. 이처럼 고구려로부터 강력한 정치적 압박과 군사적 충격을 받은 낙랑은 엎친 데 덮친 격으로 중국의 후한으로부터도 지원을 받지 못하게 된다. 중국 문물이 전해지는 중계 기지라는 역할이 사라지면서 낙랑의 정치·사회적 자립 능력은 눈에 띄게 약해졌다.

고구려는 6대 태조왕(재위 53~146)이 즉위한 뒤 한 군현에 대해 더욱 압박을 가했다. 요동군 관리들은 '사납고 날랜' 고구려군의 기습을 받을까

전전긍긍했다. 고구려의 기마대는 오늘날의 중국 허베이河北 성 일부 지역에 출몰하기도 했다.

2세기 후반, 후한의 정치가 크게 어지러워지자 변경의 군현들은 반독립적인 호족 세력의 근거지로 바뀌었다. 요동군도 한동안 동방에 대해 간섭할 힘을 잃게 되었다.

이처럼 중국 세력과의 갈등이 소강 상태에 이른 틈을 타 고구려는 내부 체제 정비에 힘썼다. 왕권이 점차 강해지는 과정에서 형제 상속은 부자 상속으로 바뀌었다. 귀족들의 5부* 합의제는 약화되고 왕의 결정권이 강화되었다.

고국천왕(재위 179~197)은 봄에 곡식을 빌려 주고 가을에 돌려받는 진대법을 실시했다. 국가가 귀족을 통하지 않고 백성을 직접 돌보는 체제를 마련한 것이다. 진대법을 실시해 태평성대의 기틀을 마련한 재상 을파소는 5부 유력 가문에 속하지 않는 사람이었다. 고국천왕이 그를 등용한 것도 5부를 중심으로 이루어지던 정치 운영의 한계를 넘어서려는 뜻이었다. 고구려는 이제 왕을 중심으로 효율적인 국가 운영을 할 수 있었다.

국력을 키운 고구려는 조금씩 요동을 넘보기 시작했다. 그러나 동천왕(재위 227~248)은 요동으로 진출하려다 삼국 시대의 강국 위나라의 역습을 받기도 했다. 위나라는 유주 자사 관구검을 보내 국내성을 함락시켰다. 3세기는 고구려가 요동으로까지 진출하기에는 아직 이른 시간이었다.

사포텍 문명 기원전 100년경부터 서기 400년경까지 미국 오하이오 지역에서 번성한 문명으로, 신전과 피라미드 등이 남아 있다. 사진은 박쥐 신 모양의 부장품.

테오티우아칸 문명 기원전 2세기경 건설되기 시작한 멕시코 중앙 고원의 문명으로 태양과 달의 피라미드 등을 남겼다. 사진은 3~7세기의 테오티우아칸 석조 마스크.

올메크 문명 기원전 1200년경부터 400년경까지 멕시코 만 해안에서 번성했던 문명으로, 마야 문명의 모태가 되었다. 사진은 올메크의 거대한 석조 두상. 길이가 수미터에 달한다.

마야 문명 서기 300년경부터 멕시코와 과테말라를 중심으로 번영을 누린 문명으로 거대 신전을 지었으며, 마야 숫자를 발명해 사용했다. 사진은 신전의 부조(부분).

나스카 문명 서기 100~800년경 페루 남부 해안 지대를 본거지로 번성한 문명으로, 거대한 지상 회화를 남겼다. 사진은 식인 상어 모양의 도기.

백제와 신라도 간다

＊예와 말갈

예는 예맥의 한 갈래로, 만주와 한반도 북부를 무대로 삼던 우리 조상 중의 한 종족. 고조선, 부여, 고구려의 중심 종족이었다.

말갈은 만주 북동부와 한반도 북부에 걸쳐 거주한 퉁구스 계 종족. 중국 주나라 때는 숙신, 한나라 때는 읍루라 불렸으며, 이후 고구려와 발해의 지배를 받았다.

백제의 성립

졸본에서 고구려가 일어난 지 얼마 안 되었을 때였다. 졸본 부여의 왕자였던 비류와 온조 형제가 일행과 함께 고향을 떠나 남쪽으로 내려갔다. 예맥계 사람들의 이동이 다시 시작된 것이다. 그들은 낙랑을 거쳐 한강 하류 지역까지 내려갔다. 마한 목지국의 왕은 이들이 한강 유역에 정착하는 것을 허용했다. 비류는 소금의 이득이 있는 미추홀(지금의 인천)에서, 온조는 한강 일대 교통의 요지인 하남 위례에서 새 나라를 세우려 했다.

풍납토성
서울 송파구 풍납동에 있는 백제 초기의 토성. 현재 초기 백제의 가장 유력한 근거지로 여겨지고 있다.

한반도 중남부는 청동기 시대 이래 한족韓族이 세운 작은 나라들의 무대였다. 예와 말갈*은 동북 변방의 일부를 차지하고 있을 뿐이었다. 따라서 북으로부터 예맥계 무리를 거느리고 내려온 비류와 온조는 한족 유력자들과 주민의 협조를 받으면서 나라를 세워 나갈 수 있었다.

새 이주자들이 정착지로 선정한 한강 하류 지역은 마한의 북쪽 변경에 해당했다. 또한 낙랑의 남쪽 경계로부터도 상당히 먼 곳이었다. 그런가 하면 북한강 상류를 서남쪽 경계로 삼는 동예로부터도 멀리 떨어져 있었다. 한마디로 힘의 공백 지대였다. 훗날 비류 세력을 흡수한 온조는 바로 이곳에 새 나라를 세우고 나라 이름을 백제라 했다.

백제가 일어나자 마한의 맹주 목지국은 입지가 크게 흔들렸다. 마한에 속했던 작은 나라들이 떨어져 나가 백제의 지배 아래 들어가거나 백제에 정복되는 일이 자주 일어났기 때문이다. 마한 소국들은 당시까지도 청동기 시대의 사회·문화적 전통을 강하게 지니고 있었다. 제사장인 천군이 소도라는 특별한 독립 읍락을 다스렸기 때문에 정치적 지배자의 힘에는 제약이 있었다. 그런 나라의 군사들이 철제 무기로 무장한 백제 전사들을 당해 내기는 쉽지 않았다. 백제는 온조왕 때 이미 한강 유역의 강국으로 성장했고, 이 지역에 대한 마한의 영향력은 미미해졌다.

백제가 한강 상류 쪽으로 세력을 뻗어 나가자 동예와 말갈이 긴장하

뻗어 나가는 백제
건국 초기 백제는 주변의 마한 소국들을 정복하고 말갈의 침입을 물리치며 영토를 확장해 나갔다.

기 시작했다. 또한 북으로 임진강 유역을 넘어서려 했을 때에는 낙랑과 대
방이 경계심을 보였다. 그런가 하면 지금의 경기도 남부 지역에 대한 영향
력을 높여 나가자 목지국을 중심으로 한 마한 소국 동맹이 민감한 반응을
보이기 시작했다. 동예와 말갈은 종종 백제 영역을 침범했고, 낙랑은 그들
을 뒤에서 후원했다. 백제 밑으로 들어가려는 소국들에 대한 마한의 견제도
심해졌다.

백제의 영역이 넓어지면서 백성의 수도 늘자, 백제의 왕들은 농업 생
산력을 높이는 데 힘을 기울이기 시작했다. 2세기 이후 백제의 수리 시설은
부쩍 늘었고, 왕이 새로 즉위하면 농업 현황을 상세히 파악하려고 순행에
나서는 일도 잦아졌다.

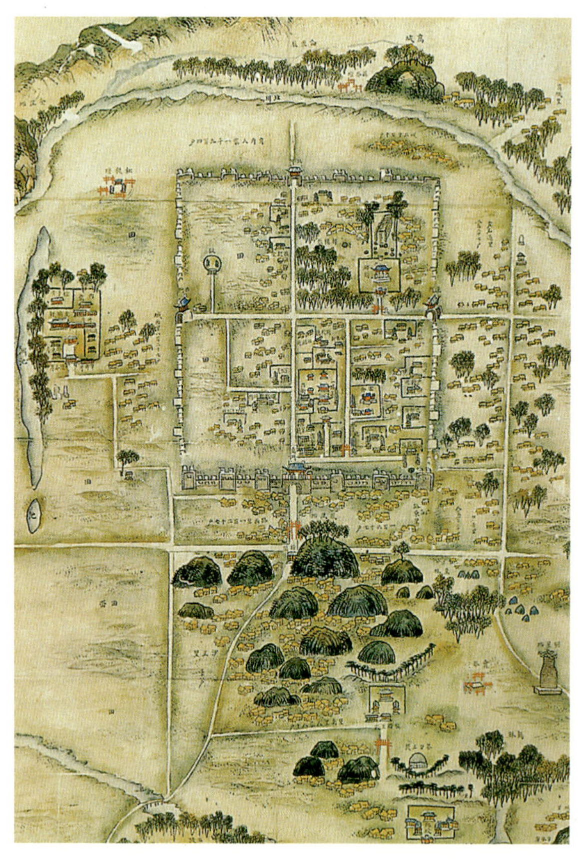

조선 시대의 경주 지도
사로국이 일어난 곳이자 훗날
신라의 왕성으로 성장한 경주의
면모가 한눈에 들어오는 조선
시대의 경주 읍성 지도.

신라의 전신 사로국

한반도 남부의 영남 지역에서도 새로운 나라
들이 나타났다. 이 지역은 비교적 고립되어 있
었기 때문에 토착 세력들이 서서히 뭉치면서
큰 나라를 만들어 갔다. 낙동강 동쪽 작은 나
라들의 동맹체인 진한에서는 지금의 경상북도
경주에 터를 잡은 사로국이 두각을 나타냈다.
또 낙동강 서쪽 나라들의 동맹체인 변한에서
는 김해의 금관가야가 상대적 우위를 보였다.

사로국은 경주 평야와 주변 골짜기 선상
지를 근거로 성장한 여섯 마을의 연합체였다.
시조 박혁거세* 이래 이 나라의 왕위는 여섯
마을 촌장들의 회의를 통해 결정되었고, 나라
의 주요 정책도 귀족회의를 통해 논의되었다.

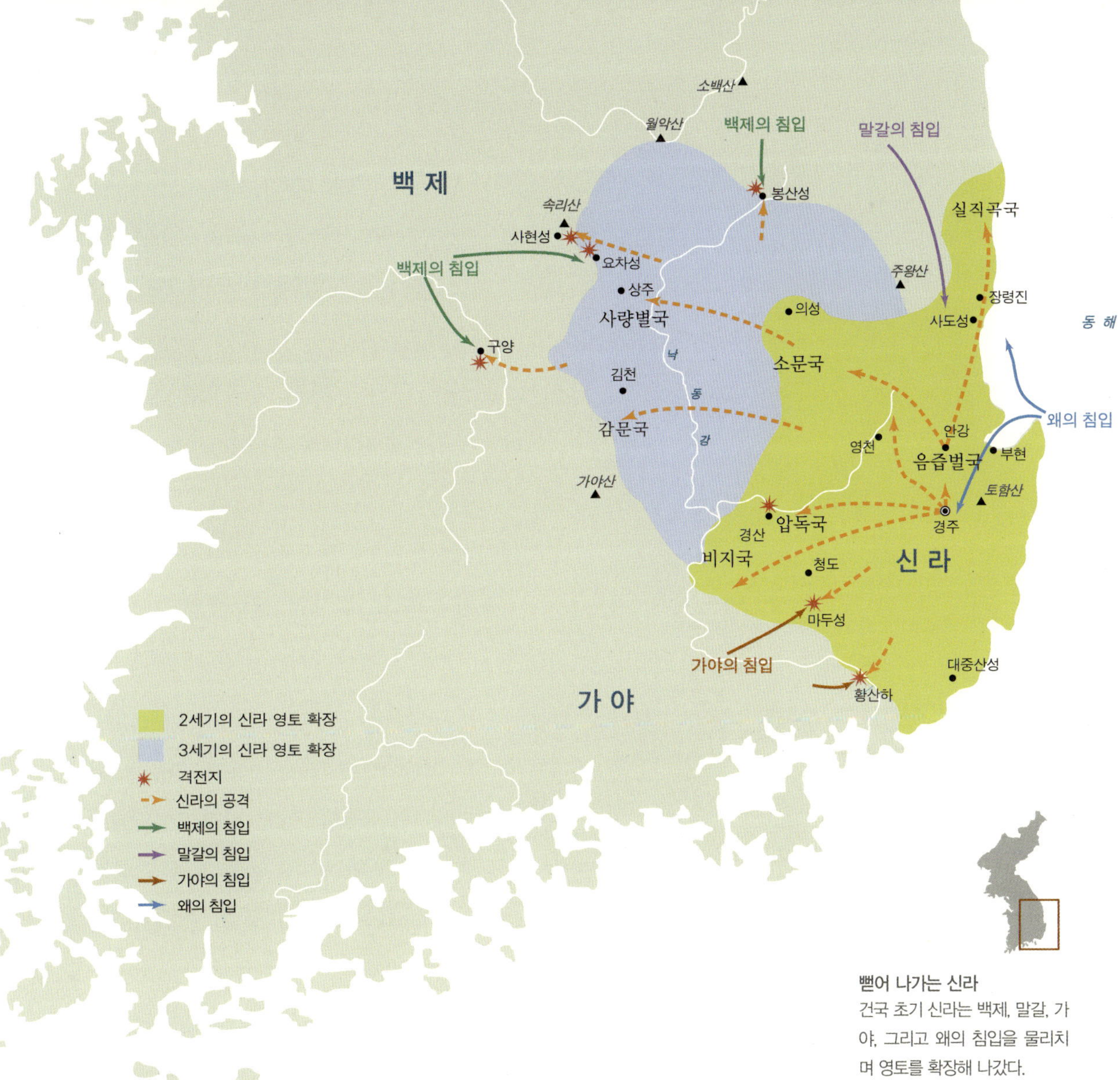

뻗어 나가는 신라
건국 초기 신라는 백제, 말갈, 가야, 그리고 왜의 침입을 물리치며 영토를 확장해 나갔다.

비록 왕권은 강하지 않았지만, 사로국 왕들은 농업에 힘쓰며 국력을 열심히 다져 진한의 여러 소국 가운데 가장 힘센 나라로 성장해 갔다. 1세기 후반에 이르면 사로국은 진한 소국 동맹체를 대표하는 나라로 여겨지게 되었다.

세월이 흘러 3세기에 들어서면 사로국의 세력은 변한을 대표하던 금관가야가 감히 맞서기 어려울 만큼 커지게 된다. 이때가 되면 진한의 소국 대부분이 사로국 왕의 지배 아래 들어가고, 그러한 소국의 지배자들은 사로국 지배층의 일부로 편입되었다. 이로써 진한 소국 동맹체는 사라지고, 그들이 있던 곳에 사로국이 하나의 지역 대국으로 출현하게 되었다. 이 사로국이 바로 훗날의 신라이다.

금관가야

진한의 대표 주자인 사로국이 이처럼 지역 대국의 길을 가는 동안 변한의 대표 주자였던 금관가야는 무엇을 하고 있었을까? 금관가야의 시조로 알려진 수로왕은 김해 지역 아홉 지도자의 추대를 받아 왕위에 올랐다. 그는 뛰어난 예지력과 위기 대처 능력을 가진 왕이었다. 그의 왕비 허황옥은 본래 인도 아유타 국의 공주로서 배를 타고 가야에 와서 왕비가 되었다는 전설의 주인공이다. 그것이 사실이든 단순한 전설이든 허황옥이 예사롭지 않은 배경을 가진 사람이었던 것은 분명하다. 그러나 금관가야는 변한의 다른 소국들을 통합해 사로국과 같은 지역 강국으로 성장하는 길로 가지는 못했다. 왜 그랬을까?

무엇보다 금관가야는 무역을 중개하면서 그 이익으로 먹고 사는 나라였다. 금관가야 사람들은 해상 교통의 요지에 자리 잡고 왜와 낙랑 등의 무역을 중개하거나, 스스로 주변 나라들과 교역하면서 살아가고 있었다. 따라서 금관가야는 변한 소국을 포함한 이웃 나라들을 흡수할 정도로 군사력을 키울 필요가 없었다.

금관가야를 비롯한 변한 소국들 사이에는 힘의 균형이 성립했다. 그들은 교역과 철 산업에 종사하면서 서로를 적절히 견제하는 방식으로 오랫동안 평화를 이어 갔다. 그러는 사이 사로국, 즉 신라는 진한 소국들을 아우르고 지역 패자로 성장하고 있었다. 시간이 흐름에 따라 신라와 가야 사이에는 힘의 차이가 크게 벌어져 갔다.

가야의 유물
금동장식투구(합천 옥전 출토, 왼쪽), 판갑(김해 퇴래리 출토, 위), 목가리개(김해 대성동 출토, 아래), 가야 연맹은 이처럼 우수한 철제 갑옷과 투구를 생산했지만, 갑옷을 입고 싸우는 것보다는 그 갑옷의 재료인 철정을 팔아서 이익을 얻는 데 더 능했다. (국립김해박물관 소장)

03

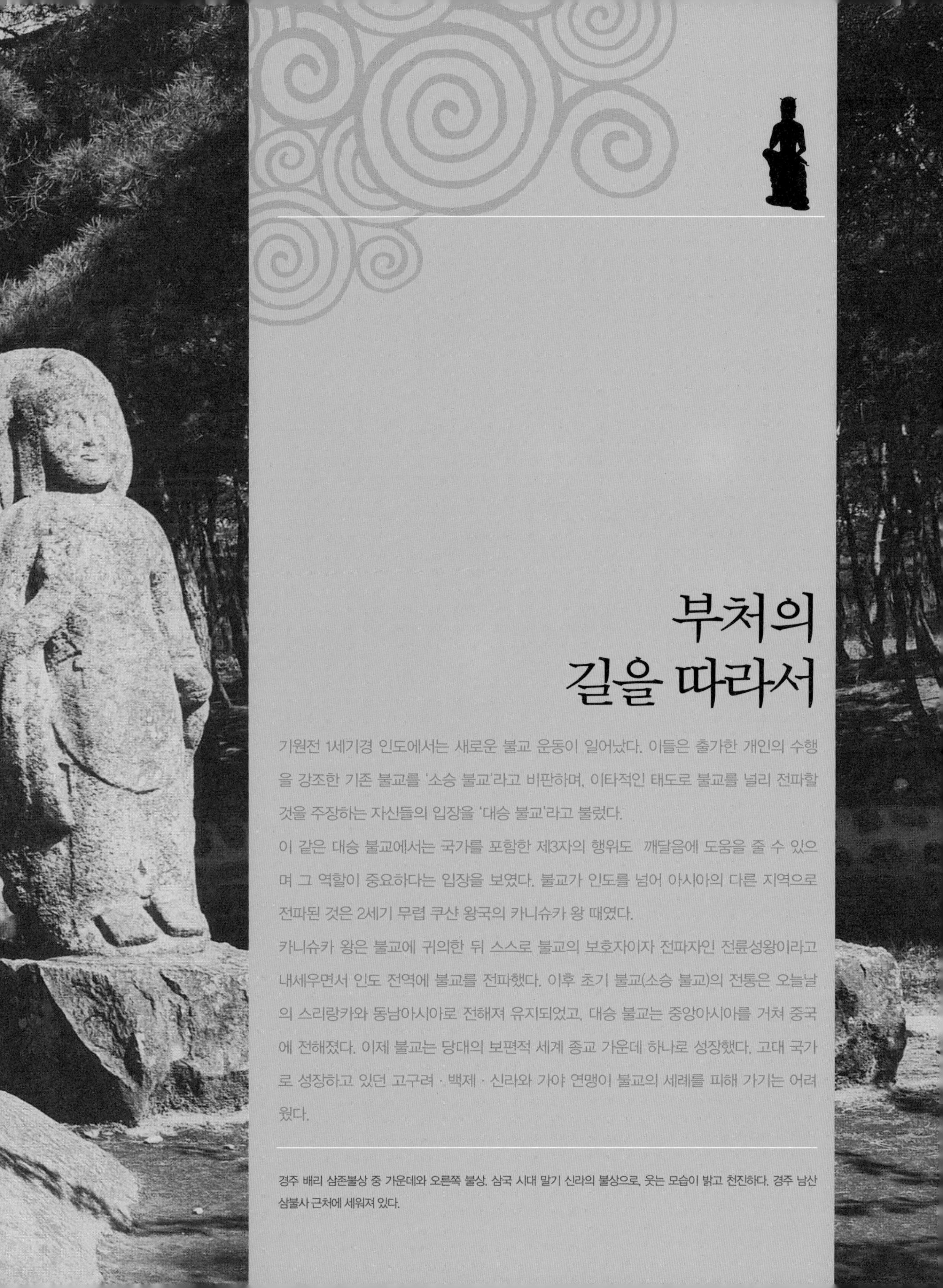

부처의
길을 따라서

기원전 1세기경 인도에서는 새로운 불교 운동이 일어났다. 이들은 출가한 개인의 수행을 강조한 기존 불교를 '소승 불교'라고 비판하며, 이타적인 태도로 불교를 널리 전파할 것을 주장하는 자신들의 입장을 '대승 불교'라고 불렀다.

이 같은 대승 불교에서는 국가를 포함한 제3자의 행위도 깨달음에 도움을 줄 수 있으며 그 역할이 중요하다는 입장을 보였다. 불교가 인도를 넘어 아시아의 다른 지역으로 전파된 것은 2세기 무렵 쿠샨 왕국의 카니슈카 왕 때였다.

카니슈카 왕은 불교에 귀의한 뒤 스스로 불교의 보호자이자 전파자인 전륜성왕이라고 내세우면서 인도 전역에 불교를 전파했다. 이후 초기 불교(소승 불교)의 전통은 오늘날의 스리랑카와 동남아시아로 전해져 유지되었고, 대승 불교는 중앙아시아를 거쳐 중국에 전해졌다. 이제 불교는 당대의 보편적 세계 종교 가운데 하나로 성장했다. 고대 국가로 성장하고 있던 고구려 · 백제 · 신라와 가야 연맹이 불교의 세례를 피해 가기는 어려웠다.

경주 배리 삼존불상 중 가운데와 오른쪽 불상. 삼국 시대 말기 신라의 불상으로, 웃는 모습이 밝고 천진하다. 경주 남산 삼불사 근처에 세워져 있다.

삼국이 불교를 받아들이다

오호 십육국 시대의 불교 전파

불교를 전파하려는 일념에 불탄 중앙아시아의 도시 국가 출신 승려들은 대체로 1세기부터 내륙 아시아의 초원 지대와 중국 북부로 들어가기 시작했다. 남인도와 남아시아 일부 지역 출신 승려들은 동남아시아를 거쳐 육로와 해로로 중국 남부에 이르기도 했다.

후한 초기 중국 남부에서는 불교를 신봉하는 사람들이 나타났고, 후한의 2대 황제 명제(재위 57~75) 때에는 왕실 인물과 귀족 중에도 불교에 관심을 보이고 후원하는 이들이 생겨났다.

중국에서 불교가 본격적으로 확산되기 시작한 것은 오호 십육국 시대였다. 오호 십육국은 중국 북방의 유목민들이 중국에 들어와 세운 왕조들이었다. 이들 나라에서 불교는 문화적 자부심에 차 있던 한족 관료보다 소박한 사고와 생활 양식을 지니고 있던 호족 통치자

북위의 불상

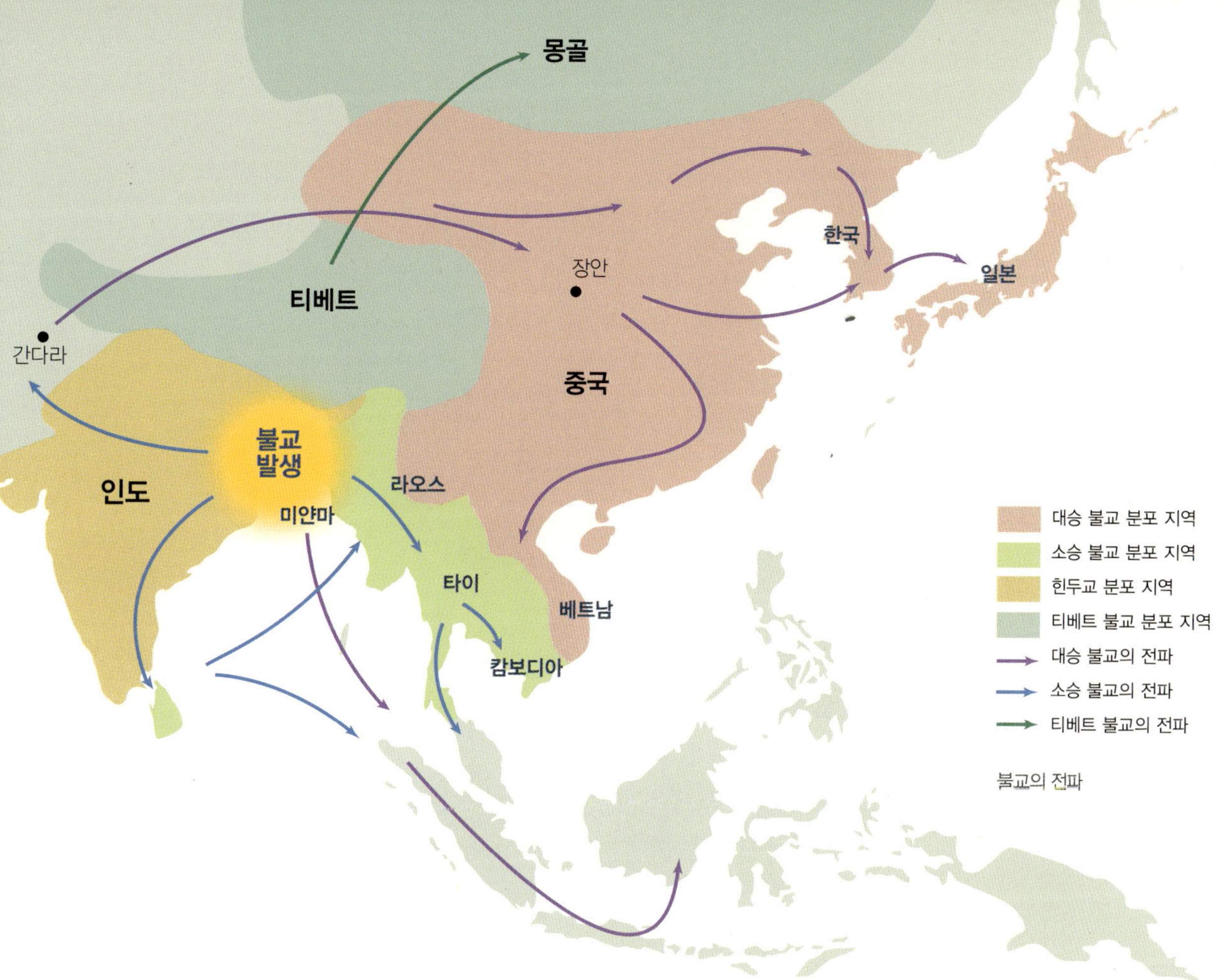

와 귀족들에게 호소력 있게 다가왔다. 인간의 근본적인 평등을 말하면서 현세에서 선행을 하고 좋은 인연을 만들어 낼 것을 강조하는 불교 교리가 그들에게 매력적이었기 때문이다.

불교 교리는 종족과 신분, 생활 양식을 뛰어넘는 성질을 지니고 있다. 그래서 보편적 가치와 이념을 바탕으로 사회를 통합하고자 할 때는 신분과 지위를 나누고 가문의 격을 따지는 유교보다 불교가 훨씬 유용하고 효과적이었다.

오호 십육국 시대 중국의 호족 지배자들은 너 나 할 것 없이 불교를 받아들여 백성들 사이에 널리 전파하고자 노력했다. 중앙아시아로부터 고

우리나라 첫 불교 국가의 불상
연가칠년명 금동여래입상
고구려의 불상으로 광배의 명문
중에 연호를 표시한 것으로 보
이는 '연가칠년'이라는 글자가
있다.(국립중앙박물관 소장)

승을 초빙하고 사원을 세우며 불교 경전을 번역하는 일에 후원을 아끼지 않
았다. 한때 북중국 전역을 통일하는 데 성공했던 전진 황제 부견(재위 357
~385)은 고승 구마라습*(344~413)을 데려오기 위해 서역 정벌군을 일으킬
정도였다. 부견은 동북아시아의 강자로 떠오르고 있던 고구려에도 사신과
함께 승려 순도에게 불상, 경문 등을 보내 불교를 받아들이라고 권유했다.

＊구마라습
쿠차 출신 승려로, 북중국에
들어가 대승 불교를 전하고
많은 불경을 번역했다.

고구려의 불교 국교화

고구려는 미천왕(재위 300~331) 때 낙랑군과 대방군을 멸망시킴으로써 동방
에서 중국의 군현들을 완전히 몰아냈다. 그리고 동천왕에 이어 다시 한 번
요동으로 진출하려 했지만 실패했다. 당시 요동 지역은 오호 십육국의 한
나라인 전연*의 영토가 되어 있었고, 고구려의 군사력이 전연의 군대를 제
압할 정도는 아니었기 때문이다.

　고국원왕(재위 331~371) 때에 들어서는 요동으로 진출하기는커녕 전
연의 침공을 받아 국내성과 환도산성이 함락되는 위기에 몰리기까지 했다.

＊전연은 어떤 나라?
중국의 오호 십육국 시대의
나라로 337년 선비족의 모용
외가 지금의 허베이·산둥·
허난·산시 지역을 아울러
세웠다. 370년 3대 모용위
때에 전진의 왕 부견에게 멸
망당했다.

이처럼 서쪽으로 뻗어 나가는 것이 벽에 부딪치자 고국원왕은 군대를 남쪽으로 돌려 백제의 기세를 꺾으려 했다. 그러나 고구려군은 근초고왕(재위 346~375)이 이끄는 백제군의 기세에 눌려 평양성까지 밀려났다. 고국원왕 자신은 평양성 방어 전투에서 화살에 맞아 전사하는 비운을 겪었다.

서쪽도 막히고 남쪽도 막힌 상황에서 왕까지 전사해 국가의 미래가 불확실하던 시기에 전진으로부터 서역의 승려와 불상, 경문이 왔다. 전진이란 나라는 고구려에 수모를 안겼던 전연을 멸망시킨 강대국이었다.

당시 불교는 이미 고구려에 낯선 종교가 아니었다. 4세기 중반 요동에서는 동방에 불교를 전파하려는 승려들의 움직임이 있었고, 고구려에 망명한 전연의 관리들 가운데에는 불교를 신봉하는 이들도 있었다. 따라서 고구려의 지배층은 불교라는 새로운 종교와 문화 체계에 대해 어느 정도는 알고 있었다. 불교가 북중국의 호족 지배자들 사이에서 환영받고 있다는 사실도 알고 있었고, 종족과 출신 지역 등으로 분열되어 있는 호족 국가를 통합하는 데 이 종교가 도움을 주고 있다는 것도 알고 있었다. 국가 체제의 정비에 몰두하던 고구려의 소수림왕(재위 371~384)은 이런 기능과 역할에 큰 의미를 부여하면서 불교를 공식적으로 받아들였다.

고구려는 건국 당시부터 예맥과 한韓 외에 여러 종족을 아우르며 출범한 나라였다. 중국의 전란을 피해 동쪽으로 피난하거나 한 군현에 이주해 살던 중국의 한족漢族, 유목민인 선비족과 거란족, 수렵·목축을 주업으로 하는 말갈족도 고구려 주민의 일부를 이루고 있었다. 고구려가 동북아시아의 강국으로 떠오르는 과정에 더 많은 종족과 사회가 고구려에 들어왔고, 다양한 문물이 고구려에 흘러들었다. 불교를 공인할 당시 고구려는 이미 다문화 사회

외국인의 모습이 보이는 각저총 씨름도
각저총의 씨름도에 등장하는 큰 눈에 매부리코를 한 씨름꾼. 생김새로 보아 북아시아나 중앙아시아 출신인 듯하다. 전성기의 고구려에는 외국인도 많이 들어와 있었음을 짐작하게 한다.

가 되어 있었다.

　　북중국의 호족 국가처럼 호족과 한족의 화합과 일치감이 국가의 안녕과 직결될 정도는 아니었지만, 고구려도 보편적 이념을 바탕으로 사회를 통합할 필요가 있었다. 소수림왕의 뒤를 이은 고국양왕(재위 384~391)은 "불교를 믿고 복을 받으라."라는 명령을 내렸다. 이제 불교는 고구려의 국교가 되었다.

백제의 불교 수용

백제는 고구려만큼 다양한 종족과 사회를 포함하지는 않았지만, 역시 귀족과 백성들에게 보편적으로 받아들여질 이념이 필요했다. 그래서 백제에서도 불교는 적극 수용되었다. 근초고왕, 근구수왕(재위 375~384) 시대에 대대적으로 영토를 넓힌 뒤, 침류왕(재위 384~385) 즉위 초에 중국 남조의 동진으로부터 온 서역 출신 승려 마라난타를 통해 공식적으로 불교를 받아들였다.

　　당시 백제는 동북아시아의 패권을 놓고 고구려와 일전을 벌일 태세에 있었다. 이런 상황에서 백제는 왕권을 견제하는 해씨, 진씨 등 귀족들을 억누르고 백성에게 백제인이라는 의식과 자부심을 강하게 불어넣을 필요가 있었다. 왕은 불교를 통해 국토와 불법을 지키는 자로 인식되고자 했다. 이 때문에 4세기 말부터 백제에서도 불교가 널리 퍼지게 되었고, 불교 건축과 불교 예술도 발전했다. 백제 왕실은 사원을 세우고 승려들의 활동을 후원하는 데 비용을 아끼지 않았다.

신라의 불교 공인

고구려에 머물던 서역 출신 승려들은 불교를 전하기 위해 한반도 동남쪽의 신라에도 들어가기 시작했다. 그러나 고구려와 백제에 비해 외부 세계와의 접촉도 잦지 않았고 사회·문화적으로도 보수적 성향을 띠고 있던 신라는 불교를 쉽게 받아들이지 않았다. 신라에서는 5세기경에도 샤먼을 중심으로 한 신앙 행위가 종교 활동의 주류를 이루고 있었다.

묵호자와 같은 서역 출신 승려들은 신라의 서울 경주로는 미처 들어가지 못하고 고구려와의 접경이던 지금의 경상북도 상주(일선군) 인근에 숨어 살면서 포교 활동을 벌였다. 과감히 경주에 들어가 궁성에 살던 궁주宮主를 불교 신도로 만드는 데 성공한 승려 이야기도 전설처럼 전한다. 그러나 이 승려는 왕궁을 출입하던 샤먼이 강하게 반발하는 바람에 궁주와 함께 처형되었다고 한다. 고구려와 백제에서 불교가 공인된 지 1세기가 지난 후에도 신라에서는 이처럼 공식적인 불교 신앙 행위가 금지되었다. 불교를 믿으려면 목숨을 걸고 숨어서 믿어야 했다.

신라는 법흥왕(재위 514~540)이 다스리던 6세기에 들어서야 불교를 공인했다. 그전까지 불교는 샤머니즘을 중심으로 한 기존 신앙의 배척을 받으면서 왕실과 민간에서 신봉자를 늘려 왔다. 그러다가 법흥왕 때에 이르러 불교를 공인할 것인지가 사회 문제로 떠올랐다. 귀족들 사이에도 불교 공인에 대한 의견이 갈렸다. 격렬한 찬반 논란이 계속되는 가운데 법흥왕의 측근이면서 불교 신자였던 이차돈(506~527)이 순교했다. 이를 계기로 법흥왕은 불교 공인을 강행했고, 샤머니즘적 제의를 지내던 곳에 불교 사원을 세웠다.

삼국이 모두 불교를 공인하면서 기존 신앙 세계는 서서히 불교 신앙에 흡수되었다. 왕녀의 병을 낫게 하는가 하면, 가뭄이 그치고 비가 내리게 하는 등, 기존 신앙이 담당하던 기능과 역할도 불교가 대신했다. 샤먼이나 일자日者(천문 관리)가 도맡던 의사, 예언자, 교사, 지식인의 역할도 불교 승려들이 담당했다.

이차돈 순교비
이차돈의 순교 장면과 함께 이차돈의 목이 잘리자 흰 피가 솟고 꽃비가 내렸다는 기사가 서술되어 있다.

삼국에서 불교문화가 꽃피다

왕실 및 귀족 불교

왕실과 귀족뿐 아니라 일반 백성도 불교를 널리 믿자 삼국의 왕실은 불교로 왕권을 뒷받침하려 했다. 당시 중국 북조에서는 왕이 곧 부처라는 '왕즉불王 卽佛 사상'이나 불교에서 말하는 전륜성왕*이 곧 지금의 왕이라는 이론이 유행하고 있었다. 삼국의 왕실도 이러한 사상과 이론을 활용하곤 했다.

고구려에서는 광개토대왕(재위 391~413)이 전륜성왕을 자처하며 영락이라는 연호를 지었고, 백제에서는 왕의 이름을 불법의 수호자, 시행자를 뜻하는 법왕法王으로 부르게 했다. 신라는 여기에서 한 걸음 더 나아가 신라 왕실이 불교의 창시자인 석가여래와 같은 집안이라고 주장했다. 왕족의 신분을 가리키는 '성골聖骨'이 바로 석가의 혈족이라는 뜻이다.

왕이 불국토를 다스리는 전륜성왕으로 행세하자 귀족들은 전륜성왕이 다스리는 땅에 태어나 왕을

＊전륜성왕
통치의 수레바퀴를 굴려 세계를 통일하고 지배한다는 인도 전래의 이상적인 제왕. 불교도들이 이상적인 왕으로 떠받드는 인도 마우리아 왕조의 아소카 왕을 흔히 세속의 전륜성왕이라고 한다.

고구려의 소조 불상
평안남도 평원군 덕포리의 원오리 절터에서 출토된 흙으로 만든 부처상들 중 하나. 고구려인들의 신앙심을 엿보게 한다.

돕고 세상을 교화해 평안하게 한다는 미륵으로 자처했다. 신라의 진흥왕(재위 540~576)은 귀족의 자제들로 화랑을 조직한 뒤 그 지도자를 '미륵 선화'로 받들게 했다.

왕과 왕비가 출가 의식을 행하고 승려가 되거나 스스로를 사원의 노비로 바치는 행사도 자주 일어났다. 중국 남조의 양나라에서는 황제가 사원의 노비로 들어가는 행사를 벌이면, 대신들이 많은 비용을 들여 황제를 노비에서 풀어주고는 했다. 이와 비슷한 일이 백제와 신라에서도 있었다. 왕실과 귀족은 앞다퉈 불교 사원에 토지와 노비를 바치며 복을 빌었다. 그 덕분에 사원은 크게 부유해지고, 승려의 사회적 지위도 높아졌다.

초기 불교 사원의 승려들은 왕실과 귀족 출신 인물들로 채워졌다. 왕실과 대귀족 가문에서는 궁궐과 저택 한쪽에 불전을 세워 불상과 경전을 모신 뒤, 승려를 모셔 와 불전을 관리하고 왕실과 귀족 가문을 위해 불공을 드리게 했다. 4세기 이후 한·중·일 문화 교류에서는 불상과 경전, 그리고 승려의 왕래가 큰 비중을 차지했다. 이들이 지배층의 현재와 내세의 안녕에 가장 중요한 존재로 여겨졌기 때문이다.

삼국의 왕실은 불교 사원을 짓고 후원함으

황룡사 구층 목탑(모형)
높이만 무려 80미터에 이르렀다는 거대한 목탑. 아홉 개의 층은 신라 주변 나라들을 상징한 것으로, 이 탑을 쌓음으로써 이 나라들의 침략을 받지 않고 오히려 신라가 이 나라들을 제압할 수 있기를 기원했다.

연꽃무늬 기와
불교를 숭상했던 삼국은 불교의 대표적 상징물인 연꽃을 기와의 장식 무늬로 즐겨 사용했다. 왼쪽부터 고구려, 백제, 신라의 기와.(국립중앙박물관 소장)

로써 왕권의 위엄을 과시하고 백성에게 불교 이념에 바탕을 둔 국가 경영 의지를 보여 주려 했다. 고구려의 금강사·정릉사, 신라의 황룡사, 백제의 왕흥사·미륵사는 국가가 많은 인력을 동원하고 비용을 들인 대규모 건축 사업이었다. 여기에는 그 나라에 축적된 토목·건축 기술과 불교 미술의 모든 기법이 동원되었다. 신라는 17년 만에 황룡사를 완성했고, 백제의 왕흥사는 준공까지 35년이라는 오랜 시간이 걸렸다. 이웃 나라들을 제압하고 나라의 평안을 얻기 위해 세웠다는 황룡사 구층 목탑은 높이만 80미터에 이르렀다.

호국 불교, 대중 불교

삼국 시대의 불교는 나라를 지켜 주는 호국 신앙이기도 했다. 그래서 많은 불교 행사가 호국적 차원에서 준비되고 이루어졌다. 인왕 법회는 나라의 평안을 빌고 외적을 물리치기 위해 자주 열리던 행사였으며, 승려들이 주관한 팔관회*는 전사한 병사들의 영혼을 위로하기 위한 것이었다. 신라의 화랑도 국가를 수호하는 존재로서 미륵불의 화신으로 여겨졌다.

불교 승려도 스스로를 호국 신앙의 전도자로 내세우곤 했다. 고구려의 도림은 나라의 부름에 응해 백제에 들어가 첩자 노릇하기를 마다하지 않았고, 신라의 원광(555~638)은 왕의 고문 역할을 하며 중국의 수나라에 보낼 외교 문서를 직접 작성했다. 고구려의 혜자는 수나라와의 전쟁에 대비해 왜로 건너가 최고 권력자인 쇼토쿠 태자의 고문 노릇을 하면서 왜와 수나라 사이의 갈등을 유발하기도 했다.

6세기 이후에는 평민 중에도 출가해 승려가 되려는 자들이 많아져 국가도 이를 막을 수 없게 되었다. 자연히 불교가 왕실과 귀족만을 위한 종교에서 벗어나 일반 백성들에게도 깨달음의 기회를 주어야 한다고 믿는 승려들이 생겨났다.

삼국 통일을 전후한 7세기 중반에는 이런 승려들이 여럿 나타나 여염집 백성들에게 적극적으로 깨달음의 법, 불교의 이상향인 정토의 삶을 설명하기 시작했다. 왕실과 귀족의 후원을 받으며 경전의 번역과 주석에 몰두하던 신라의 원효(617~686)도 이 새로운 흐름에 뛰어들었다.

대중 불교 운동에 뛰어든 원효, 혜통 등의 노력으로 '가난하고 무지몽매해서 깨달음의 씨앗을 지니고 있지 못한' 것으로 여겨지는 사람들도 불교적 깨달음의 세계에 관심을 나타냈다. 원효는 삼국 사이의 전쟁이 한창이던 때에 스스로 파계를 선언한 뒤 신라의 저잣거리에 나와 박을 두드리며 돌아다녔다. 그러면서 대중을 향해 단순한 몇 마디 염불만으로도 깨달음을 얻을 수 있다고 외쳤다. 이것이 새로운 불교의 흐름이었다.

불교문화의 전파

삼국에 전해진 불교문화는 인도와 이란, 중앙아시아 문화에 중국 문화까지 더해진 것이었다. 당시까지 알려진 모든 문화가 버무려진 상태의 것이라고 할 수 있다. 따라서 불교가 전해지는 것과 동시에 매우 다양한 외래문화도 함께 들어와 소화될 수 있었다. 금관가야가 있던 김해의 파사(페르시아) 석탑은 서방의 미

파사 석탑
경상남도 김해시 구산동에 있는 석탑. 『삼국유사』 등 고서에는 48년(수로왕 7)에 수로 왕비 허황옥이 서역 아유타국에서 바다를 건너올 때 신의 노여움을 잠재우기 위해 이 탑을 싣고 왔다고 기록되어 있다.

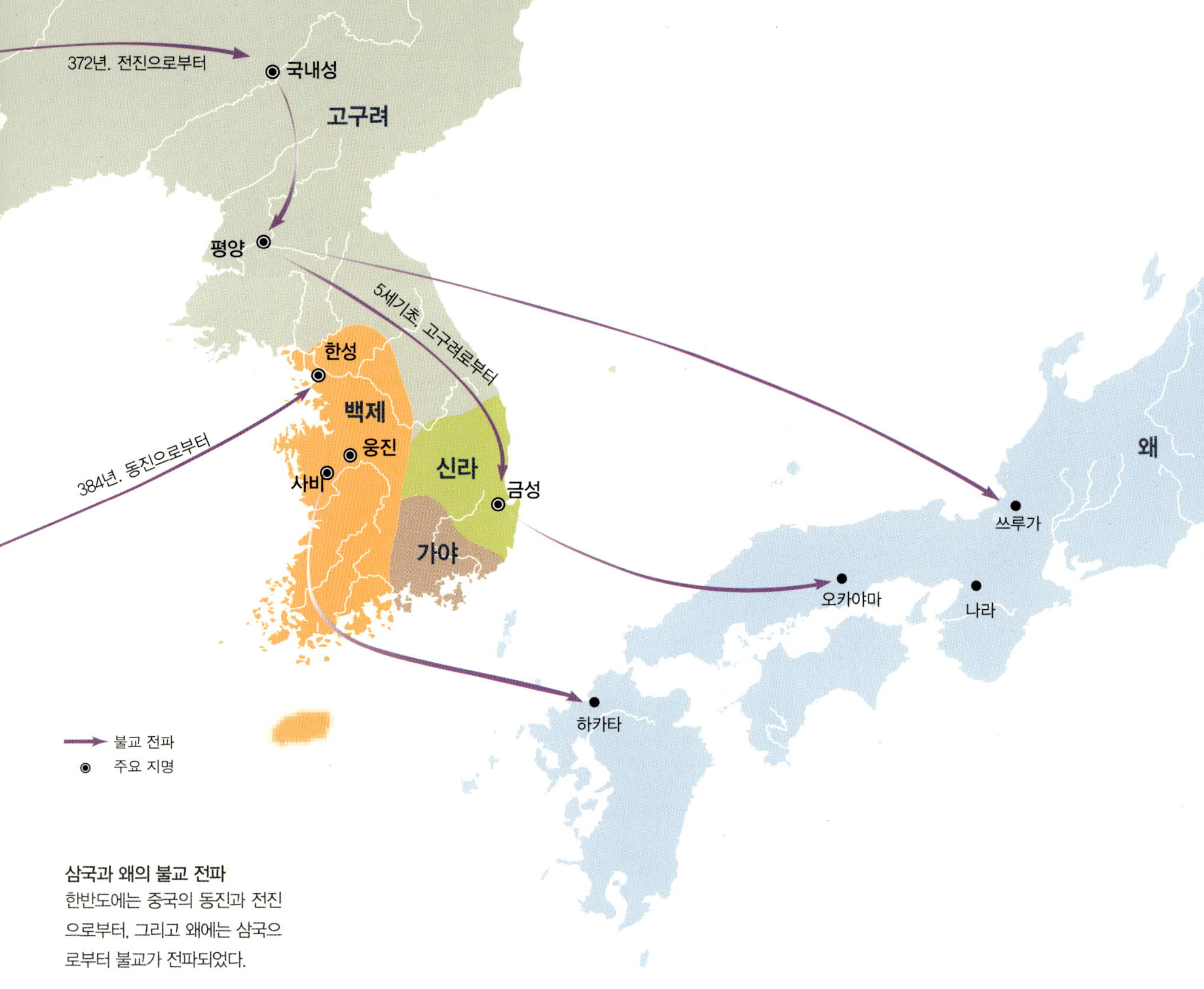

삼국과 왜의 불교 전파
한반도에는 중국의 동진과 전진
으로부터, 그리고 왜에는 삼국으
로부터 불교가 전파되었다.

술과 건축 양식이 동방 세계에 전해지는 과정과 내용을 잘 알려 주는 좋은
사례이다.

미륵불과 관음보살은 본래 불교보다는 인도의 토착 신앙에서 유래한
존재였다. 삼국에서는 불교의 신앙 대상 가운데 이들이 가장 많은 사랑을
받았고, 이들과 관련된 그림과 조상彫像도 많이 만들어졌다. 미륵불은 귀족
과 백성들이 조상의 정토왕생을 위해 공덕을 쌓을 때 큰 도움을 준다고 여
겨졌기 때문에, 삼국 시대에는 미륵 반가 사유상이 크게 유행했다. 이 같은
미륵 신앙은 백제와 고구려를 통해 왜에도 전해져 일본 열도에서도 널리 퍼

져 나갔다.

불법의 수호자를 묘사한 사천왕 상은 인도와 이란 지역에 전해지던 천신의 관념을 형상화한 것이었다. 그래서 삼국의 불교 사원마다 장엄하게 서 있는 사천왕 상은 서역 인물의 얼굴을 하고 서역 의상을 입고 있다.

불교 사원과 불상이 활발하게 만들어지면서 삼국의 건축 기술과 문화 예술은 두드러진 발전을 보였고, 기술자와 예술가 들의 활동도 활발해졌다. 기술과 예술은 국가 간의 전쟁이나 긴장 관계에 얽매이지 않고 국경을 넘나들었다. 신라 선덕 여왕(재위 632~647) 때 황룡사 구층 목탑을 짓는 데는 백제 건축 기술자들의 도움이 컸으며, 백제 무왕(재위 600~641)이 미륵사를 지을 때에는 신라 기술자들이 초빙되어 활약했다고 한다. 불교 건축과 불교 미술이 활발하던 시기에 삼국 사이에는 인적·물적 교류가 잦았고, 기술과 기법에서 서로 많은 영향을 주고받았다.

그런가 하면 삼국의 불교문화는 바다 건너 일본 열도에 전해져 왜의 불교 건축과 불상에 큰 영향을 주었다. 고구려·백제·신라의 장인들이 만든 휴대용 불상과 탑, 불교 장식물 들이 수시로 왜에 전해졌고, 전문 기술을 지닌 승려와 예술가, 학자 들이 잇달아 바다를 건너갔다. 5, 6세기 일본 열도에 전해진 외래 문물의 대부분이 삼국에서 건너갔으며, 그중 불교문화의 산물이 차지하는 비중은 절대적이었다. 왜는 삼국에서 전해진 불교 신앙과 문화를 통해 새로운 차원의 이념과 철학, 건축과 예술에 눈뜰 수 있었다.

백제의 금동 미륵보살 반가 사유상 (국립중앙박물관 소장)

04

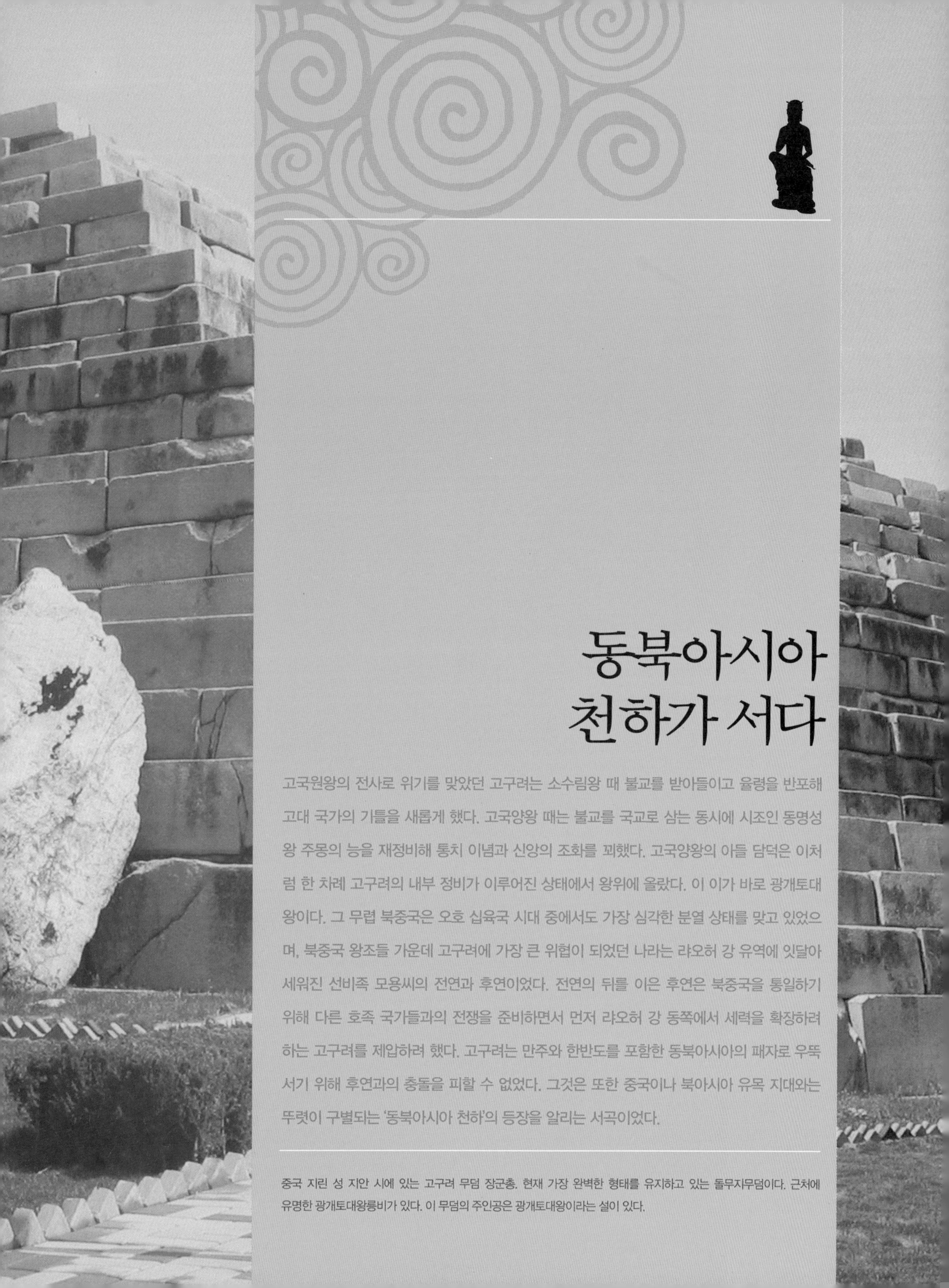

동북아시아
천하가 서다

고국원왕의 전사로 위기를 맞았던 고구려는 소수림왕 때 불교를 받아들이고 율령을 반포해 고대 국가의 기틀을 새롭게 했다. 고국양왕 때는 불교를 국교로 삼는 동시에 시조인 동명성왕 주몽의 능을 재정비해 통치 이념과 신앙의 조화를 꾀했다. 고국양왕의 아들 담덕은 이처럼 한 차례 고구려의 내부 정비가 이루어진 상태에서 왕위에 올랐다. 이 이가 바로 광개토대왕이다. 그 무렵 북중국은 오호 십육국 시대 중에서도 가장 심각한 분열 상태를 맞고 있었으며, 북중국 왕조들 가운데 고구려에 가장 큰 위협이 되었던 나라는 랴오허 강 유역에 잇달아 세워진 선비족 모용씨의 전연과 후연이었다. 전연의 뒤를 이은 후연은 북중국을 통일하기 위해 다른 호족 국가들과의 전쟁을 준비하면서 먼저 랴오허 강 동쪽에서 세력을 확장하려 하는 고구려를 제압하려 했다. 고구려는 만주와 한반도를 포함한 동북아시아의 패자로 우뚝 서기 위해 후연과의 충돌을 피할 수 없었다. 그것은 또한 중국이나 북아시아 유목 지대와는 뚜렷이 구별되는 '동북아시아 천하'의 등장을 알리는 서곡이었다.

중국 지린 성 지안 시에 있는 고구려 무덤 장군총. 현재 가장 완벽한 형태를 유지하고 있는 돌무지무덤이다. 근처에 유명한 광개토대왕릉비가 있다. 이 무덤의 주인공은 광개토대왕이라는 설이 있다.

고구려, 동북아시아의 중심으로 우뚝 서다

광개토대왕의 영토 확장

중국 동북쪽에 거점을 두고 북중국을 통일하려는 야망을 가진 선비족의 나라 후연. 그런 야심 찬 나라가 보기에 랴오허 강 너머 서쪽으로 세력을 확장하려는 고구려는 눈엣가시 같은 존재였다. 두 나라의 충돌은 시간문제일 뿐이었다.

광개토대왕은 후연과 본격적으로 맞붙기에 앞서, 북방에서 독자 세력으로 성장하려던 거란*을 정벌해 일부는 복속시키고 일부는 동몽골 방면으로 밀어냈다. 북방의 해,* 실위* 등도 고구려의 영향력 아래 들어왔다.

백제와의 대결도 광개토대왕이 피할 수 없는 과제였다. 고국원왕이 백제와의 전투에서 전사하는 수모를 겪었기에 백제에 대한 고구려 왕실의 복수심은 컸다. 백제는 근초고왕과 근구수왕이 대를 이어 고구려의 대방군을 쳐서 일부를 손에 넣은 뒤 아신왕(재위 392~405) 때 다시 한 번 북쪽을 기웃거렸다. 그러나 고구려의 광개토대왕은 역공을 펼쳐 백제의 58성 700촌을 빼앗고 왕성을 포위했다. 백제의 아신왕은 항복하고 광개토대왕 앞에서

＊거란, 해, 실위
거란은 5세기 중엽부터 내몽골의 시라무렌 강 유역에 나타나 살던 유목민으로 몽골 계와 퉁구스 계의 혼혈이다. 훗날 10세기 초에 야율아보기가 여러 부족을 통일해 요나라를 건국한 후 발해를 멸망시키고 고려에도 세 차례나 쳐들어왔다. 12세기 초 금나라가 성립한 뒤 금과 송의 연합 공격을 받아 요나라가 멸망하자 다시 부족 상태로 돌아갔다.
해와 실위는 거란족과 같은 계열의 종족으로, 동몽골과 서북 만주 일대에 살던 민족이다.

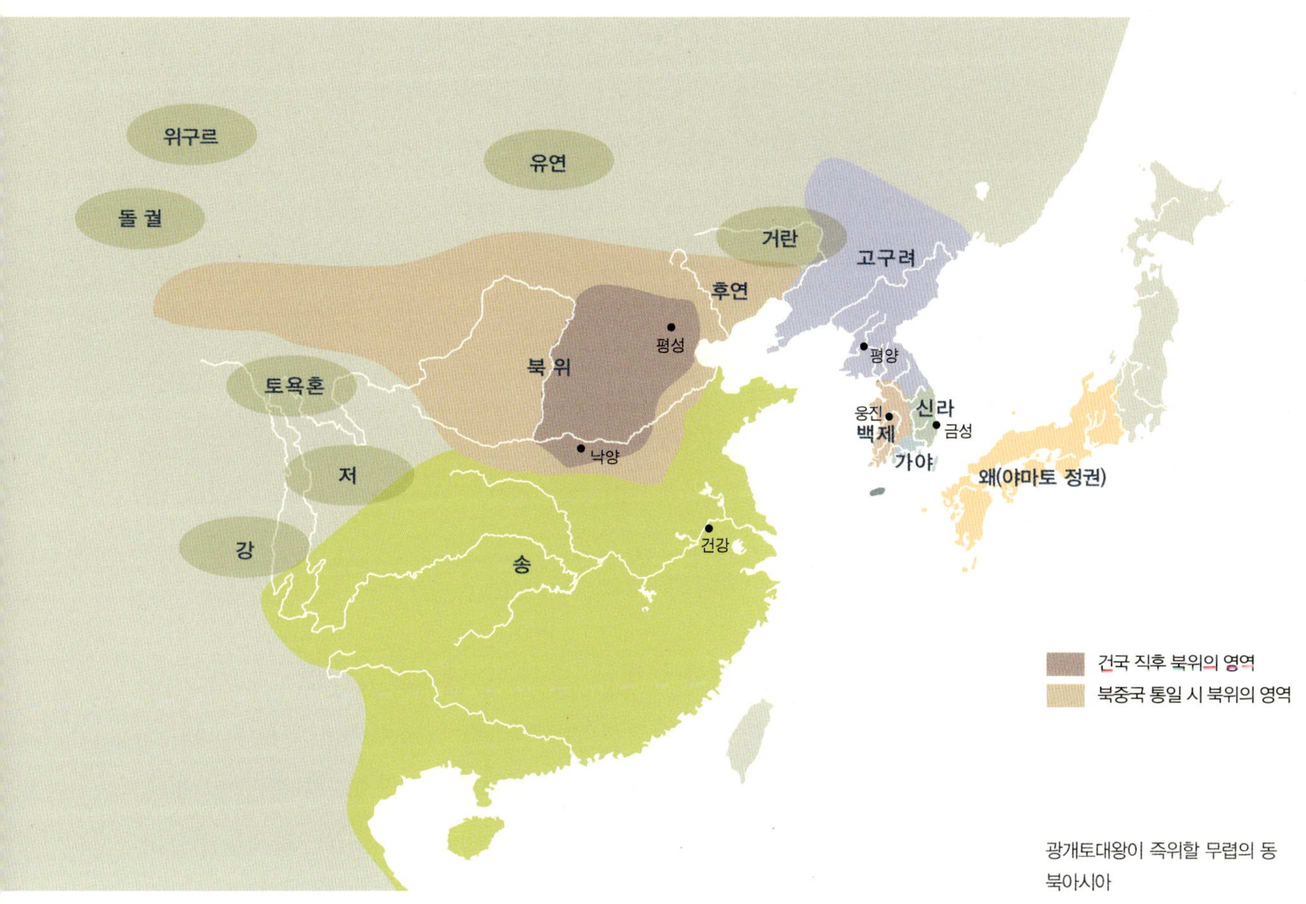

광개토대왕이 즉위할 무렵의 동북아시아

"영원한 노객奴客이 되겠다."라고 맹세하는 수모를 겪었다. '노객'이란 속국의 임금이 자기를 낮추어 일컫는 말이었다.

광개토대왕의 고구려군은 또한 만주 동북 방면에서 수렵 생활을 하며 살던 숙신의 땅 깊숙이 진군해 그곳 역시 고구려의 세력권임을 재확인했다. 그뿐이 아니다. 왜와 가야 군사들에 포위된 신라의 서울 금성金城(경주)을 구원하고 김해로 쳐들어가 금관가야를 초토화시켰다. 이로써 고구려의 영향력은 한반도 서남부의 백제뿐 아니라 신라와 가야 연맹이 자리 잡은 동남부까지 확대되었다.

광개토대왕은 이렇게 거란을 정벌하고 백제를 제압한 뒤, 후연의 전략적 거점으로 정예군을 투입했다. 이 전략은 정확하게 들어맞았다. 후연은 북중국을 통일하기는커녕 고구려라는 덫에 걸려 허우적거리다 내란에 빠져들었다. 때마침 북중국에는 북위라는 새로운 강자가 나타나 후연을 압박하고 있었다.

내란에 빠진 후연은 끝내 멸망하고 말았다. 후연을 계승한 나라는 북연이었는데, 이 나라에서 정권을 잡은 사람은 고국원왕 시절 전연의 침략군에 끌려갔던 고구려인의 후손 고운이었다. 그러니 북연이 고구려와 친밀한 관계를 맺은 것은 당연한 일이었다.

이러한 과정을 거치며 중국의 후연을 제압한 407년 이후, 랴오허 강 유역을 포함한 동북아시아에서 고구려의 힘에 맞설 수 있는 세력은 존재하지 않게 되었다.

광개토대왕은 전쟁터를 누비고 다니는 정복 군주만은 아니었다. 그는 부친 고국양왕(재위 384~391)의 정책을 이어받아 고구려에서 불교의 영향력을 키우는 데 힘썼다. 남방 전략의 거점 도시이던 평양에도 아홉 곳의 절을 짓게 해 평양을 고구려의 새로운 문화 중심으로 변모시켰다. 광개토대왕의 아들 장수왕(413~491) 때 평양으로 수도를 옮기게 된 것은 광개토대왕이 평양에 새로운 문화의 기반을 닦고 도시를 재정비한 데 힘입은 바 크다. 광개토대왕은 적극적인 군사 활동으로 고구려의 영토를 넓히고 힘을 키웠다. 이어 다음 세대를 내다본 문화 정책으로 나라를 안정시켰다. 그의 이러한 업적으로 말미암아 고구려는 오호 십육국 시대 북중국으로부터 주변 지역으로 휘몰아치던 정복과 파괴, 민족 이동과 혼합의 광풍에서 한 발 비켜날 수 있었다. 또한 불교를 중심으로 피어나는 5세기 동아시아 국제 문화의 흐름에 주도적으로 참여할 수 있었다.

장수왕 대의 고구려

장수왕은 중국 쪽으로 더 이상 세력을 확대하는 것은 어렵다고 판단했다. 선비족 탁발씨가 세운 북위가 북중국의 절대 강자로 지위를 굳혀 가고 있었기 때문이다. 대신 그는 대외 확장의 방향을 남쪽으로 돌렸다. 427년 장수왕은 국내성에 기반을 둔 전통적인 귀족 세력의 반대를 무릅쓰고 평양으로 수도를 옮겼다. 평양은 동북아시아에서 패권을 잡고 있는 고구려의 새 수도에 걸맞게 이미 왕성과 배후의 산성들을 갖추고 있었다. 생산과 유통 체계도 마련된 상태였다. 도시 주변으로 넓은 평야가 펼쳐졌고, 대동강에서 황해로 이어지는 수운 교통도 발달했으며, 주변에는 험한 산들이 우뚝 솟아 도시를 지켜 주고 있었다. 이러한 평양의 자연 지리적 조건은 동북아시아의 강국으로 성장한 고구려의 새 서울로 안성맞춤이 아닐 수 없었다.

이렇게 고구려가 나라의 중심을 남쪽으로 옮기고 전성기를 누리기 시작할 무렵, 잊고 있던 서쪽 땅에서 전쟁의 그림자가 다가왔다. 북중국의 강자로 떠오르던 북위가 436년 북연을 정벌하기 위해 대군을 일으킨 것이다.

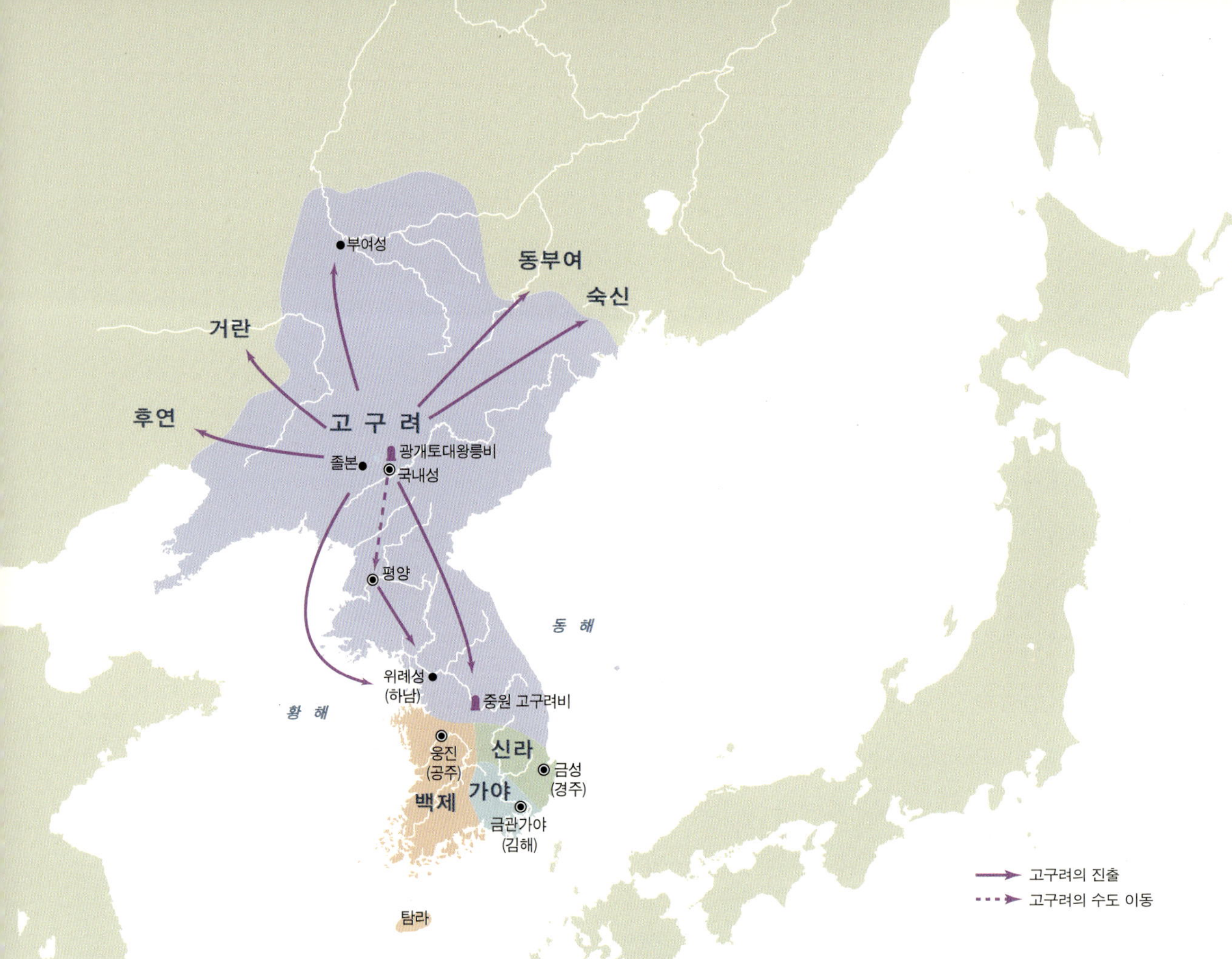

고구려의 전성기 (5세기)
광개토대왕과 장수왕 대에 고구려의 영역은 크게 확장되었다.

친하게 지내던 북연이 망할 지경에 이르자 고구려는 북위와 맞붙는 것을 무릅쓰고 대군을 북연의 수도 용성으로 보냈다. 그리고 북연 왕 풍홍을 포함한 대집단의 고구려 망명을 도와주었다. 원치 않던 중국 세력과의 전쟁이 눈앞에 다가온 순간이었다. 그러나 북위는 고구려와의 전면 충돌을 피했다. 고구려가 만만치 않은 동북아시아의 강국이라는 것을 의식했기 때문이다. 국경을 접하게 된 고구려와 북위는 각각의 세력권을 인정한 채 평화적인 외교 관계를 유지해 나갔다. 3년 후 북위는 북량을 멸망시키고 북중국을 통일했지만, 그 뒤에도 북위와 고구려 사이에는 군사적 긴장 관계가 형성되지 않았다. 두 나라가 각자의 세력권을 인정한다는 외교적 합의가 있었기 때문이다.

북위와의 관계 정립으로 서쪽 국경 지대가 안정되자 장수왕은 남쪽과 북쪽으로 영토를 넓히고 영향력을 확대시키려고 했다. 그는 고구려의 지배로부터 벗어나려 애쓰는 신라를 지금의 경상북도 영덕 이남에 눌러 앉혔다.

475년에는 대군을 남쪽으로 내려보내 백제의 서울 한성을 함락시키고 백제의 개로왕(재위 455~475)을 죽였다. 백제는 건국 이래 나라의 기틀이었던 한강 일대를 포기하고 남쪽으로 내려가 웅진(지금의 충청남도 공주)에 새 도읍을 세워야 했다. 이로써 동북아시아의 제국 고구려의 지위는 더욱 확고해졌다.

5세기 후반 고구려는 보편성과 국제성, 독자성과 세계성을 동시에 갖춘 범汎고구려 문화의 시대를 열고 이를 동북아시아 각국에 전하게 되었다.

고구려는 중국의 남조와 북조, 초원 지대의 유연*, 그 뒤를 잇는 돌궐*과 함께 동아시아의 세력 균형에 참가하는 4강의 지위를 누렸다. 이러한 고구려의 전성기는 장수왕의 뒤를 잇는 문자명왕 시대까지 이어졌다.

＊유연과 돌궐
유연은 몽골 지방에 자리 잡고 살던 고대의 유목 민족으로, 555년 돌궐에 멸망당했다. 돌궐은 6세기 중엽 알타이 산맥 부근에서 일어나 약 2세기 동안 몽골 고원에서 중앙아시아에 걸친 지역을 지배한 튀르크 계 유목민으로, 6세기 말에는 수나라의 공격으로 동서로 분열되고, 후에는 당나라에 복속된다.

500년 만에 막 내린 백제의 한성 시대

한성 시대의 백제

4세기 초 낙랑과 대방이 멸망하면서 그곳에 살던 사람들 상당수가 백제로 흘러들었다. 그때 백제는 한족 계통 사람들로부터 바닷길을 이용해 중국과 접촉하는 방법을 배웠다. 이후 대륙으로부터 전수된 문물이 백제를 거쳐 일본 열도로 흘러들었다. 백제에서 고안되고 개발된 기술, 백제인이 습득하고 체계화한 지식이 왜로 전해졌다.

이 과정에서 일본 열도 안의 정치 세력에 대한 백제의 영향력도 서서히 높아졌다. 일본 열도 안에 백제계가 주도하는 정치 권력이 나타나는가 하면, 왜에 백제로부터 건너간 사람들의 집단 거류지도 생겨났다. 백제 왕실의 인물들이 왜로 건너가 여러 가지 역할과 기능을 담당하기도 했다. 왜에서는 생산할 수 없었던 백

칠지도(오른쪽)
백제에서 왜에 보낸 백번 담금질하여 만든 칼로 칼 몸에 칼의 유래를 알게 하는 명문이 있다. 일본 나라 현 덴리 시 이소노카미 신궁에 소장되어 있으며 1953년 일본 국보로 지정되었다. 칼의 몸통 좌우로 작은 칼날이 각각 세 개씩 가지처럼 뻗어 나와 모두 일곱 개의 칼날을 이루고 있으므로 칠지도라는 이름이 붙여졌다.

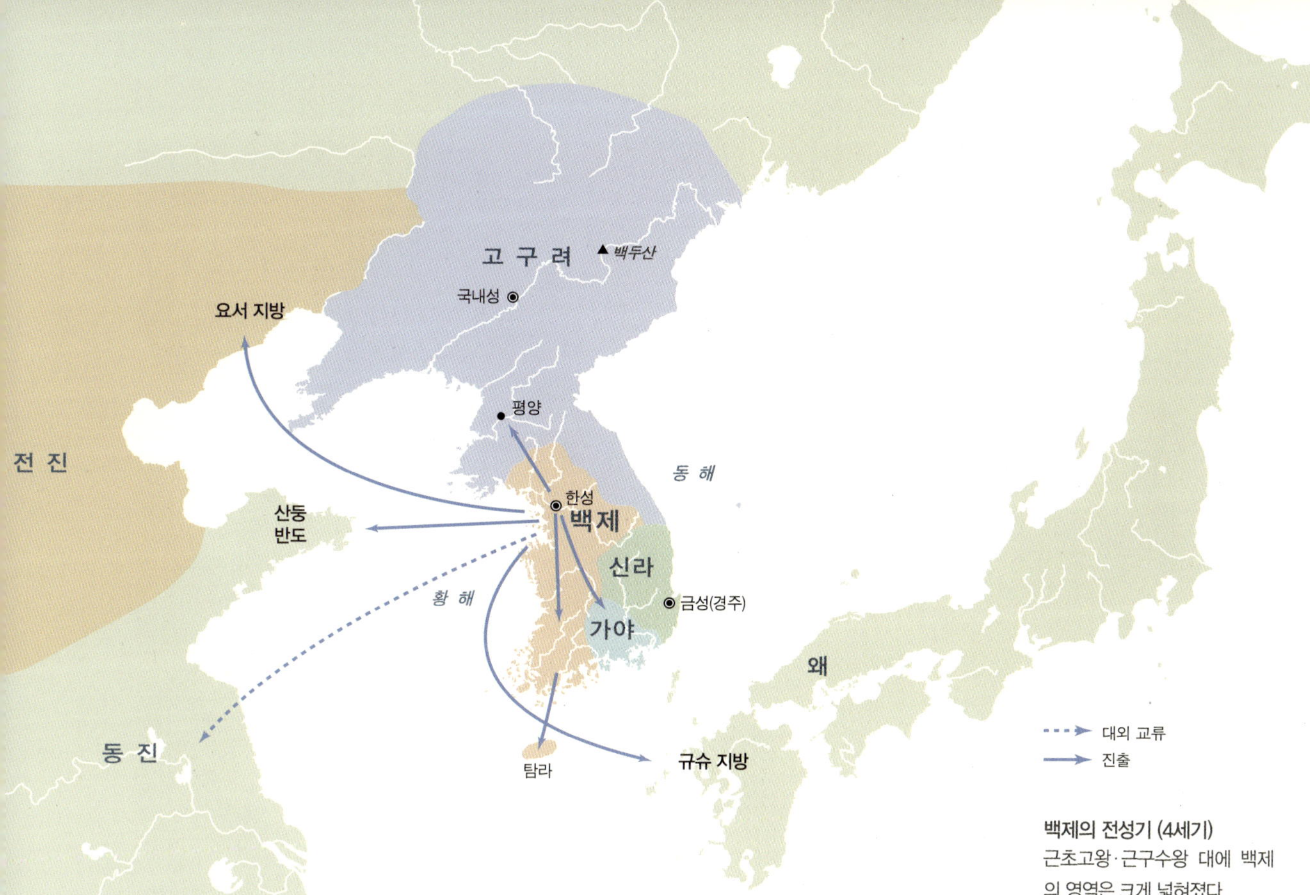

백제의 전성기 (4세기)
근초고왕·근구수왕 대에 백제
의 영역은 크게 넓혀졌다.

련철百鍊鐵로 만든 칠지도가 백제로부터 전해져 일본 왕실의 보물이 된 것도 이즈음의 일이다. 아직기와 왕인은 4세기 후반 일본 열도로 건너가 일본 한학漢學의 시조가 되었다.*

그러던 4세기 말, 백제는 아신왕 때 광개토대왕이 이끄는 고구려군의 침략을 받았다. 5세기 들어서는 장수왕이 평양으로 도읍을 옮기고 남진 정책을 강하게 추진했다. 이에 위협을 느낀 백제와 신라는 433년 군사 동맹인 나·제 동맹을 맺었다.

백제의 개로왕은 즉위하자 북위에 사절을 보내 황제의 신하를 자처하면서 고구려에 군사·외교적 압박을 가해 달라고 요청했다. 그러나 북위는 고구려의 패권을 인정하고 있었기 때문에 동북아시아의 내부 세력 분쟁에 개입하지 않으려 했다. 개로왕은 백제가 가야·왜에 대한 영향력마저 상실

＊'구다라나이'의 어원
일본인들이 흔히 쓰는 말 중에 '구다라나이'라는 말은 '시시하다'라는 뜻이다. 그런데 이 말의 원뜻은 '구다라' 즉 '백제'에 '나이' 즉 '없다'는 뜻이다. 이는 '멋있고 좋은 것은 백제에서 온 것인데, 그렇지 않으니 좋은 것이 아니다'라는 의미이다. 과거 백제인들이 일본에 선진 문명을 전해 주던 시기의 상황을 엿보게 해 주는 말이다.

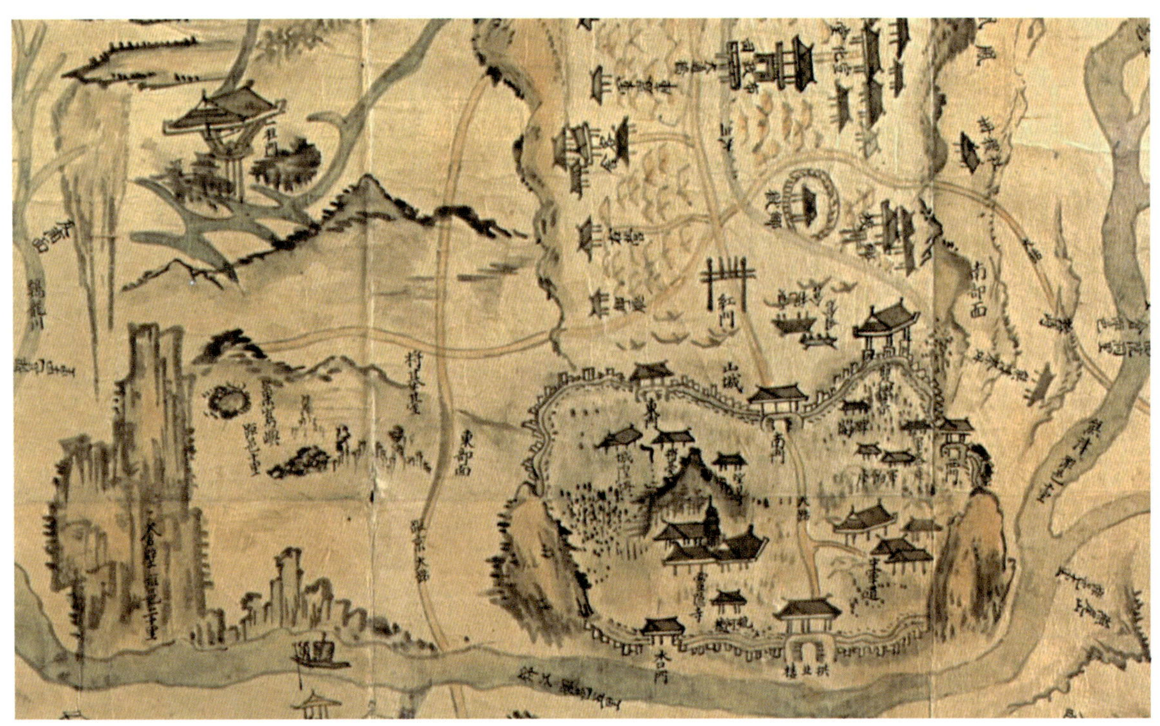

조선 시대의 웅진熊津 지도
웅진은 충청남도 공주의 옛 이름으로 본래는 '고마나루' 또는 '곰나루'라고 불렀다. 문주왕은 지도 아래쪽에 보이는 금강을 교통로로 이용할 의도로 천도를 했다.

하고 동아시아의 2류 국가로 전락할 수도 있다는 위기의식에 빠졌다. 그래서 신라·가야·왜·중국의 남조와 북조로 부지런히 사절을 보냈지만 별다른 성과를 거두지 못했다.

오히려 개로왕은 고구려 장수왕이 파견한 고구려 승려 도림의 꾐에 빠져 백제의 재정을 마르게 하는 잘못을 범하고 만다. 도림은 바둑을 좋아하는 개로왕에게 접근해 빼어난 바둑 실력으로 그의 마음을 사로잡았다. 그런 다음 왕권을 과시하기 위해 대규모 왕성 토목 공사를 벌이도록 유도했다. 5세기 들어 차곡차곡 쌓이면서 충실해진 백제의 국고는 이 공사로 말미암아 비기 시작했고, 군사력도 서서히 약해졌다. 475년 장수왕은 군대를 일으켜 백제의 서울을 빼앗고 개로왕을 죽였다. 이로써 500년에 가까운 백제의 한성 시대는 종말을 고했다.

웅진 천도 이후

개로왕의 아들 왕자 문주는 신라의 구원군 1만 명을 이끌고 서둘러 한성으로 되돌아왔지만, 그의 눈에 들어온 것은 불타 버린 왕성의 잔해뿐이었다. 문주는 백제의 남은 백성을 이끌고 남쪽 멀리 웅진으로 내려갔다. 왕자 문주는 백제의 22대 왕(재위 475~477)으로 즉위하며 한성 회복의 결의를 다졌다. 그러나 웅진에서 한성 시대 백제의 역사를 이어 나가기는 만만하지 않았다. 문주왕은 권신 해구에게 죽음을 당했고, 뒤를 이은 삼근왕(재위 477~479)도 웅진 출신 귀족들의 기세에 눌려 왕권을 제대로 행사하지 못했다.

신귀족과 구귀족 사이의 세력 다툼과 갈등이 잦아든 뒤 즉위한 동성왕(재위 479~501)은 신라 왕실에서 왕비를 맞아들여 신라와의 동맹 관계를 더욱 강화시킨다. 433년의 나·제 동맹을 더욱 견고하게 만든 혼인 동맹은 고구려의 압박에 대항하기 위한 것이었다. 이러한 동맹은 어느 정도 효과를 보아서 삼국 사이의 세력 관계는 한반도 안에서나마 일시 균형을 이루게 되었다. 북위·유연 등 동아시아 강국들의 움직임에 민감할 수밖에 없던 고구려는 백제·신라 접경에 새삼 군사력을 증강시키기 어려웠다.

백제와 신라는 국경 지대에서 몇 차례 소규모 군사 충돌을 벌여 고구려군을 격퇴하고 나·제 동맹의 효율성을 확인했다. 고구려는 더 이상 남쪽으로 밀고 내려갈 수 없었다. 이렇듯 고구려의 압력도 느슨해지고 신라와의 군사 동맹도 확고해지자, 백제는 이제 대외 정세에 큰 부담을 느끼지 않게 되었다.

동성왕은 이 기회를 이용하여 왕권의 위상을 높이는 정책들을 펼쳐 나갔다. 신구 귀족의 대립을 부추겨 이들의 권력을 약화시키고, 백성에 대한 왕의 직접 통치를 강화하는 데 몰두했다. 동성왕 자신은 반란을 일으킨 귀족들에게 시해되었으나, 그의 정책은 백제 중앙 정부의 위상을 눈에 띄게 높여 주었다.

무령왕의 국세 회복

동성왕의 뒤를 이어 무령왕(재위 501~523)이 즉위하면서 백제는 한성 시대 해상 왕국의 지위를 재현할 정도로 국력을 회복했다. 토지의 생산력을 높이고자 관개 시설을 수리하고, 떠돌던 농민들에게 토지를 주어 정착시키는 정책이 이루어졌다. 왕권은 더 안정되고 국고도 충실해졌다.

무령왕은 중국 남조의 문물을 적극적으로 받아들여 이를 다시 일본 열도로 전해 주었다. 그러면서 일본 열도의 정치 세력과 더욱 긴밀한 관계를 맺었다. 백제의 태자와 왕자들이 수시로 일본으로 건너가 장기간 그곳에 머무르곤 했다. 이들은 일본 열도 안에 자리 잡은 백제계 세력의 중심이 되었다. 백제의 승려를 비롯하여 여러 방면의 기술자와 지식인 들이 일본으로 건너가 활약한 것도 이때였다.

무령왕 시대의 백제는 중국 남조의 양나라와 시차를 거의 느낄 수 없

무령왕릉
충청남도 공주시 금성동에 있는 백제 무령왕과 왕비의 능으로, 벽돌로 만들어졌다. 이는 중국 남조의 무덤 형식과 같은 것으로, 중국과 활발하게 교류했음을 알려 준다.(무령왕릉 사진은 국립중앙박물관 소장)

을 정도로 자주 교류했다. 무령왕이 죽자 그의 무덤
으로 지어진 벽돌무덤은 당시 중국 남조에서 유행
하던 무덤 양식이었다. 무령왕릉에는 토지신으로
부터 토지를 매입해 무덤 자리로 삼았다는 매지석
도 남아 있는데, 이것도 당시 중국의 관습이었다.

무령왕릉을 지키던 돌짐승 조각

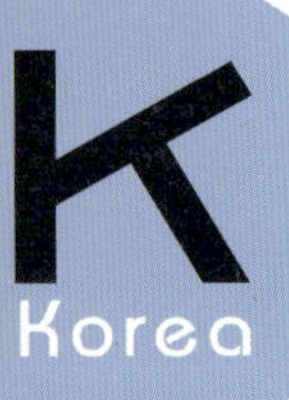

나중 난 뿔 신라의 우뚝 서기

신라의 점진적인 성장

신라는 4세기까지 진한 대부분 지역을 통합했다. 그러나 여전히 한반도 남부의 일부 지역을 차지한 지역 국가 수준에 머물러 있었다. 신라는 주로 변한 소국 동맹에서 출발한 가야 연맹이나 왜와 자주 충돌했다. 금관가야를 비롯한 가야 연맹의 나라들은 하나씩만 놓고 보면 신라에 비해 국력이 열세였다. 그러나 이들은 서로 간에 유기적인 연합 관계를 유지하고 있었다. 따라서 신라가 가야 연맹의 나라들을 하나씩 정복해 나가는 것은 불가능했다.

가야의 토기
오리 모양의 가야 토기

만약 가야국들이 연합하여 군대를 모으고 왜가 여기에 가세하면 도리어 신라가 국가적 위기를 맞을 수도 있었다. 가야 연맹은 한반도와 왜 사이의 교역을 중개하는 역할을 했기 때문에 왜와 활발한 문물 교역을 하며 밀접한 관계를 유지해 나가고 있었다. 이렇듯 가야 연맹이 왜와 연결되어 일정한 세력을 유지하고 있었으므로 신라는 가야 연맹이 자리 잡은 낙동강 서안으로 쉽사리 세력권

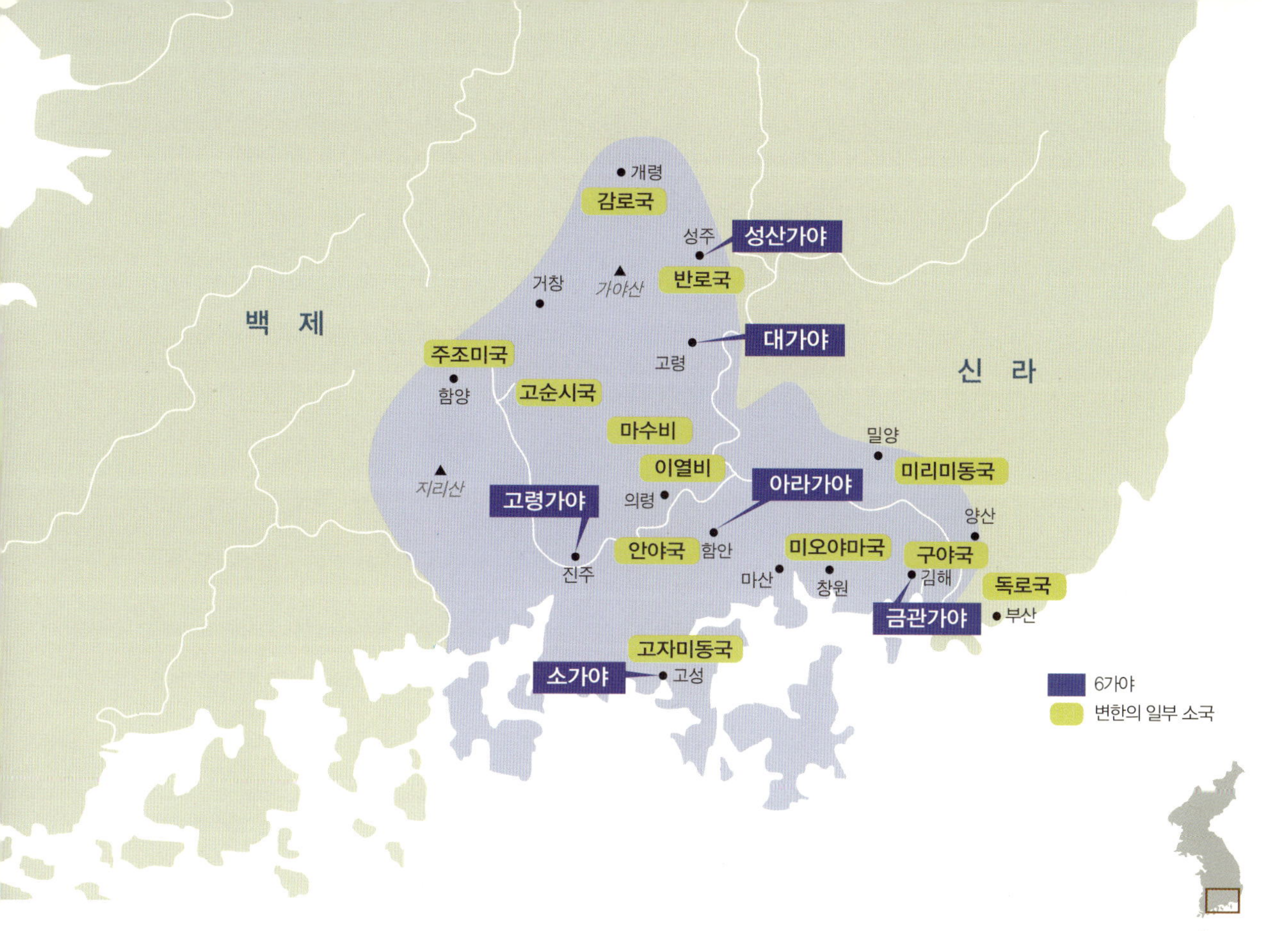

을 확대해 나갈 수 없었다.

신라는 대신 북쪽의 낙동강 중상류 지역으로 진출했다. 그리고 동해안 일대를 따라 북으로도 거슬러 올라가면서 영역을 넓혀 나갔다. 울진·삼척·강릉 방면이 신라의 세력권 안에 들어왔고, 울릉도의 우산국*도 신라에 복속되었다. 자연스럽게 동해 남부의 해상권도 신라의 지배 아래 들어왔다.

4세기 말에 이르면 신라는 영남 내륙과 동해안 깊숙한 곳까지 세력을 뻗치게 되었다. 바로 그때 신라는 금관가야가 주도하는 가야 연맹과 왜 연합군의 침공을 받았다. 신라가 암암리에 가야 연맹 내부에 친신라 세력을 만들어 금관가야의 지위를 흔들었기 때문이었다. 가야와 왜의 연합군이 신라의 심장인 경주를 포위하자 신라는 급히 사절을 보내 북방의 강자 고구려의 개입을 요청했다.

가야 연맹(전기)
42년 금관가야의 성립을 시작으로 낙동강 하류 지역에 세워진 나라들을 통틀어 가야 연맹이라고 한다. 금관가야를 맹주로 하여 성산가야, 대가야, 고령가야, 아라가야, 소가야 등 6가야가 중심이 되었다.

＊이사부의 우산국 정벌
『삼국사기』에는 512년에 신라의 장군 이사부가 나무를 깎아 만든 사자로 우산국(울릉도) 사람들을 위협하여 항복을 받아냈다는 기록이 전한다. 이후 우산국은 신라에 조공을 바치다가 합병되었다.

고구려의 광개토대왕은 곧바로 5만의 대군을 내려보내 신라를 구원하고 금관가야까지 쳐들어가 그곳을 쑥대밭으로 만들어 놓았다. 참화를 입은 금관가야의 귀족과 백성 들은 대거 바다 건너 왜로 건너가 일본 열도에 정치·사회적 격변을 일으켰다. 가야 연맹의 주도권은 대가야로 옮겨지고, 신라는 고구려의 보호를 받는 나라로 전락했다.

고구려군이 금관가야 땅에서 물러나 일부 병력만 경주에 주둔시키고 북으로 돌아가자, 금관가야에 남은 자들은 미약한 상태로나마 국가를 재건할 수 있었다. 그러나 이제 금관가야는 지역 소국에 불과했다. 많은 군대를 동원했던 왜는 고구려군에게 받은 궤멸적인 타격을 되새기며 신라 침공을 더 이상 꿈꾸지 않게 되었다. 그러나 왜가 입은 손실은 그다지 크지 않았다. 일본 열도, 특히 규슈 일대의 왜는 가야 연맹 출신의 유민들과 이들이 지니고 온 문물만으로도 군사적 패배로 말미암은 손실을 충분히 보전할 수 있었기 때문이다.

신라는 동북아시아의 패권 국가 고구려를 통해 발달된 문물을 접할 수 있었다. 신라 왕은 왕족들을 고구려의 서울에 인질로 보내야 했고, 고구려에서 벌어지는 주요 행사에 왕을 대신하는 사절을 보내 속국의 예를 보여야 했다. 5세기에 신라 사절이 받은 고구려 조정의 하사품은 신라 안에서 귀족의 지위를 확인시켜 주고, 입지를 강화시켜 주는 위세품으로 사용되었다.

나·제 동맹으로 고구려 견제

5세기 중반에 이르자 신라는 고구려를 통해 중국이나 북방 유목 세계와 어떻게 접촉하면 되는지 충분히 파악할 수 있게 되었다. 그리고 고구려로부터 전해 받은 문물로 어느 정도 사회 문화의 안정과 발전을 이룰 수 있었다.

이렇게 되자 신라는 슬슬 고구려의 간섭에서 벗어나고 싶어졌다. 그래서 신라는 백제·왜와 우호 관계를 맺고 이들을 잠재적 후원 세력으로 삼으려 했다. 이를 위해 왜에 대규모 선단을 파견해 북방으로부터 받은 문물을 전하기도 했다. 또한 고구려 이외의 대외 접촉 창구를 마련하고자 백제의 중계를 받아 중국과 직접 교섭하기도 했다.

나·제 동맹은 이러한 정치적 흐름을 배경으로 이루어졌다. 자비왕(재위 458~479) 때이던 475년 백제가 고구려군의 침공을 받아 한성을 잃었을 때, 신라는 백제에 1만 명의 구원군을 보내 주기도 했다.

나·제 동맹은 고구려를 견제하는 데 효과를 보였다. 그에 따라 북으로부터의 압박에 대한 우려를 덜게 된 신라는 서남쪽 가야 연맹에 적극적인 간섭의 손길을 뻗치기 시작했다. 가야 연맹의 소국들은 신라의 간섭에 대응하는 방안을 찾는 과정에서 친신라파와 친백제파로 나뉘며 위기 대응 능력의 한계를 드러냈다. 신라는 백제와 왜의 견제를 받으면서도 녹국·탁순국·안라국 등 가야 연맹의 소국들을 차례로 병합했다. 가야 연맹의 와해와 가야국들의 소멸은 이제 불가피해 보였다.

╬ 경주 호우총에서 나온 청동제 호우

호우는 음식물을 담는 그릇인데, 이 그릇 밑바닥에 '을묘년국강상광개토지호태왕호우십'이라는 명문이 새겨져 있다. 고구려 광개토대왕의 장례에 참석했던 신라 사절이 고구려로부터 받아 온 기념물인 것이다. 당시 고구려 세력이 신라에 영향을 미쳤음을 알 수 있다. (국립중앙박물관 소장)

05

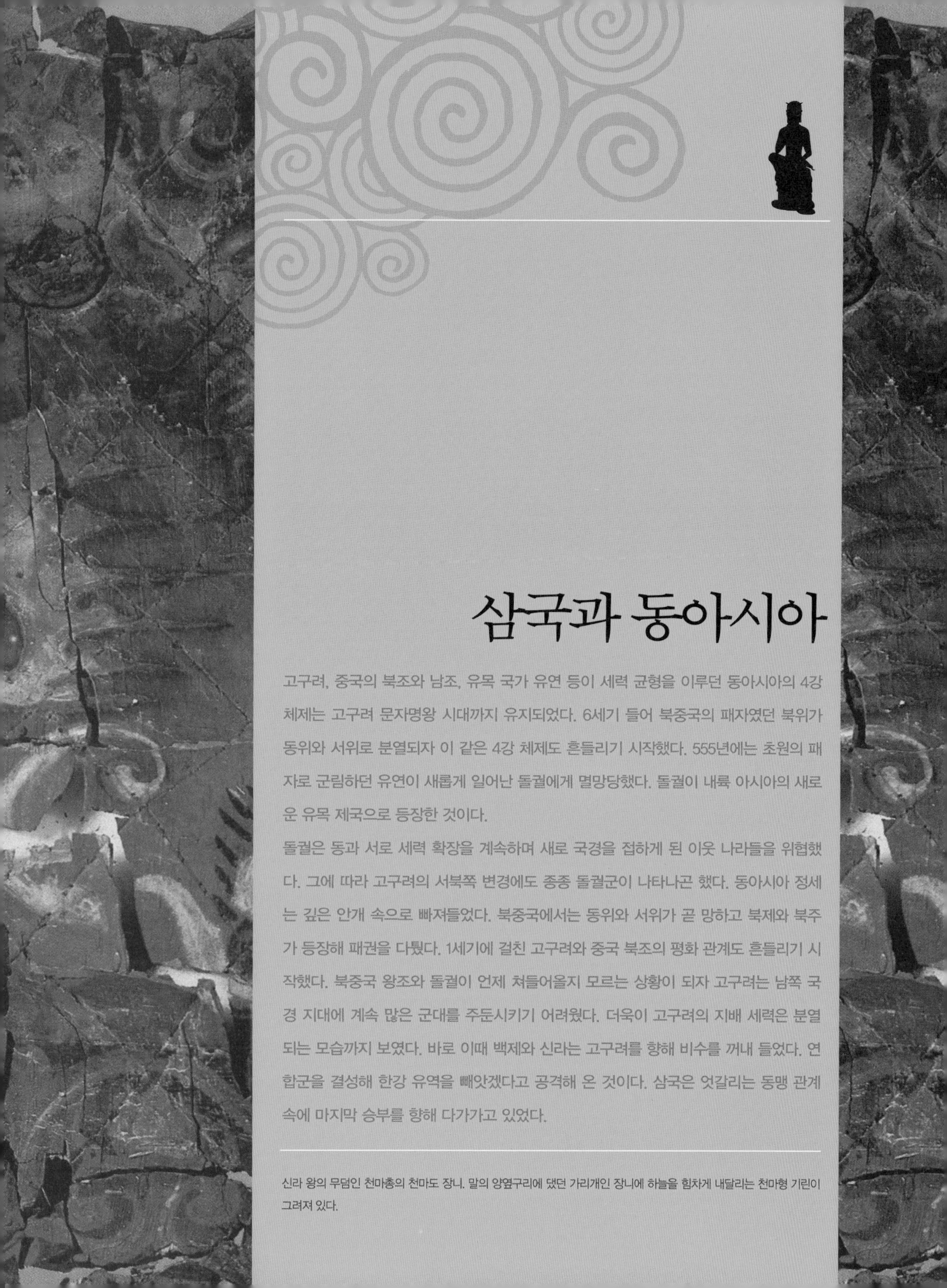

삼국과 동아시아

고구려, 중국의 북조와 남조, 유목 국가 유연 등이 세력 균형을 이루던 동아시아의 4강 체제는 고구려 문자명왕 시대까지 유지되었다. 6세기 들어 북중국의 패자였던 북위가 동위와 서위로 분열되자 이 같은 4강 체제도 흔들리기 시작했다. 555년에는 초원의 패자로 군림하던 유연이 새롭게 일어난 돌궐에게 멸망당했다. 돌궐이 내륙 아시아의 새로운 유목 제국으로 등장한 것이다.

돌궐은 동과 서로 세력 확장을 계속하며 새로 국경을 접하게 된 이웃 나라들을 위협했다. 그에 따라 고구려의 서북쪽 변경에도 종종 돌궐군이 나타나곤 했다. 동아시아 정세는 깊은 안개 속으로 빠져들었다. 북중국에서는 동위와 서위가 곧 망하고 북제와 북주가 등장해 패권을 다퉜다. 1세기에 걸친 고구려와 중국 북조의 평화 관계도 흔들리기 시작했다. 북중국 왕조와 돌궐이 언제 쳐들어올지 모르는 상황이 되자 고구려는 남쪽 국경 지대에 계속 많은 군대를 주둔시키기 어려웠다. 더욱이 고구려의 지배 세력은 분열되는 모습까지 보였다. 바로 이때 백제와 신라는 고구려를 향해 비수를 꺼내 들었다. 연합군을 결성해 한강 유역을 빼앗겠다고 공격해 온 것이다. 삼국은 엇갈리는 동맹 관계 속에 마지막 승부를 향해 다가가고 있었다.

신라 왕의 무덤인 천마총의 천마도 장니. 말의 양옆구리에 댔던 가리개인 장니에 하늘을 힘차게 내달리는 천마형 기린이 그려져 있다.

고구려의 위기

흔들리는 고구려

고구려가 남쪽으로 진출하자 보호국 신세에서 벗어나려던 신라와 건국의 터전이던 한강 일대를 위협받은 백제는 정치·군사적으로 가까워졌다. 신라는 고구려군이 다시 백제를 침공하면 군사적 지원을 하겠다고 약속했다. 백

고구려를 지키는 신
고구려의 무덤 가운데에는 청룡
(동), 백호(서), 주작(남), 현무(북)
등 동서남북을 지키는 사신을
그린 것이 많다. 사진은 북한의
남포시에 있는 강서대묘의 사신
도 중 현무.

제도 신라에 비상사태가 생기면 자동적으로 군대를 보내겠다고 보장했다. 백제는 국력 회복에 몰두할 수 있게 되었고 신라도 자신감을 찾았다. 신라는 경주에 주둔하고 있던 고구려군을 습격해 몰살시킨 뒤, 지금의 경상북도 영덕 일대까지 밀고 내려온 고구려군이 더 이상 내려오시 못하노록 막았다.

433년 백제와 신라 사이에 맺어진 나·제 동맹은 이러한 군사적 상호 지원 효과를 염두에 두고 맺은 상시적인 군사 동맹이었다. 나·제 동맹은 고구려가 한반도를 완전히 장악하는 사태를 저지하는 가장 확실한 대응 방안이 되었다.

한편 고구려에서는 갈수록 견고해지는 나·제 동맹에 가로막혀 남쪽으로 진출하는 것이 더욱 어려워지자 중앙과 지방의 고위 관직이 더 늘어날 수 없게 되었다. 그러자 한정된 자리를 놓고 지배 세력 안에서 갈등이 일어났다. 이러한 귀족들 사이의 자리다툼은 결국 왕위 계승에도 영향을 주었다.

안원왕(재위 531~545)이 죽자 서로 다른 왕위 계승 후보자를 미는 외척들 사이에 갈등이 일어났다. 이러한 갈등은 귀족 세력을 크게 분열시키고 심각한 무력 충돌까지 몰고 왔다. 수도 평양에서만 2천여 명의 사상자를 내는 왕위 계승 전쟁이 벌어졌다. 이제 왕위 계승이 문제될 때마다 유사한 사

온달 장군이 전사한 아차산성
과거의 영광을 되찾기 위해 평원왕의 적극적인 후원 아래 사위 온달 장군이 신라군과 맞서 싸우다 전사했다는 아차산성 일대의 고구려 요새. 백제 초기의 전략적 요충지였으나, 고구려가 잠시 차지했다가 신라의 점령지가 된 곳이다.

건이 되풀이될 가능성이 높아졌다. 저명한 불교 승려들이 나라가 망할 지경이라고 한탄하며 남쪽의 신라, 백제로 망명하는 일도 생겨났다.

고구려가 이 지경에 이르자 백제와 신라는 고구려를 방어하는 데에서 한 걸음 더 나아가 함께 북쪽으로 쳐들어가 한강 유역을 차지하려 했다. 551년의 일이다. 백제의 성왕(재위 523~554)과 신라의 진흥왕이라는 두 나라 역사상 손꼽히는 명군이 함께 이끄는 군대는 가공할 만한 위력을 발휘했다. 고구려는 한강 유역을 포기한 채 북으로 임진강 유역까지 후퇴할 수밖에 없었고, 동예와 옥저의 땅이던 지금의 함흥·원산 일대도 신라에 내주고 말았다.

다시 오지 않는 영광의 꿈

유목 제국 돌궐과 중국 북조의 나라인 북주의 압박이 계속되고, 엎친 데 덮친 격으로 한강 유역까지 빼앗기자 고구려에 심각한 위기의식이 덮쳤다. 분열을 일삼던 고구려 귀족 세력은 국가를 존립시키기 위한 타협책을 마련하지 않을 수 없었다. 그들은 합의를 통해 최고위직인 대대로를 맡는 자를 정하고 관직도 나눈다는 권력 배분의 원칙을 세웠다.

그리하여 평원왕(재위 559~590)이 즉위할 즈음 고구려에는 귀족 연립 정권이 탄생했다. 이로써 나라 안도 안정을 얻고, 나라 밖의 압박에 대응할 여유도 갖게 되었다.

다시 정치·사회적 안정이 찾아오자 고구려인들 사이에는 동아시아 4강 시대의 영광을 다시 한 번 누리자는 열망이 일어났다. 이때 떠오른 나라의 새 얼굴이 하급 귀족 출신 장군인 온달이었다. 평원왕의 공주인 평강과 혼인한 온달은 장인의 적극적인 후원 아래 북주의 군대를 물리치는 전과를 올렸다. 이어 고구려의 숙원이던 한강 유역을 되찾기 위한 전투에 나섰다.

당시 한강 일대는 신라가 독차지하고 있었다. 551년 백제와 힘을 합쳐 한강 유역을 빼앗은 다음, 다시 백제를 공격해 이 지역에서 백제군을 몰아냈던 것이다. 백제 중흥의 기수였던 성왕은 한강 유역을 되찾고자 554년 대가야와 연합해 신라를 공격했으나, 관산성 근처에서 신라의 복병에게 죽음을 당하고 말았다.

40년이 지난 590년, 바로 그 한강 유역을 향해 장군 온달이 이끄는 고구려군이 다시 달려들었다. 그러나 그들이 '아리수'라고 부르던 한강은 이제 더 이상 고구려를 향해 손짓하지 않았다. 온달은 한강을 되찾기는커녕 신라군이 쏜 화살에 목숨을 잃었고, 고구려군은 한강에 영원한 작별을 고한 채 물러가야 했다.

신라와 백제의 한강 대전

백제 금동 대향로
충남 부여 능산리 고분 근처에서 발견된 백제 대향로는 백제인들의 세계관과 상상력, 섬세한 조각 솜씨를 보여 준다.

백제 중흥의 기치를 높이 든 성왕

551년 신라 진흥왕과 손을 잡고 한강 유역을 되찾은 바 있는 성왕은 백제의 중흥 군주였다. 그는 538년에 나라의 수도를 웅진에서 사비(지금의 충청남도 부여)로 옮겼다. 웅진이란 곳이 부흥의 나래를 펴기에는 좁고 외졌기 때문이다. 반면 사비는 금강을 이용한 수로 교통이 쉽고, 주변 산세를 활용한 방어 체계 수립에 유리했다. 그뿐 아니라 부소산과 금강 사이의 넓은 평야 지대도 확보할 수 있었다.

사전에 도시 계획을 세워 깔끔하게 정비한 사비로 수도를 옮긴 뒤 성왕은 국호도 남부여南夫餘로 고쳤다. 백제 왕실은 고구려 왕실처럼 부여에서 갈라져 나왔다. 부여의 정통 계승자가 고구려인가 백제인가 하는 문제는 오랜 기간 동북아시아의 패권을 두고 다툼을 거듭했던 두 나라로서는 매우 중요한 관심사일 수밖에 없었다. 동북아시아 패권 국가로 인정받던 고구려의 위상이 추락하고 있던 6세기, 이 유리한 국제 정세를 백제는 적극 활용할 필요가 있었다. 성왕은 백제야말로 부여의 정통을 이어받은 새 부여라는 뜻에서 '남부여'라는 새 국호를 높이 들었던 것이다.

백제의 중흥을 주도한 성왕의 명성은 일본과 중국에까지 알려졌다. 성왕은 중국 남조 양나라의 문물을 받아 백제의 문화 수준을 높이고, 중국과 백제의 문화 산물을 일본에 전하는 작업도 계속했다. 일본은 백제로부터 경제·문화적 혜택을 계속 받고자 백제가 필요로 하는 정치·군사적 협조를 아끼지 않았다. 성왕이 신라와 연합군을 결성해 한강 유역 탈환에 나선 것도 이즈음이다. 고구려가 신흥 유목 제국 돌궐과 서위의 군사 동맹에 주의를 기울이고 있는 사이 백제는 한강 작전을 통해 건국의 옛 터전을 되찾는 데 성공했던 것이다.

재편되는 동아시아의 세력 판도

그러나 한강 중상류 지역을 먼저 차지한 신라가 기습적으로 백제가 차지한 하류 지대까지 점령하자 삼국 관계는 이전과 다른 방향으로 흐르게 되었다. 1세기에 걸친 나·제 동맹이 깨지고 백제와 신라는 적대 관계로 돌아섰다. 신라에 대한 백제의 역공이 시작되었다. 554년 왕자 창틀이 이끄는 백제군을 응원하려고 전장을 향하던 성왕 일행이 신라군의 매복에 걸려 죽게 된 것도 바로 이때였다. 이제 백제와 신라는 돌이킬 수 없는 원수지간이 되었다.

신라는 백제로부터 빼앗은 한강 하류 일대를 근거지 삼아 중국 왕조들과 본격적인 접촉에 나섰다. 신라마저 중국과 교섭할 수 있게 되면서 이제는 삼국의 움직임이 곧바로 동아

백제 중흥의 군주 성왕
성왕은 백제의 수도를 사비로 옮기고 나라의 중흥을 모색했으나 안타깝게도 관산성에서 죽음을 맞고 말았다. 부여 읍내에 세워져 있는 성왕의 상.

신라의 전성기 (6세기)

진흥왕 대에 신라의 영역은 한강 유역을 포함하여 크게 넓어졌다. 진흥왕은 넓어진 영토를 직접 다니며 살폈는데(순수) 왕의 방문을 기념하여 각 지역에 세운 것이 진흥왕 순수비이다. 지금까지 총 4기가 발견되었으며, 한강을 내려다보는 북한산에 우뚝 섰던 순수비는 파손되는 것을 막기 위해 현재 국립중앙박물관에 옮겨 보관되고 있다.

북한산비 (국립중앙박물관 소장)

시아 전체의 세력 관계에 영향을 미치는 사건으로 바뀔 수 있게 되었다. 동아시아 국제 무대에 신라가 본격적으로 참여함으로써 이전까지는 나름의 독자성이 보장되던 동북아시아 국제 정세가 더욱 큰 범주에서 움직여 나가게 된 것이다.

그동안 나·제 동맹은 신라가 내부 체제를 정비하고 국력을 증강시키는 데 큰 도움을 주었다. 지증왕(재위 500~514) 때에는 사회·경제 체제를 개편하고 보완했으며, 불교를 받아들인 법흥왕 때에는 정치 제도와 사회 이념을 정비했다. 강화된 국력을 나라 바깥으로 발산할 준비가 어느 정도 이루어진 6세기 중반 신라를 책임진 이가 바로 진흥왕이었다.

진흥왕은 한강을 독차지한 뒤 고구려 동남부에 대한 공략에 나서 동해안의 북쪽 지대까지 신라 영토로 만들었다. 이어 가야 연맹을 와해시키고 낙동강 서안 전역을 신라에 병합시켰다. 562년 고령의 데기야가 신라에 항복하면서 가야 연맹은 역사의 무대 뒤편으로 사라지고 말았다.

삼국에게 일본은 무엇이었나

백제와 동맹 유지한 왜

우리나라에서 삼국 시대가 전개되는 동안 일본 열도에는 '야마토〔大和〕'라고 불리는 나라가 있었다. 이 나라를 중국과 우리나라에서는 흔히 '왜'라고 불렀다. 일본이라는 국호가 쓰이게 된 것은 우리나라에서 삼국 시대가 거의 끝나 가는 7세기 초의 일이었다.

삼국과 왜의 관계를 말할 때 백제를 빼놓을 수 없다. 야마토 정권이 들어서던 4세기 초, 낙랑·대방이 고구려에 멸망당하자 동북아시아 해상 교역의 주도권은 백제에게 넘어갔다. 왜는 가야를 통해 전해지는 백제의 문물에 깊은 관심을 보이게 되었다. 왜는 신라와도 교역을 했지만 4세기 후반에는 백제가 고구려의 평양까지 치고 올라갈 정도로 강성한 나라임을 알자 백제에 더 깊이 기울게 되었다.

가야에서 철정을 수입하여 철기 문화를 발전시

백제의 사신
6세기 중국 양나라의 사신도인 〈양직공도〉에는 중국 양나라를 방문했던 여러 나라 사신들의 모습이 그려져 있는데, 이것은 백제 사신의 모습이다.

키기 위해 애쓰던 왜는 백제로부터 고차원의 제련 기술을 전수받고 싶어했
다. 이에 호응하여 백제는 학자와 기술자, 각종 선진 물자를 왜에 보내면서
가야와 왜를 자신의 정치적 영향권 안에 품으려 했다. 백제가 백련철 제품
인 칠지도를 왜에 선사한 것은 4세기 후반 근초고왕 때의 일이다. 물론 신라
도 여러 문물을 왜에 전해 주었다. 신라 사람들이 가지고 간 옥, 동경, 칼,
창 등은 왜에서 왕실의 보물로 여기고 숭배했다.

　　4세기 말에 왜는 자주 신라의 해안을 침범하곤 했는데, 이것은 신라
가 고구려와 가까워지는 것을 막으려는 백제의 뜻과 무관하지 않았다. 고구
려 광개토대왕이 396년에 군대를 일으켜 백제의 북방 영토 대부분을 점령하
고 아신왕의 항복을 받아 낸 것은 이에 대한 대응이기도 했다. 다음 해 아신
왕은 왜에 태자 전지를 보내 볼모로 삼게 하면서까지 왜의 출병을 요청했
다. 백제와 인적·물적 교류를 하면서 사회·문화적 발전에 큰 도움을 받넌
왜가 이 요청을 거절하기는 어려웠다. 여기에 가야 연맹까지 합세한 백제·
왜·가야 연합군은 399년 신라의 국경을 돌파하여 서울인 금성을 포위하기
에 이르렀다. 이듬해 신라의 구원 요청을 받은 광개토대왕은 5만 군대를 일
으켜 3국 연합군을 격파했다.

　　이 전투로 왜는 많은 군사를 잃었지만 나라가 초토화된 가야 사람들
이 대거 왜로 망명하는 바람에 잃은 것의 몇 배를 보충할 수 있었다. 일본으
로 삶터를 옮긴 가야의 전사와 기술자, 백성 들은 규슈 지역의 왜 사회를 크
게 변화시키는 주역이 되었다. 그들은 작은 나라들로 나뉘어 있던 왜의 통
합에 큰 역할을 했고 사회적으로 깊은 인상을 남겼다. 가야에서 건너간 자
들로 말미암아 규슈 지역에는 장식 고분이라는 새로운 구조와 양식의 무덤
들이 생겨나게 되었다.

　　404년 왜는 다시 한 번 백제의 요구대로 많은 군사들을 배에 태워 북
쪽으로 보냈다. 그러나 옛 대방 지역에서 벌어진 고구려군과의 전투에서 백

일본의 사신
이 역시 〈양직공도〉의 일부로,
일본 사신의 모습이라고 알려
져 있으나 이를 의심하는 시각
도 있다.

제와 왜의 연합군은 또 한 번 큰 패배를 맛보았다.

　　이처럼 계속된 패배에도 불구하고 왜는 백제와의 동맹 관계를 유지했다. 백제의 왕족과 귀족 들이 기술자들과 함께 계속 왜로 건너가 오랫동안 여러 분야에서 활약하며 도움을 주었기 때문이다. 이 무렵 왜는 백제로부터 각종 유교 경전과 천자문을 건네받았고, 한학에 능통한 학자들도 받아들여 학문에 대한 기본 욕구를 해소할 수 있게 되었다.

성장한 국력을 바탕으로 독자적 세력 추구

427년 고구려가 평양으로 천도하고 백제에 대한 압력을 강화하자, 왜는 백제의 요구를 받아 출병하던 입장에서 벗어나 독자적인 세력의 지위를 확보하려 애쓰기 시작했다. 망명한 가야 사람들의 지식과 기술, 전투 능력에 힘입어 소국들이 통합되자 왜의 국력이 몰라보게 상승했기 때문이다. 왜의 왕들은 백제를 통해 간접적으로만 접촉하던 중국 남조에 이제는 직접 사신을 보냈다. 그리고 중국에 한반도 남부의 여러 나라들에 대한 군사적 통솔권을 인정해 달라고 요구하기도 했다.

　　왜는 영산강 유역에서 독자성을 유지하던 토착 세력들과의 연계를 강화하려고 했다. 이들을 중국과 교역하기 위한 중간 거점으로 활용하려는 것이었다. 영산강 하구 지역은 해안을 따라 이루어진 당시의 해상 교역로에서 왜, 백제, 중국 간 교통로의 중간 기착지에 해당했다. 왜와 연결되었던 세력은 5세기 중반 이 일대에 앞은 길고 넓게 네모지고 뒤는 둥글어 언뜻 열쇠 구멍처럼 보이기도 하는 전방후원형 고분을 남겼다. 이에 질세

일본 야마토 시대의 전방후원분인 닌토쿠 천황릉
영산강 하구 지역에 일본 야마토 시대의 이 고분과 비슷한 형태의 고분이 조성되어 있는데, 이는 왜와 연결되었던 세력이 5세기 중반에 남긴 것으로 보인다.

라 백제도 영산강 유역에 대한 지배권을 강화하려고 했다. 결국 6세기에 접어들면서 이 일대에는 백제식의 굴식 돌방무덤이 다수 조성되었다. 이렇게 백제와 왜가 경쟁적으로 영향력을 키우는 과정에서 이 지역 고유의 대형 독널무덤은 사라지게 되었다.

다시 백제의 동맹 세력으로

501년 왜에서 나고 자란 사마 왕자가 백제로 돌아가 무령왕으로 즉위하면서 왜의 독자적인 외교 활동은 끝났다. 왜는 다시 백제를 대외 교섭의 주된 통로로 삼고 대륙으로부터 전해진 문물을 소화하는 데에 주력하게 되었다.

　　백제에서 성왕이 즉위한 뒤 왜는 백제로부터 불교를 전해 받았다. 승려들이 불교 경전을 들고 왜로 들어갔고, 이들은 왜에서 새로운 유형의 지식인이자 기술자로 존경을 받았다. 왜에서 불교가 널리 확산되는 데는 백제계인 소가씨 가문*이 주요한 역할을 했다.

　　6세기 중반까지 낙동강 서안의 가야 소국들이 차례로 신라에 병합되자, 또다시 가야 사람들이 대거 왜로 흘러들었다. 각종 농업 기술과 제철·제련 기술도 함께 왜에 전해졌다. 왜는 새 기술과 인력을 활용하여 서부 일본의 미개척지들을 적극적으로 개발할 수 있게 되었다. 왜에서는 농업 생산

삼국과 가야 문화의 일본 전파
고구려, 백제, 신라, 가야의 여러 승려와 학자 들을 통해 일본에는 수많은 문물이 전해졌다.

담징이 벽화를 그린 호류지 금당
고구려의 승려인 담징은 610년 백제를 거쳐 일본으로 건너가 불법을 강론하고 종이, 먹, 맷돌 등을 만드는 법을 가르쳤다. 담징은 이 호류지 금당에 벽화를 그린 것으로도 유명하다. 벽화는 1949년에 불타 없어지고 말았다.

력이 빠른 속도로 향상되었고 인구도 크게 늘었다.

554년 가야의 완전한 멸망을 막고 신라의 급속한 팽창을 차단하고자 다시 백제·왜·가야 연합군이 결성되었다. 백제 입장에서는 신라에 빼앗긴 한강 유역을 되찾기 위한 전쟁이기도 했다. 그러나 연합군은 관산성 전투에서 신라군에 궤멸적인 타격을 입었다. 더욱이 세 나라 모두로부터 크게 존경받고 지도력을 인정받던 백제 성왕이 신라군의 매복에 걸려 전사한 것은 연합군이 신라와의 전쟁에서 입은 가장 큰 손실이었다.

한반도에서 삼국 관계가 이전보다 복잡하게 얽혀 드는 가운데 고구려도 왜에 적극적으로 사신을 보내고 문물을 전해 주면서 두 나라 사이에 우호 관계를 맺으려 노력했다. 7세기 초 왜는 고구려로부터 종이와 먹, 벼루, 각종 물감과 유교 경전을 전해 받았다. 승려이자 학자이며 화가인 담징(579~631)과 같은 고급 지식인이 고구려에서 파견되어 왜에 머무르곤 했다. 당시 아스카에 도읍을 정하고 문화 진흥에 애쓰던 왜는 고구려와 백제의 승려들을 왕실의 고문으로 받아들여 나라(奈良)를 중심으로 한 아스카 문화의 발전 동력으로 적극 활용했다.

고구려와 신라도 왜와 우호 관계를 맺으려 많은 노력을 했지만, 정치·군사적 측면에서 왜는 변함없이 백제의 동맹국으로 움직였다. 백제의 무왕이 즉위하여 신라의 변방을 칠 것을 왜에 요청하자 군사를 내어 신라로 출병하려 하기도 했다. 이런 상황 때문에 신라는 백제, 고구려와 전쟁을 치르면서도 왜의 개입에 늘 주의를 기울일 수밖에 없었다.

일본 고분 시대의 하니와
일본 고분 시대(250~500년경)에 무덤 위나 앞의 둘레에 놓여졌던 진흙으로 만든 인형.

삼국이 꽃피운 문화

고구려의 천문도를 새긴 천상열차분야지도
고구려 평양성에 있던 석각 천문도 사본을 조선 시대 초기(1395년)에 오석에 새겨 만든 것으로 전해지는 천상열차분야지도. 우리나라에서 맨눈으로 볼 수 있는 별 1,464개와 은하수가 새겨져 있다.

각종 기술 및 예술의 발달

삼국은 모두 농업 국가였다. 농업이 국가 성장의 기본 동력이었다. 농업 생산력을 늘리기 위해서는 기상 예측을 잘해야 했고, 그러려면 하늘을 잘 관찰하고 꾸준히 기록을 남겨야 했다. 돌에 새겨진 고구려의 천문도에 282개의 별자리와 1,464개의 별이 그려질 수 있었던 것도 이 때문이다.

논에 물을 대기 위한 수리 시설도 많이 만들어 적극적으로 관리했다. 이것은 이미 삼한 시대부터 내려온 전통이었다. 큰 저수지나 관개 시설을 만들면서 얻은 경험은 도성을 짓거나 성곽을 쌓는 일과 같은 토목 건축 사업에도 응용되었다. 토목 건축 기술은 삼국 가운데 고구려에서 가

장 빠른 속도로 발전해 백제, 신라, 일본에 영향을 주었다. 그래
서 동북아시아에서는 궁전, 사원, 성곽 등을 건설할 때 고
구려에서 만들어진 고구려 자를 기본 척도로 삼았다.

　　삼국의 농업 생산을 이야기할 때 철제 농기구를
빼놓을 수 없다. 삼국은 철제 농기구를 널리 보급하
기 위해 제철·제련 기술을 발전시키는 데 국력을
기울였다. 농기구뿐 아니라 전쟁용 무기를 개
발하기 위해서도 철을 제련하는 기술은 국가
의 운명을 걸고 발전시켜야 했다. 고구려의
초강, 백제의 백련철은 중국의 역대 왕조
들도 탐내는 고급 제련 기술의 산물이
었다. 백련철로 만든 백제의 칠지
도는 지금도 일본 이소노카미 신
궁의 보물로 보관되고 있다.

금관총의 관모
경상북도 경주시 노서동에 있
는 신라의 고분 금관총에서 출
토된 황금 관모.(국립중앙박물
관 소장)

　　삼국이 금속의 주조 기술을 향상시키는 데에는 불교 예술의 발전도
한몫했다. 6세기 신라는 황룡사 장륙존상을 만드는 데 3만 5,000근(약 21톤)
에 이르는 구리를 사용했으며, 백제 기술자들이 주조한 일본 도다이지의 부
처는 무게만 74만 근(약 452톤)에 이른다고 하는 거대한 작품이다. 모두 높
은 수준을 자랑하던 삼국 금속 주조술의 귀중한 산물들이다.

　　농업 생산이 늘어나 사회가 여유로워지자 왕실과 귀족층은 고급 수공
업 제품을 더 많이 원하게 되었다. 금관을 비롯해 금은, 옥, 유리 등으로 만
든 각종 장식품들이 만들어져 공급되었고, 이 과정에서 금속 공예술이 놀라
울 정도로 발전했다. 금귀고리를 비롯한 신라의 금 공예품은 나라 밖에서도
그 명성이 자자했다.

　　불교문화가 발전하면서 기존 공예술은 불교 미술품을 만드는 데 활용

고구려 무덤 벽화
고구려의 무덤 안에는 빼어난 벽화들이 많이 남아 고구려 사회의 생활 양식과 미의식 등을 전해 주고 있다. 사진은 황해남도 안악3호분 벽화의 무덤 주인을 묘사한 부분.

되었다. 그리하여 오늘날 우리가 볼 수 있는 다양하고 화려한 불교 예술품이 나타나게 되었다. 금관을 만드는 기술로 보살의 관을 만들고, 각종 장식품을 만들던 기술로 불상의 장신구를 만들었다.

북옥저에서 시작된 온돌은 고구려를 거쳐 남쪽으로 전해지고, 기와와 벽돌 등도 고구려에서 신라로, 백제에서 가야와 왜로 전해졌다. 왕실과 귀족의 집, 관청과 사원의 건축에 기와를 널리 쓰면서 장식이 화려하고 다양해졌다. 삼국 고유의 기풍과 미적 감각이 기와지붕 장식에 담기기도 했다.

삼국 시대에는 왕과 귀족이 묻힐 무덤을 쌓는 기법도 크게 발전했다. 특히 고구려가 이 분야에서 두드러졌다. 유명한 고구려 고분 벽화는 고구려 고유의 돌무지무덤에 돌방무덤 양식이 받아들여지면서 나타난 현상이었다. 3세기부터 무덤의 돌방에 그려지기 시작한 고분 벽화는 고구려 사회의 생활 양식, 종교와 미의식을 후세에까지 알려 주고 있다.

삼국 시대의 건축 하면 불교 건축을 빼놓을 수 없다. 국가와 왕실이 나서서 황룡사, 미륵사 등 으리으리한 절을 지었다. 이러한 대사찰을 짓는 과정에는 당대에 알려진 모든 토목 건축 기술이 집대성되었다. 거대한 목탑이나 단아한 석탑들이 만들어지고, 금속과 돌로 빚은 각종 불상이 아름다운 모습을 뽐냈다. 고구려와 백제로부터 전수받은 건축술에 신라인의 종교적 염원을 담아 쌓은 황룡사 구층 목탑은 고려 때 몽골의 침략을 받아 불타 버릴 때까지 삼국 시대 불교문화를 대표하는 건축물로 남아 있었다.

미륵사지 석탑
전라북도 익산시 금마면 기양리 미륵사 터에 있는 백제 말기의 석탑. 목탑이 석탑으로 바뀌어 가는 과정을 보여 주는 중요한 유적으로, 규모로 보더라도 한국 석탑 중 최대의 걸작이다.

대이동의 시대와 삼국의 발전을 나오며

중심과 주변의 모호한 경계 지대에 살던 사람들이 도시의 풍요에 끌려 제국의 중심을 향해 흘러들었다. 이때 인간의 본질적 평등에 관한 부처의 가르침은 중앙아시아를 거쳐 한나라로 흘러들었고, 가난하고 병든 자의 구원을 선언한 예수의 소식은 로마 제국의 안팎에 전해졌다.

동양과 서양 모두 숲과 초원에 머무르던 야만의 힘이 도시를 덮치고 제국을 무너뜨렸다. 소수의 주변 사람들이 중심의 많은 사람들 위에 서게 되었다. 야만을 모태로 삼은 새 왕국의 지배자들은 여러 개의 중심을 주장하거나 중심과 주변의 구분을 거부했다. 그리고 불교와 크리스트교의 교리에서 그런 생각과 선언의 정당성을 찾았다. 두 종교는 옛 제국의 거의 모든 영역으로 확산되고, 지배자와 일반 백성 모두가 믿는 종교이자 생활 양식의 지침이 되었다.

삼국 중 고구려가 먼저 불교를 받아들였고 백제가 그 뒤를 이었다. 사회적 보수성을 강하게 보여 주던 신라는 6세기에 들어서야 불교를 공인했다. 고구려는 오호 십육국 시대 중국의 국가들과 교류와 갈등, 동맹과 전쟁을 되풀이하면서 성장했다. 이윽고 5세기 전반 동북아시아의 패권을 잡는 데 성공한 고구려는 중국의 남북조, 유목 국가 유연과 함께 동아시아 4강 시대를 열었다.

이 같은 동아시아 4강 시대는 분열되어 있던 중국이 통일을 향해 나아
가면서 흔들리기 시작했다. 고구려의 위협에 시달리던 백제와 신라는 동맹
을 맺고 반격에 나섰다. 삼국에 결전의 시간이 다가오고 있었다.

예수와 붓다
대이동의 시대에 동양과 서양에는 각각 붓다와 예수의 가르침이 전해졌다. 위는 1~2세기에 제작된 불상.
간다라 양식을 보여 주고 있다.(도쿄 국립박물관 소장) 아래는 6세기에 그려진 예수의 모자이크화. 이탈
리아 라벤나의 산타폴리나레 누오보 성당의 벽면에 그려져 있다.

서기 589년~서기 645년
4
프랑크 왕국
비잔티움 제국
사산 왕조 페르시아
서돌궐
고창국
동돌궐
거란
말갈
고구려
신라
백제
왜
토번(티베트)
토욕혼
수
남조

두 천하의 전쟁

01

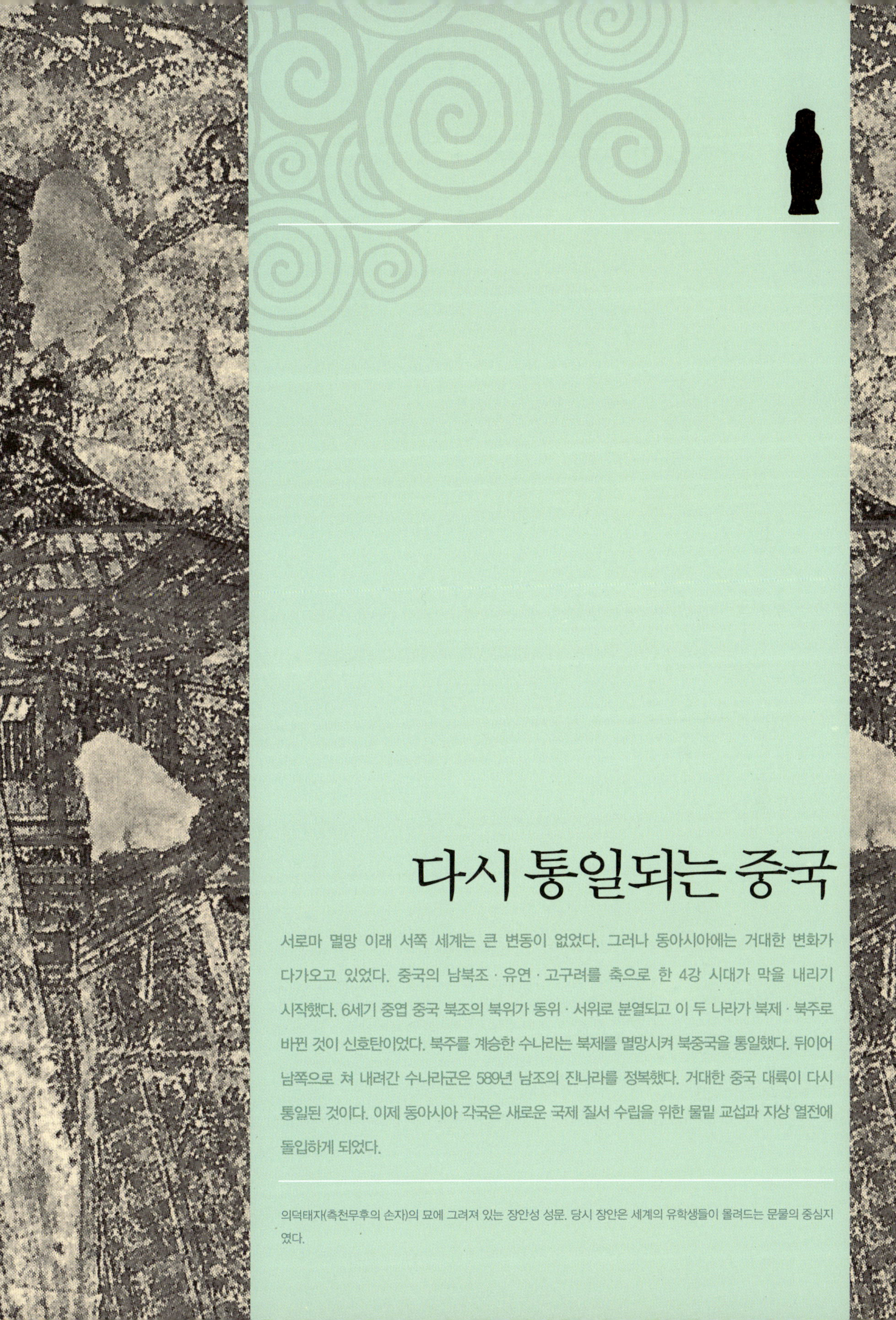

다시 통일되는 중국

서로마 멸망 이래 서쪽 세계는 큰 변동이 없었다. 그러나 동아시아에는 거대한 변화가
다가오고 있었다. 중국의 남북조·유연·고구려를 축으로 한 4강 시대가 막을 내리기
시작했다. 6세기 중엽 중국 북조의 북위가 동위·서위로 분열되고 이 두 나라가 북제·북주로
바뀐 것이 신호탄이었다. 북주를 계승한 수나라는 북제를 멸망시켜 북중국을 통일했다. 뒤이어
남쪽으로 쳐 내려간 수나라군은 589년 남조의 진나라를 정복했다. 거대한 중국 대륙이 다시
통일된 것이다. 이제 동아시아 각국은 새로운 국제 질서 수립을 위한 물밑 교섭과 지상 열전에
돌입하게 되었다.

의덕태자(측천무후의 손자)의 묘에 그려져 있는 장안성 성문. 당시 장안은 세계의 유학생들이 몰려드는 문물의 중심지
였다.

수나라가 중국 통일을 시작하고

중국을 통일한 수나라의 고구려 원정

589년 수나라 문제(재위 581~604)가 보낸 대군이 진陳나라 수도 건강을 함락시켰다. 강남의 건업에서 동진東晉이 건국한 지 270여 년 만에 남조 5왕조의 역사가 막을 내렸다. 그와 더불어 중국의 대분열 시대도 끝에 이르렀다. 이제 중국의 남북 분열을 전제로 성립했던 동아시아의 4강 체제도 재편될 수밖에 없게 되었다.

수나라는 곧바로 북방의 새로운 강자 돌궐과의 관계를 재정립하려 했다. 동방의 고구려와도 형식적이 아닌 실질적 조공·책봉 관계*를 맺으려 했다. 그런데 돌궐은 북중국의 북제·북주로부터 상당량의 비단과 양식을 공물로 받던 나라였다. 그랬던 돌궐이 자신들을 낮춰 보는 수나라의 태도를 받아들이기는 어려웠다. 고구려는 북위에 조공을 하기는 했으나, 그것은 어디까지나 서로의 입장을 살려 주는 외교 관계에 불과했다. 그런데 이제 진짜 신하 나라의 예를 갖추라는 수나라의 요구를 선뜻 받아들이기는 쉽지 않았다. 수나라와 돌궐, 수나라와 고구려 사이에는 긴장이 감돌 수밖

에 없게 되었다.

598년 고구려가 랴오허 강 유역 유목 민족들을 제압하기 위한 군대를 요서로 보냈다. 수나라는 이를 중국 왕조에 대한 도전으로 판단하고 즉각 대군을 일으켜 고구려 정벌에 나섰다. 네 차례에 걸친 수나라의 고구려 침략이 시작된 것이다.

돌궐은 6세기 후반 동돌궐과 서돌궐로 분열되었다. 599년에는 동돌궐이 수나라에 굴복했다. 이제 수나라는 고구려 정벌에 더욱 집중할 수 있게 되었다. 그러나 고구려의 강력한 저항으로 수나라의 첫 번째 원정은 실패로 돌아갔고 수나라는 막대한 인력과 물자만 낭비하고 말았다.

수나라의 역량 강화

수나라는 고구려를 제압하고 동아시아에 중국 중심의 새로운 국제 질서를 세우려고 했다. 반면 고구려는 여전히 동북아시아 패권 국가로서의 독립적

대운하

605년 수 문제 때 시작된 운하 건설은 아들인 수 양제가 이어받아 610년에 완성했다. 대운하는 기존의 작은 운하에 하이허 강, 황허 강, 화이허 강, 양쯔 강, 첸탕 강을 잇는 운하가 더해진 것으로, 총 2,500킬로미터에 달하며 베이징과 항저우를 잇는다.

지위를 유지하려고 했다. 따라서 두 나라의 충돌은 쉽게 멈출 수 없었다.

수나라는 국제 질서 재편을 마무리하기 위해서라도 통일 왕조의 역량을 최대한 끌어올릴 필요가 있었다. 수 왕조는 호구 조사를 철저히 실시하여 문제 말년에는 창고에 50~60년 동안 사용할 정도의 양곡을 쌓을 수 있었다. 과거제를 도입하여 더욱 보편적인 인재 등용 통로를 마련한 것도 수나라 때의 일이었다.

문제 때 시작된 대운하 사업은 아들인 양제(재위 604~618)에게 계승되었다. 610년까지 무려 2,500킬로미터에 달하는 운하가 중국의 남북을 잇게 되었다. 이로써 강남 개발의 성과이기도 한 남쪽의 식량과 각종 물자들이 운하를 통해 북쪽의 주요 도시들로 공급될 수 있게 되었다.

대운하는 또한 북방의 군사 요지인 탁군(지금의 베이징 부근)까지 대량의 군수 물자를 수송하게 해 주었다. 611년 수 양제는 고구려 원정에 나서기 위해 탁군에 100만 명의 군대를 모으고 대운하를 이용해 강남의 물자를 탁군으로 운송했다.

고구려 원정의 실패와 몰락

그러나 612년의 2차 고구려 원정은 또다시 실패로 돌아갔다. 수 양제는 613년, 614년에도 고구려 정벌을 시도했지만 내란으로 전쟁에 집중할 수가 없었다. 잇단 대외 원정이 실패하면서 수나라의 재정은 파탄에 이르렀다. 사회 전반에도 커다란 혼란과 균열이 일어났다. 200여 개를 헤아리는 반란 집단이 곳곳에서 일어나 국가 기능은 마비되었다. 618년 양제가 피살되면서 수나라는 2대 37년 만에 막을 내렸다.

당나라가 완성하다

세계 제국을 이루려는 당나라의 시도

수나라를 이은 당나라는 먼저 중국 내부의 균열을 메우는 데 힘을 쏟았다. 창업자 고조(재위 618~626) 이연으로부터 정권을 이어받은 태종(재위 626~649) 이세민은 수나라가 망한 뒤 중국 곳곳에서 들고 일어났던 지방 군웅 세력을 완전히 제압했다(628). 그러고는 곧바로 적극적인 대외 공략에 나서 유목 세력인 철륵*과 동맹을 맺은 뒤 동돌궐을 무너뜨렸다(630).

당 태종은 유목 세력들로부터 '천가한'이라는 칭호를 받았다. '가한'은 튀르크 말로 최고위 지배자라는 뜻이니 천가한은 하늘에서 내려온 황제를 뜻한다. 당나라 황제는 동아시아의 농경과 유목 세계 전체를 아우르는 지배자라는 것을 안팎에 과시할 수 있게 된 것이다. 당 태종은 세계 제국을 실현하기 위해 한 걸음 더 나아갔다. 여전히 독립적인 태도를 고수하고 있는 서쪽의 토번(지금의 티베트)과 동쪽의 고구려를 압박하기 시작했다.

당 태종은 남북조 시대 수백 년 동안 유지되었던 사회적 계층 질서를 황실과 외척 중심으로 재조정했다. 역사 편찬도 관에서 주관하도록 했다.

*철륵
수·당 때 중국인이 돌궐 이외의 튀르크 계 부족들을 일컫던 말.

출신 배경이 다른 인재들을 모아 정책 수립에 참가시키고, 수도 장안으로 주변 국가의 유학생들이 모일 수 있는 여건을 조성했다. 역사에서는 당 태종의 재위 23년간의 정치를 '정관의 치'라고 부른다. 정관은 태종 때의 연호로, 나라를 굳건히 하고 정치를 잘해 국위를 떨친 태종의 치세를 기리는 말이다.

당나라는 문성 공주를 토번의 왕 송찬감포에게 출가시켜, 토번을 당나라의 영향권 안에 끌어들였다. 한편 토욕혼*의 항복을 받아 내고 고창국* 도 멸망시켜 서역 세계마저 당 제국 아래 들어오게 했다.

당나라의 고구려 원정

그러나 동방의 고구려는 새로운 세계 제국 당에 쉽게 머리 숙이지 않았다. 그러자 645년 당 태종은 친히 대군을 거느리고 고구려 원정에 나섰다. 그러나 이 원정은 결코 쉽지 않았다. 고구려로 향하는 당 태종 앞에는 수 양제가 겪었던 것과 같은 험난한 길이 기다리고 있었다.

이제부터 수나라에서 당나라로 이어지는 중국 통일 왕조의 집요한 침략에 동방의 강국 고구려가 어떻게 맞서 싸웠는지 그 장대한 드라마를 되짚어 살펴보기로 하자.

02

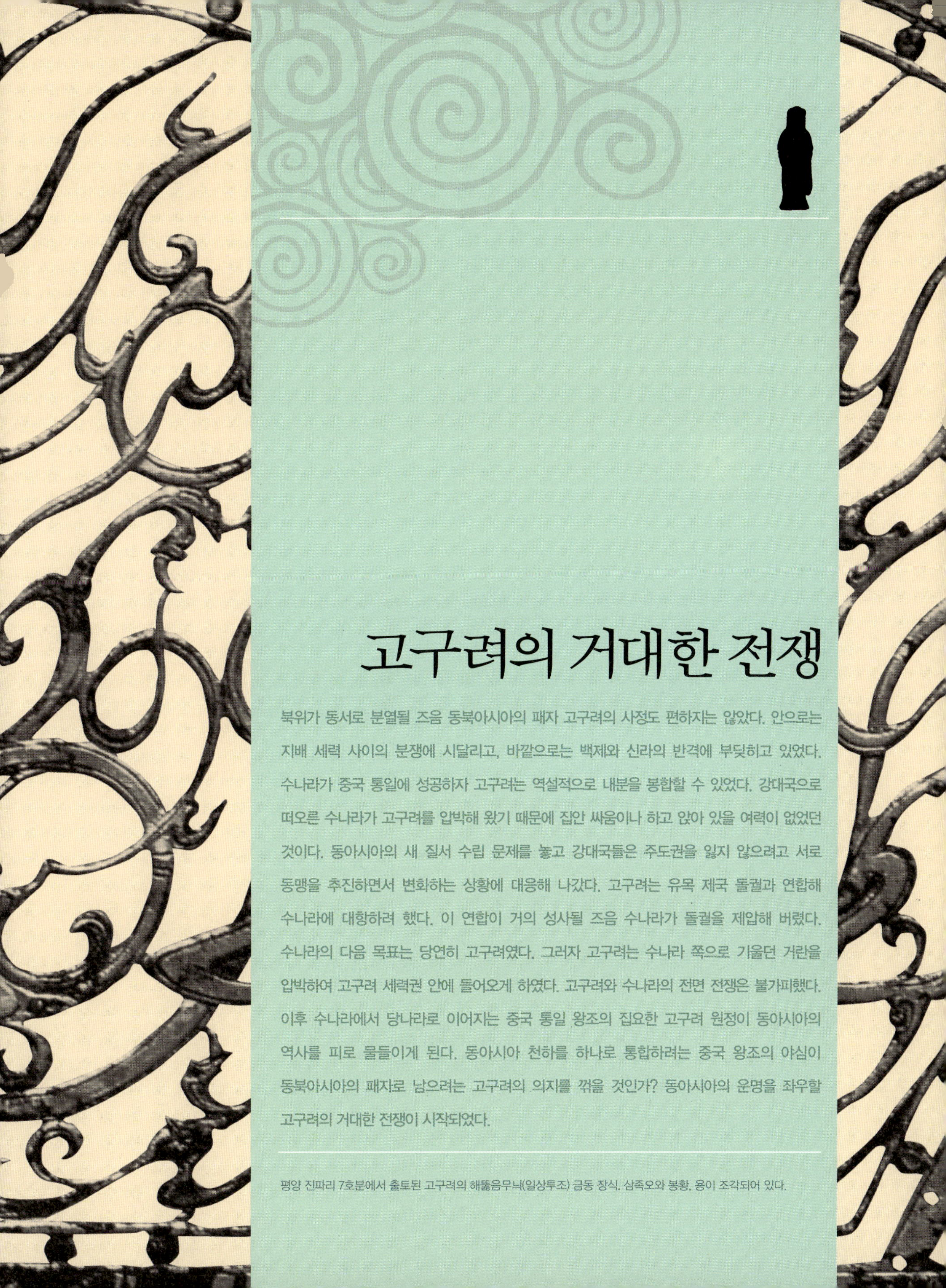

고구려의 거대한 전쟁

북위가 동서로 분열될 즈음 동북아시아의 패자 고구려의 사정도 편하지는 않았다. 안으로는 지배 세력 사이의 분쟁에 시달리고, 바깥으로는 백제와 신라의 반격에 부딪히고 있었다. 수나라가 중국 통일에 성공하자 고구려는 역설적으로 내분을 봉합할 수 있었다. 강대국으로 떠오른 수나라가 고구려를 압박해 왔기 때문에 집안 싸움이나 하고 앉아 있을 여력이 없었던 것이다. 동아시아의 새 질서 수립 문제를 놓고 강대국들은 주도권을 잃지 않으려고 서로 동맹을 추진하면서 변화하는 상황에 대응해 나갔다. 고구려는 유목 제국 돌궐과 연합해 수나라에 대항하려 했다. 이 연합이 거의 성사될 즈음 수나라가 돌궐을 제압해 버렸다. 수나라의 다음 목표는 당연히 고구려였다. 그러자 고구려는 수나라 쪽으로 기울던 거란을 압박하여 고구려 세력권 안에 들어오게 하였다. 고구려와 수나라의 전면 전쟁은 불가피했다. 이후 수나라에서 당나라로 이어지는 중국 통일 왕조의 집요한 고구려 원정이 동아시아의 역사를 피로 물들이게 된다. 동아시아 천하를 하나로 통합하려는 중국 왕조의 야심이 동북아시아의 패자로 남으려는 고구려의 의지를 꺾을 것인가? 동아시아의 운명을 좌우할 고구려의 거대한 전쟁이 시작되었다.

평양 진파리 7호분에서 출토된 고구려의 해뚫음무늬(일상투조) 금동 장식. 삼족오와 봉황, 용이 조각되어 있다.

두 천하의 충돌

전쟁에 대비하는 고구려

589년 수나라가 중국을 재통일하자 고구려는 수나라와의 적극적인 외교 교섭에 나서기보다는 대규모 전쟁에 대비하는 데 힘을 모았다. 요동성을 비롯한 랴오허 강 동쪽의 대중국 방어 거점들에 군량미를 비축하고, 주요 거점이 되는 성들의 성벽을 수리했다. 병사들의 무장과 무기 체계도 재점검하고, 군사 훈련도 강화했다. 쇠뇌의 성능을 개선하기 위해 비밀리에 수나라에서 쇠뇌 기술자를 초빙하기도 했다. 수나라 내부의 움직임에 대한 정보를 모으기도 하고, 고구려에 온 수나라 사신들이 고구려 내정을 파악하지 못하도록 감시하기도 했다.

589년 수나라가 남조인 진나라를 정벌하기 위해 강남으로 보냈던 해군 전선 가운데 한 척이 표류하다가 백제의 영역이던 탐라(지금의 제주도)에 도착했다. 이 배는 탐라에서 항해에 필요한 물품을 보급받고 백제 해안을 따라 귀국길에 올랐다. 이때 백제 위덕왕(재위 554~598)은 수나라의 천하 평정을 축하하면서 많은 물품과 함께 축하 사절을 수나라로 보냈다. 수 문제

수나라의 무사
수나라 귀족의 무덤에서 발견된 흙으로 만든 무사 모습의 인형.

는 답서를 보내 백제가 조공의 예를 표하기 위해 매년 사절을 보낼 필요는 없다는 뜻을 전했다. 너그러운 태도를 보여 백제를 수나라의 영향력 아래 두려는 책략이었다.

수나라는 강경책과 유화책을 번갈아 쓰면서 동아시아의 크고 작은 나라들을 중국 왕조의 지배 아래 들어오게 하려 애썼다. 북주와 북제로부터 조공을 받던 강대국 돌궐에 대해서는 분열책을 썼다. 그 작전이 먹혀 돌궐은 동돌궐과 서돌궐로 나뉘었고, 수나라는 이들을 차례로 제압했다. 고구려와 경계를 맞댄 거란과 말갈에 대해서는 적극적인 유화책을 썼다.

고구려에는 수나라를 천하의 유일한 중심으로 받아들일 것을 요구하는 국서를 보냈다. 이 국서에는 "요하(랴오허 강)가 넓다고 하지만 어찌 장강(양쯔 강)에 비할 수 있으며, 고구려 인구가 많다고 해도 어찌 진나라에 비할 수 있으랴."라는 말처럼 위압적인 표현이 들어 있었다. 그러나 고구려는 이를 거절하고 수나라와의 전쟁 준비에 더욱 박차를 가했다.

595년부터 고구려는 왜와 평화적인 외교 관계를 유지하기 위해 혜자

6세기 후반의 동북아시아

등 많은 승려와 예술인, 기술자를 왜에 보내 고급 지식과 문물을 전파했다. 승려 혜자는 615년 귀국할 때까지 쇼토쿠 태자(573~621)의 스승으로 있으면서 왜의 정치 외교에 각종 자문을 했다. 당시 왜가 수나라에 보낸 국서에는 "해 뜨는 곳의 천자가 해 지는 곳의 천자에게 인사합니다."라는 유명한 문구가 적혀 있었다. '해 뜨는 곳'은 왜를, '해 지는 곳'은 서쪽인 수나라를 가리키는 것으로, 왜의 천황을 수나라 황제와 대등하다 못해 더 앞서 가는 존재로 나타낸 것이다. 이 국서 또한 혜자의 영향력이 미쳤을 것으로 추정된다. 수 양제는 이 국서를 받은 뒤 왜에 대해 깊은 적개심을 갖게 되었다.

계속되는 긴장 관계

몇 차례 외교적 설전이 오가면서 고구려와 수나라 사이에는 긴장이 높아졌다. 그러더니 598년 고구려가 말갈 군사 1만을 동원해 요서를 공격하는 사건이 일어났다. 거란, 속말 말갈* 등 랴오허 강 중상류 유역의 유목민들은

*속말 말갈
속말수(송화강) 유역에 살던 말갈의 한 부족이다.

584년 이래 돌궐과 고구려의 압박에서 벗어나 수나라 밑으로 거의 넘어간 상태였다. 고구려는 그 유목민들을 다시 복종시키거나 최소한 고구려와 수나라 사이에서 중립을 지키게 하려고 요서를 공격했던 것이다.

수 문제는 이러한 고구려의 요서 침공을 수나라에 대한 도전으로 간주했다. 그리하여 육해군 30만 명을 동원해 고구려 정벌에 나섰다. 그러나 수나라의 대군은 고구려 땅에 발을 딛기도 전에 큰 홍수와 태풍, 전염병을 만나 병사의 80~90퍼센트를 잃는 막대한 손실을 입고 회군했다. 고구려는 긴장의 끈을 놓지 않고 수나라가 다시 쳐들어올 것에 대비해 외교적인 연결망을 재구축하거나 강화하는 작업을 진행했다.

604년 즉위한 수 양제는 고구려를 정치적으로 강하게 압박해 들어갔다. 이에 대해 고구려는 고분고분한 태도를 보이면서도 한편으로 수나라와 일정한 거리를 두고 있던 동돌궐에 동맹을 제안하는 사신을 보냈다. 그런데 그 고구려 사신이 607년 8월 동돌궐의 지배자인 계민가한의 장막에서 수 양제와 마주치는 사건이 벌어졌다. 공교롭게도 이때 수 양제가 동돌궐에 대한 지배력을 확인하고자 계민가한의 장막에 행차한 참이었다. 계민가한이 수 양제의 눈앞에서 고구려와 동맹을 맺겠다는 약속을 할 수는 없었다. 오히려 수 양제는 동돌궐 기병 부대를 동원해 고구려를 치기 전에 고구려 왕이 직접 탁군으로 와서 자신의 명령을 받들라고 고구려 사신을 윽박질렀다.

609년 수 양제는 직접 티베트 북방의 토욕혼 원정에 나섰다. 토욕혼이 동서 교역의 통로를 위협하는 것을 막겠다는 의도였다. 이 원정에서 토욕혼의 항복을 받아 내지는 못했으나, 서역 오아시스 도시 국가들을 수나라의 지배 아래 두는 데는 성공했다. 뒤이어 서돌궐에 대한 압박도 강화했다. 그리하여 611년에는 서돌궐의 처라가한이 휘하의 돌궐 지도자들을 이끌고 수 양제 앞에 나와 엎드려 절하기에 이르렀다. 수나라는 이러한 승리를 안팎에 과시하며 고구려 왕 또한 직접 찾아와 고개 숙일 것을 계속 요구했다.

돌궐의 비석
돌궐 귀족 퀼테긴의 비. 572년 돌궐의 목간가한이 죽었을 때 고구려가 조문 사절을 파견했다는 기록이 새겨져 있어 당시 고구려와 돌궐의 교류를 보여 준다. 오늘날의 몽골 오르혼 강변에 세워져 있다.

살수에 지다

2차 고구려 원정

요동성
수 양제의 침략을 막아 낸 고구
려 요동 지역의 거점 성. 지금은
그 자리에 요나라의 동경성 유
적이 있다.

수나라의 계속된 외교적 압박에도 불구하고 고구려는 굴복하지 않았다. 그
러자 수 양제는 대운하를 이용해 강남의 물자를 탁군으로 운송하고, 농민군

을 대규모로 징발해 2차 고구려 원정에 나섰다. 612년 1월 113만 3,800명에 이르는 군대가 탁군을 출발했다. 100만 명에 달하는 군량 및 물자 수송 부대도 그 뒤를 따랐다. 200만 명이 넘는 수나라의 대군이 부대별로 출발하는 데에만 40일이 걸렸다.

수 양제가 이끈 대군은 랴오허 강을 건너 요동성을 포위했다. 그러나 고구려군은 흔들림 없이 성을 방어했다. 100만 명이 넘는 대군이 3개월 동안이나 요동성 일대에 붙들려 진격을 하지 못하자, 수 양제는 30만 5,000명의 별동대에게 평양성으로 바로 진격하라는 명령을 내렸다. 우중문이 이끄는 별동대가 요동 벌판을 가로지르고 압록강을 건너 평양성을 향하는 동안, 을지문덕이 지휘하는 고구려군은 별다른 저항을 하지 않았다. 수나라 군대의 진격 속도를 늦추려는 듯한 전투만 몇 차례 치렀을 뿐이다.

고구려군은 수나라 군대에 패한 시늉을 하며 후퇴하는 과정에서 교통로 주변 마을의 백성들에게 모든 식량을 없애고 우물을 메운 뒤 피난케 했다. 이를 들판을 깨끗이 청소한다 하여 '청야 전술'이라 한다. 수나라군의 진격은 빠른 속도로 이루어졌지만 군량 보급은 제때 이루어지지 못했다. 내호아가 이끄는 수나라 해군은 황해를 건너 대동강을 거슬러 오른 뒤 평양성 근처까지는 어렵지 않게 나아갔다. 그러나 영양왕의 동생인 왕자 건무가 이끄는 고구려군과의 접전에서 크게 패했다. 때문에 수나라의 해군이 전선에 싣고 왔던 군량과 무기는 우중문의 별동대에 전해질 수 없었다. 막상 평양성에 이른 수나라 별동대는 군량과 무기의 부족을 걱정해야 할 상황에 몰리게 되었다.

을지문덕은 별동대가 회군을 하면 협상이 가

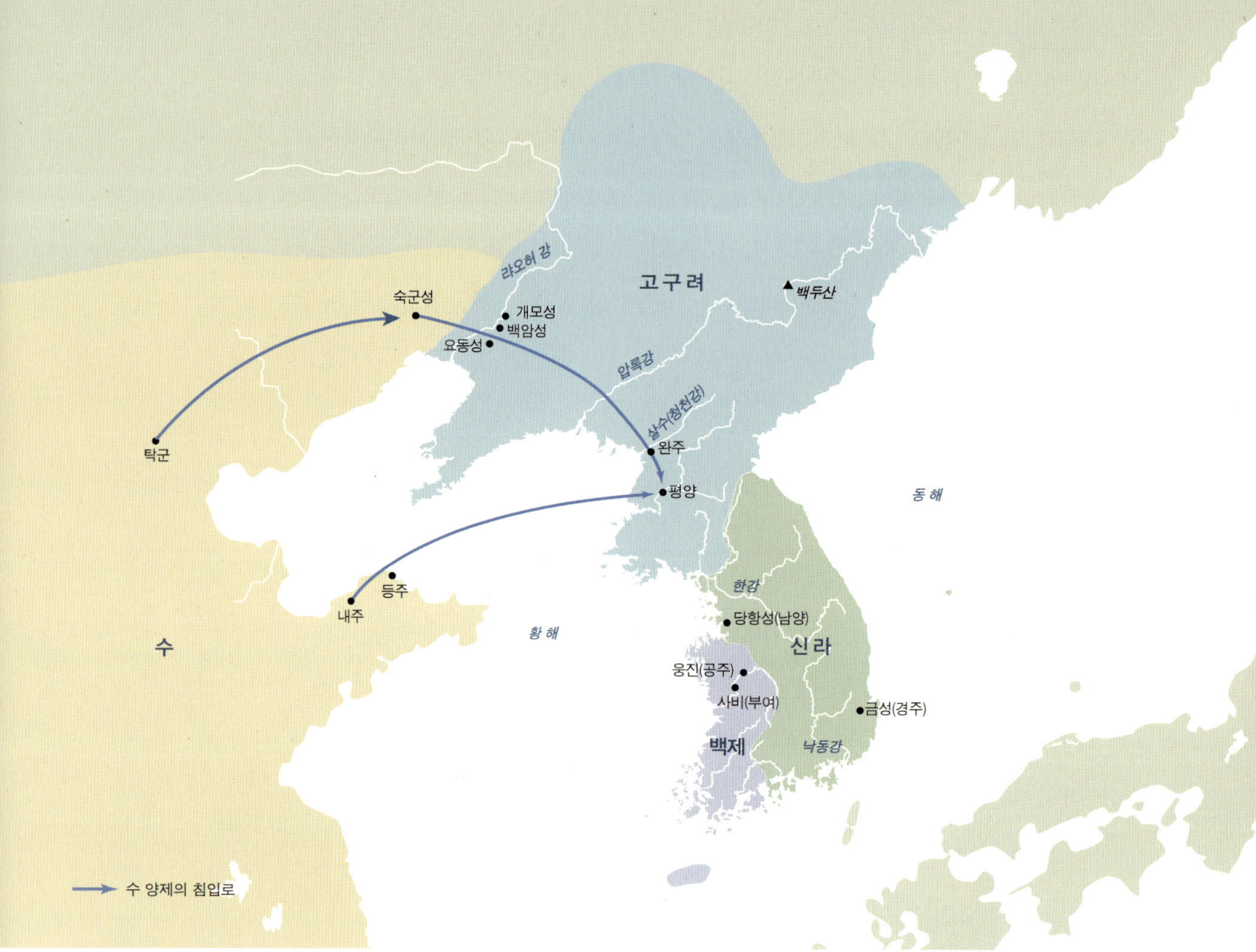

능할 것처럼 편지를 보냈다. 이 편지는 동시에 우중문을 조롱하고 협박하는 듯한 내용도 담고 있었다.

을지문덕의 편지를 받은 우중문은 별동대의 회군을 결정했다. 식량 부족에 시달리며 온 길을 되밟아 가던 수나라 군대는 살수를 건너던 중 고구려군의 급습을 받고 몰살당한다. 정예군을 잃은 수나라 군대는 랴오허 강 너머로 되돌아가고, 동아시아 천하를 손안에 두려던 수 양제의 야심은 좌절되고 말았다.

무너지는 수나라

수나라가 통일 왕조의 인력과 물자를 대거 동원한 동방 정벌에서 실패하자, 수나라에서는 백성이 더 이상 정권을 믿지 못하고 배반하는 민심 이반 현상이 뚜렷이 나타났다. 하지만 613년 수 양제는 또다시 대군을 일으켜 고구려 원정에 나섰다. 대량의 공성攻城 장비를 동원한 3차 원정군은 수나라 국내에서 대규모 내란이 일어나는 바람에 오래지 않아 회군해야 했다. 614년에도 4차 고구려 원정을 시도했지만, 국내에서 농민 반란의 규모가 커지고 있던 데다가 고구려가 사신을 보내 사과하는 유화책을 쓰자 회군했다.

그러나 수 양제는 거기서 그치지 않았다. 615년부터 5차 원정을 준비했다. 수나라의 저잣거리에서는 "요동에 가면 살아오지 못한다."라는 이야기가 공공연히 오갔다. 경제 파탄의 직접적 피해자인 농민의 봉기는 전국 각지에서 끊임없이 일어났다. 이런 상황에서 더 이상의 동방 원정은 불가능했다. 왕조를 지탱하던 귀족과 호족 세력마저 등을 돌리자 수나라는 무정부 상태에 빠지고 말았다. 618년 황실 친위군의 쿠데타로 수 양제가 죽임을 당하면서 수나라도 멸망했다.

고구려 역시 수나라와 전쟁을 치르면서 엄청난 인적·물적 손실을 입었다. 이미 백제와 신라에 의해 남쪽 땅을 유린당하고 있던 고구려는 수나라와의 전쟁으로 북쪽에서도 힘을 잃어 갔다. 동북아시아에서 고구려의 세력권은 축소되었고, 주변 지역에 대한 영향력도 매우 흔들리며 위축되었다.

백제는 위덕왕의 치세를 거치면서 성왕이 전사했을 때의 충격에서 벗어나고 있었다. 당시 백제는 신라와 전면전을 벌일지도 모른다는 생각으로 왜와 긴밀한 외교 관계를 유지하려고 노력했다. 수나라가 등장해 고구려의 관심이 서쪽으로 쏠리자, 백제는 좀 더 여유 있게 신라를 상대해 나갔다.

무왕은 즉위 초부터 신라를 압박하면서 동시에 신라에 대한 군사 작전에 협조하라고 왜에 요청했다. 602년에는 지리산 인근의 신라 산성들을 공격하기 시작했다. 왜도 2만 5,000명에 이르는 대군을 편성하여 규슈 북방 쓰쿠시에서 신라로 출항할 준비를 갖추었다. 그러나 왜의 출병은 사령관 쿠메 왕자가 병사하자 취소되었다.

607년 무왕은 수나라에 사신을 보내 고구려를 공격하라고 요청했다. 611년 수나라와 고구려의 전면전이 임박하자 다시 사절을 보내 수나라의 고구려 원정을 돕겠다는 의사를 밝혔다. 수나라

궁남지
백제 무왕이 만든 인공 연못. 무왕과 신라 선화 공주의 전설이 어린 곳이다. 『삼국유사』에 따르면 무왕은 젊은 시절 신라에 가서 우여곡절 끝에 진평왕의 딸 선화 공주를 아내로 맞았다고 한다.

가 백제에 적대적인 입장을 취하지 않도록 예방하려는 전략이었다. 또한 신라를 공략하는 데 몰두할 수 있는 국제 정세를 만들려는 의도도 깔려 있었다.

수나라와 고구려의 전면전이 벌어지자 무왕은 이를 적극 활용했다. 신라가 합병한 가야 연맹의 영역을 빼앗아 백제의 영토로 편입하려고 전쟁을 일으킨 것이다. 신라의 서부 국경 지대는 계속되는 전투에 시달렸고 신라의 영토도 위축되었다.

한편 진흥왕이 가야 연맹을 완전히 흡수한 뒤 신라는 후유증에 시달렸다. 신라는 성골, 진골, 육두품 등의 신분이 엄격히 구분되는 신분 사회였다. 이 가운데 왕위에 오를 수 있는 신분은 성골뿐이었다. 그런데 이에 불만을 느낀 진골 귀족은 진지왕(재위 576~579)을 강제로 폐위시키고 진평왕(재위 579~632)을 추대했다. 진골 귀족의 견제를 받는 진평왕은 이전처럼 대규모로 군사와 물자를 징발하여 대외 공략에 나서거나 국내 정책을 힘 있게 펼칠 수 없었다.

신라는 백제의 침범에 맞서 서부 국경 지대의 영토를 지켜 내느라 허덕였고, 한강 유역을 회복하려는 고구려의 군사적 압력에 시달렸다. 왜도 군대를 파견할 기세를 보였다. 이런 상황을 타개하기 위해 신라는 전보다 더 적극적으로 중국 왕조들에 접근했다. 유학승들을 활용해 국제 정세의 흐름에 대한 정보를 수집하고, 어떻게 하면 중국 왕조들과 외교 관계를 맺을 수 있을지 살폈다. 608년에는 수나라에 '고구려 정벌을 위한 군대 출동을 요구하는 국서'를 보냈는데, 이런 중대한 외교 문서의 작성도 유학승 출신에게 맡겼다. 그런 일을 맡은 대표적인 인물이 원광 법사였다.

안시성에 지다

당의 등장과 함께 변하는 대륙의 정세

618년 중국에서 수나라가 멸망하고 당나라가 그 뒤를 잇게 되었을 때, 고구려에서는 수나라 해군을 평양성에서 물리친 영웅 건무가 영류왕(재위 618~642)으로 즉위했다. 네 차례에 걸친 수나라와의 전쟁으로 고구려의 기력이 많이 약해졌기 때문에 영류왕은 당나라와 평화적인 외교 관계를 맺으려 했다. 고구려는 사절을 보내 당나라의 건국을 축하하면서 두 나라의 친선 관계를 희망했다.

신생 왕조였던 당나라도 고구려의 뜻을 받아들이는 자세를 취했다. 당시 중국에서는 수나라의 멸망을 불러왔던 반란 세력들이 반독립 상태로 곳곳에 할거하고 있었고, 서방의 토욕혼은 잃어버린 땅을 되찾으려고 호시탐탐 변경을 넘보고 있었다. 수나라가 망할 무렵 독립을 선언한 동돌궐과의 관계도 당나라의 골칫거리였다. 당나라는 돌궐과 평화를 전제로 사절을 교환하고 각각 억류하고 있던 전쟁 포로와 유민을 상대국에 돌려주었다. 당나라가 나라 안의 재통일을 마무리하는 628년까지 두 나라의 화평 관계는 유

지되었다.

629년 당 태종은 초원 지대 유목 세력을 제압하기 위한 조치를 취하기 시작했다. 630년에는 돌궐 북방에 자리 잡고 있던 철륵 계통의 한 부족인 설연타와 공동 작전을 펼쳐 동돌궐을 무너뜨렸다. 이어 서돌궐이 장악하고 있던 지역 일부도 손에 넣었다. 당 태종이 서돌궐의 여러 유목 세력들로부터 유목 세계를 대표하는 황제라는 의미의 '천가한' 칭호를 받은 것은 바로 이때의 일이었다. 토욕혼도 항복하고 고창국도 무릎을 꿇었다. 서방과 북방의 크고 작은 세력을 완전히 제압한 것이다.

고구려는 이러한 정세를 눈여겨보고 있었다. 당나라가 동돌궐을 멸망시키자 고구려는 축하 사절을 보내면서 고구려의 영역을 지도로 나타낸 '봉역도'를 당나라에 전했다. 당나라가 랴오허 강을 경계로 그 동쪽을 고구려 세력권으로 인정해 준다면 이 경계를 넘지 않겠다는 의사 표시였다. 그러나 631년 당나라는 고구려에 사절을 보내 고구려 원정 때 전사한 수나라 병사들의 유해를 묻어 제사 지내고, 고구려가 승전을 기념해 세운 기념물을 헐어 버리라고 요구했다. 고구려의 독자적인 세력권을 인정하지 않겠다는 일종의 실력 행사였다. 고구려는 두 나라의 평화 관계가 더 이상 유지되기 어

천리 장성의 주요 거점 성들
위에서부터 백암성, 안시성, 비사성.
백암성은 고구려의 주요 방위성 중 하나로, 당 태종 침입 때 끝까지 저항하다 함락당했다. 중국 랴오닝 성 타이쯔허 강 북쪽 기슭에 자리 잡고 있다.
안시성은 645년 당나라의 침략을 막아 낸 '안시성 싸움'으로 유명하다. 위치는 중국 랴오닝 성 잉청쯔로 추정된다.
비사성은 고구려가 수·당과 전쟁을 할 때 적군의 침략을 막는 최전선 역할을 했다. 중국 랴오닝 성 진저우 유이항 동쪽 의 다헤이 산에 있다.

렵다고 보고 국경 지대에 천리 장성을 쌓기 시작했다.

천리 장성의 축조와 연개소문의 집권

631년부터 쌓기 시작한 천리 장성은 16년 뒤인 647년에 완성되었다. 서북 의 요충 부여성에서 시작된 천리 장성은 랴오둥 반도 남단의 비사성까지 이어졌으며 당나라의 침입에 대비한 기본 방어선이 되었다. 천리 장성 동쪽의 주요 거점 성인 신성·현도성·개모성·백암성·요동성·안시성·건안성 등은 필요에 따라 성벽이 두껍게 덧대어졌고 이들 성에는 장기전에 필요한 양곡이 비축되었다.

　영류왕은 당나라와의 전면전에 대비하면서도 두 나라 사이의 외교 관계를 통해 긴장을 완화하려고 노력했다. 그러나 당나라가 보낸 사절은 고구려 내정을 노골적으로 염탐하는 등의 행동으로 고구려 귀족들의 반감을 샀다. 641년 당 태종은 진대덕이라는 사람을 고구려에 사신으로 보냈다. 진대덕은 "고구려의 산수 경관을 자세히 보고 싶다."며 고구려의 내정을 자세히 탐지하고 '봉사고려기'라는 보고서를 올렸다.

　당에 대한 강경책과 유화책을 두고 고구려 지배 세력의 의견이 엇갈리던 642년 10월 연개소문 일파가 정변을 일으켜 영류왕과 대신들을 살해했다. 영류왕이 대귀족인 연개소문 집안을 약화시키려고 연개소문을 천리 장성 축조의 총감독에 임명해 국경 지대에 파견하려고 했기 때문이다.

　연개소문 일파는 왕을 시해하고 보장왕(재위 642~668)을 옹립한 뒤 정권을 독차지했다. 그들은 정권을 안정시키기 위해 당나라의 국교인 도교의 도사를 청하는 등 당나라와의 충돌을 피하려 애썼다. 그러나 고구려의 도교 진흥책은 불교와 종교 갈등을 일으키고 사회를 분열시키는 요인으로 작용했다. 게다가 중국 중심의 동아시아 국제 질서를 수립하려던 당 태종의 뜻을 바꾸는 데는 도움이 되지 못했다. 오히려 당나라는 고구려에 파견한 도사들을 첩자로 삼아 고구려의 방어 체제를 포함한 여러 가지 군사 기밀을 알아내 당나라에 알리도록 했다.

당의 고구려 원정

643년 9월, 신라의 사절이 당나라 수도 장안에 도착했다. 사절은 신라가 당

'정관의 치'를 이룬 당 태종
당나라의 2대 황제로, 훌륭한 정
치를 펼쳐 그의 치세를 그의 연
호를 따서 '정관의 치'라 부른다.

연암 박지원의 『열하일기』에
는 안시성의 성주가 양만춘
이라고 나온다. 그러나 『삼국
사기』를 비롯한 정사正史에
는 성주의 이름이 나오지 않
는다.

나라로 조공을 바치러 가는 길을 백제와 고구려가 가로막고 있으니 도와달라고 요청했다. 당 태종은 보장왕에게 신라 공격을 중지하라고 명하는 국서를 두 차례나 보냈다. 그러나 고구려는 잃은 땅을 되찾기 위한 전투에 불과하다는 입장에서 물러나지 않았다. 심지어는 국서를 들고 온 당나라 사신을 토굴에 감금하기까지 했다.

이 보고를 받은 당 태종은 신하들의 반대를 물리치고 "신하로서 왕을 죽인 연개소문을 벌한다."라는 명분을 내세우며 고구려 원정에 나섰다. 645년 4월 당 태종의 지휘를 받은 당나라 군대는 세 갈래로 길을 나누어 랴오허 강을 건넜다. 이적이 이끄는 한 부대는 신성으로 진격했고 장량이 이끈 해군은 랴오둥 반도에 상륙하여 비사성으로 진격했다. 요동성 공략에 매달리다 시간을 허비했던 수나라의 실패를 거울삼아 요동성의 좌우 날개에 해당하는 전략적 거점들을 나누어 공격했던 것이다.

당나라 군대는 수나라 군대와 달리 요동성을 함락시키는 데 성공했다. 고구려는 군사와 백성 2만 명이 죽고, 5만 명이 사로잡혔으며, 양곡 50만 섬을 빼앗기는 손실을 입었다. 요동 방어선의 중추에 해당하는 요동성이 무너지자 인근의 백암성도 함락되었고, 당나라 해군의 공격을 받던 비사성도 무너졌다. 당나라 군대의 주력이 안시성을 향하자 고구려 중앙 정부는 15만 명의 대군을 파견하여 안시성 구원에 나섰다. 그러나 고연수, 고혜진이 지휘한 고구려 구원군은 당 태종의 유인 전술에 말려 크게 패했다. 이제 안시성은 자체의 방어력만으로 당나라 군대의 대공세에 견뎌야 하는 상황을 맞게 되었다.

안시성의 끈질긴 방어

6월 26일 당나라 군대는 총력을 기울여 안시성*을 공략하기 시작했고, 안시성은 군민을 총동원한 방어전에 들어갔다. 당나라는 갖가지 종류의 공성 기계와 무기를 사용했으나, 안시성은 함락되지 않았다. 당 태종은 연인원 50만 명을 동원해 안시성의 성벽보다 높은 공격용 토성을 쌓아 결정타를 노렸다. 그러나 안시성의 고구려군은 오히려 역습으로 이 토성을 빼앗아 상대를 내려다보며 방어전을 수행했다.

9월에 들어서면서 요동 벌판에는 찬바람이 불고 서리가 내렸다. 깊은 골짜기에는 땅이 얼기 시작했다. 9월 18일 당 태종이 철수 명령을 내렸다. 당나라 군대는 요동에서 포로로 잡은 7만 명 이상의 고구려인을 데리고 랴오허 강을 건너 돌아갔다. 군사들이 나무를 베어 길을 만들고 수레를 잇대어 다리를 놓을 때, 당 태종도 나무를 지고 섶을 묶어 이들을 도와 간신히 퇴로를 만들며 철군해야 했다. 당나라를 대제국의 반열에 올려놓으며 '천가한'이라는 칭호까지 받은 영웅도 동방의 강국 고구려 정벌에는 이렇듯 참담하게 실패하고 만 것이다.

늘 그렇듯 침략 전쟁은 실패하더라도 침략을 당한 나라에 깊은 상처를 입힌다. 고구려는 요동성을 포함한 열 개 성을 함락당하고 중앙군 15만 명이 패해 대다수가 포로로 잡히는 피해를 입었다. 또한 함락되어 무너진 성들 이외에도 크고 작은 성 수십 개가 무너지고 훼손되었다. 주요한 방어성에 쌓아

안시성 전투

두었던 곡식은 불타거나 당나라 군대의 손에 들어갔고 요동의 곡창 지대는 황폐해졌다.

그러나 처음에는 기반이 튼튼하지 못했던 연개소문 정권은 당나라와 전쟁을 치르면서 장기간의 '독재'가 가능할 정도로 강화되었다. 연개소문 정권에 비협조적이었던 지방 귀족 세력들은 당나라와 전쟁을 벌이면서 휘하의 병력을 동원하지 않을 수 없었고, 이를 통해 자체의 힘이 약화되는 상황을 감수할 수밖에 없었다. 요동 방어선상의 주요 거점 성에 근거를 두었던 지방 귀족들의 자립성은 특히 약화되었다. 당 태종에게 침략의 빌미를 제공했던 연개소문은 그 침략을 막아 내면서 최대의 승자로 떠오르게 되었던 것이다.

백제는 618년 당나라가 건국되자 곧바로 사절을 보내 중국 왕조와의 전통적인 우호 관계를 유지하려 했다. 또 신라를 국제 무대에서 고립시키려고 거의 매년 당나라에 사절을 보내 조공을 바쳤다. 왜와 맺고 있던 우호 관계도 강화했다. 의자왕의 아들 부여풍은 오랫동안 왜에 머물면서 백제 문물을 전파하는 데 앞장서기도 했다.

백제는 170여 년 동안 적대하던 고구려에도 손을 내밀었다. 645년 당 태종의 고구려 침공 때 신라가 고구려의 남쪽 경계로 군대를 보내자, 백제는 신라의 서쪽을 공격해 신라의 고구려 공격을 저지하기도 했다.

신라는 진평왕 때부터 백제와의 관계에서 수세에 몰렸다. 선덕 여왕이 즉위하자 성골 왕권에 대한 진골 귀족의 견제는 더욱 노골화되었다. 백제의 적극적이고 용의주도한 외교 전략이 결실을 맺으면서 신라는 동북아시아에서 가장 고립된 나라가 되어 갔고, 왕권은 왕권대로 약해져 갔다. 그 와중에 신라에서는 정통 진골 귀족과는 거리를 둔 두 세력의 제휴가 이루어졌다. 그들은 왕위에서 쫓겨나 불행한 죽음을 맞은 진지왕의 후손 김춘추와 금관가야 왕실의 후손 김유신. 김춘추가 김유신의 누이를 아내로 맞으면서 맺어진 두 집안은 선덕 여왕의 정치적 입지를 뒷받침하는 실세로 떠올랐다.

647년 김춘추 · 김유신 연합 세력은 선덕 여왕을 폐위하려는 진골 귀족 비담의 난을 제압했다. 두 사람을 견제할 수 있는 세력이 신라 안에는 더 이상 없었고, 두 사람의 시선은 서서히 신라 밖을 향했다. 동북아시아에 바야흐로 신라의 시대가 오고 있었다.

선덕 여왕 때 세워진 첨성대
지금까지 남아 있는 동양의 천문대 중 가장 오래된 것으로 평가받는다.

두 천하의
전쟁을 나오며

수나라는 이웃 나라들에 수나라가 천하의 유일한 중심이라는 사실을 인정하고 각 나라의 지배자들이 수나라 황제의 신하임을 선언하라고 요구했다. 그동안 동아시아는 중국·북아시아·동북아시아 등 여러 개의 크고 작은 천하를 상정하고 서로가 이를 인정해 왔으나, 수나라는 이러한 외교 질서에서 벗어날 것을 요구한 것이다.

고구려는 형식적인 조공·책봉 이상의 사대 관계를 받아들이지 않으려 했고 수나라와 충돌하는 것도 불사했다. 전쟁이 터지고 네 차례의 동방 원정이 실패로 돌아가면서 수나라는 귀족과 농민 들이 일으킨 수많은 반란에 직면했다. 결국 왕조는 망했고, 당나라가 들어서서 지방의 군웅과 농민 반란을 진압하며 새로운 통일 왕조의 위상을 굳혔다.

고구려는 당나라와 평화 관계를 맺고 싶어했지만, 당나라 역시 자기 중심으로 천하를 통일하려고 했다. 대귀족 연개소문이 정변을 일으켜 영류왕을 시해한 뒤 고구려와 당나라의 관계는 점점 악화되었다. 645년 당 태종은 마침내 대규모 원정군을 일으켜 랴오허 강을 건넜다. 수나라 대군을 꽁꽁 묶었던 요동성은 함락되었으나, 이번에는 조그만 안시성이 당 태종의 발목을 잡았다. '천하를 하나로 만든 지배자'를 꿈꾸던 당 태종은 병사들이 얼어 죽는 모습을 지켜보다 참담한 마음으로 요동 철군을 서둘러야 했다.

수 양제와 당 태종의 야심은 이렇게 꺾였다. 동북아시아 천하의 중심 고구려는 중국 대륙의 도전을 물리쳤다. 만주와 한반도는 중국이 그렇게 쉽게 동화시킬 수 있는 공간이 아니었다.

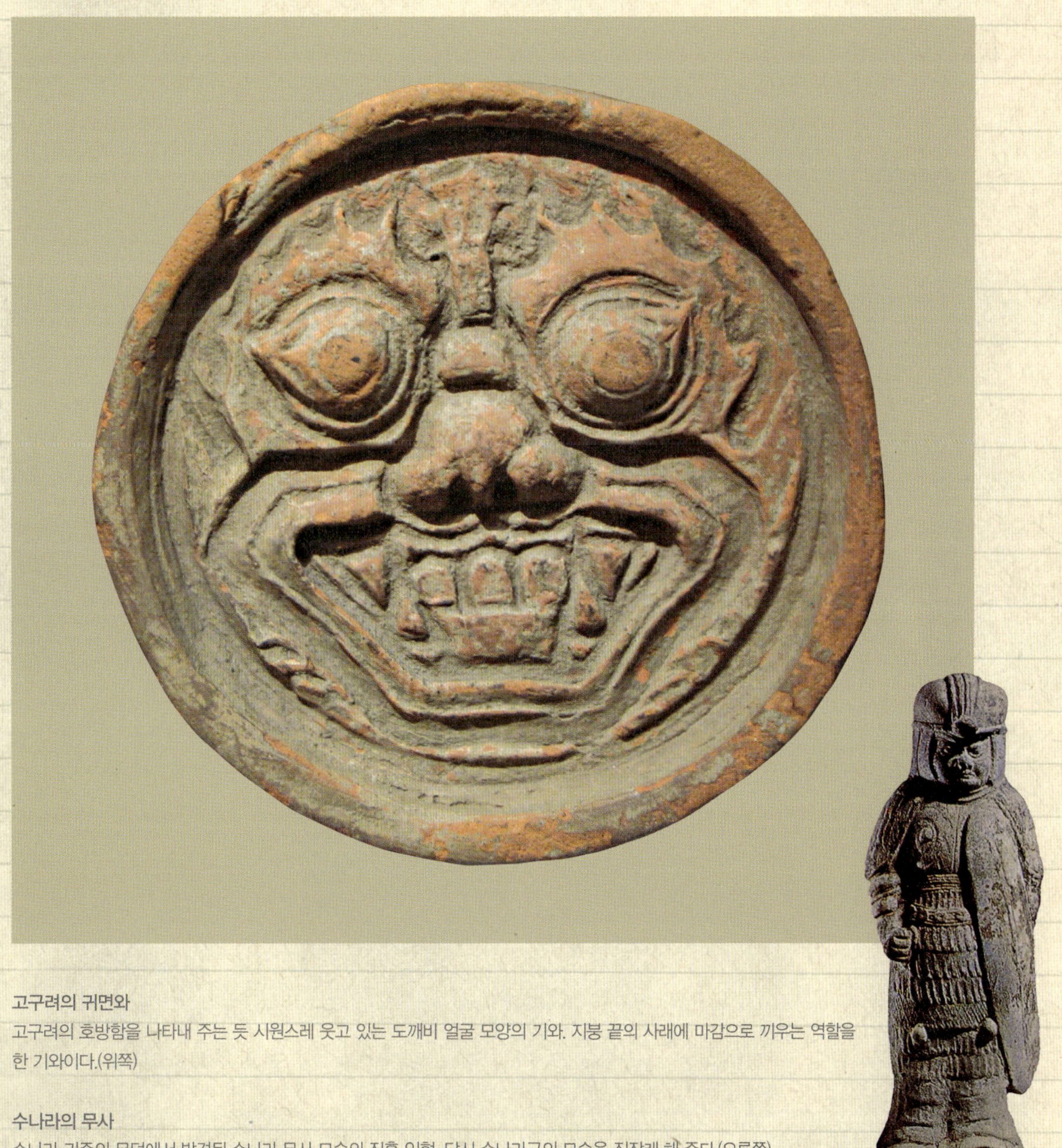

고구려의 귀면와
고구려의 호방함을 나타내 주는 듯 시원스레 웃고 있는 도깨비 얼굴 모양의 기와. 지붕 끝의 사래에 마감으로 끼우는 역할을 한 기와이다.(위쪽)

수나라의 무사
수나라 귀족의 무덤에서 발견된 수나라 무사 모습의 진흙 인형. 당시 수나라군의 모습을 짐작케 해 준다.(오른쪽)

5

프랑크 왕국
롬바르드 왕국
아바르 왕국
하자르 왕국
비잔티움 제국
옴미아드 왕조(이슬람 제국)
서돌궐
동돌궐
토욕혼
토번
남조
당
고구려
백제
신라
일본

세계사의 대전환과 삼국 통일

01

세계사의 새로운 주역들

동아시아에서 당나라와 주변 나라들이 새로운 질서의 주역이 되기 위해 각축을
벌이던 7세기 중반, 서아시아에서는 거대한 변화가 일어나고 있었다. 전혀 새로운
세력이 꿈틀거리는가 싶더니 어느 순간 그 지역뿐 아니라 세계의 정치적·사상적
지형에 거대한 물결을 일으켰다. 그것은 아라비아 반도 메카에서 시작된 이슬람
운동의 물결이었다. 이 물결은 아라비아 사막을 넘어 사산 왕조 페르시아를 포함한
서아시아 전체를 뒤덮은 뒤 주변의 초원 지대와 산악 지역까지 흘러넘치기
시작했다. 유럽에서도 프랑크 족이 게르만 사회 전체를 통합한 데 이어 7세기 말에는
카롤링거 왕조가 등장, 서유럽과 중부 유럽 대부분을 자신의 영향권 안에 두게
되었다. 8세기 중반 이후 샤를마뉴라는 영웅의 등장으로 프랑크 왕국은 제국의
시대를 연다.

630년 메카 정복 후 카바 신전에서 우상을 파괴하는 무함마드. 11세기에 지어진 무함마드 관련 역사서의 한 장면.

크리스천과 무슬림의 시대

프랑크 왕국

게르만 대이동으로 서로마 제국이 멸망한 뒤 유럽 정치의 주도권은 프랑크 족이 세운 프랑크 왕국으로 넘어갔다. 프랑크 왕국은 클로비스(재위 481~510) 치하에서 크리스트교로 집단 개종한 뒤 파리를 중심으로 영역을 크게 확대했다.

7세기 중반까지 프랑크 왕국의 영토는 남으로 지중해, 북으로 발트 해, 동으로는 다뉴브 강 중류 지역에 이르렀다. 그러나 왕국의 전사들에게 땅을 나눠 주고, 그 땅을 후계자들에게 분할하여 상속하도록 하는 관습으로 말미암아 프랑크 왕국은 내부적으로는 계속 잘게 쪼개져 나갔다.

7세기 말 프랑크 왕국을 이끈 영웅은 대大피핀, 소小피핀이라고 불리는 할아버지와 손자 피핀이었다. 프랑크 왕국의 궁재*였던 대피핀은 아들 샤를 마르텔과 함께 프랑크 왕국의 2차 영토 확장 시대를 열었다. 샤를 마르텔은 아들인 소피핀과 함께 이슬람 세력과의 대결에서 크리스트교 세계를 지켜 내는 데 큰 공을 세웠다.

소피핀은 훗날 로마 교황의 지원을 받아 프랑크 왕국의 왕이 되었는데, 그가 왕이 되기 전의 프랑크 왕국을 메로빙거 왕조라 하

고, 그 이후를 카롤링거 왕조라 한다. 8세기 중엽에 이르면 바로 이 카롤링거 왕
조에서 프랑크 왕국을 '제국'의 반열에 올려놓을 불세출의 영웅이 등장하게 되었
으니, 그가 바로 소피핀의 아들 샤를마뉴(재위 768~814, 카를 또는 카를로스라고도
불림) 대제였다. 샤를마뉴는 교황 레오 3세로부터 서로마 제국의 황제를 의미하
는 왕관을 받음으로써, 동로마 제국(비잔티움 제국)과 구별되는 유럽 지역의 패권
을 공인받았다.

이슬람의 등장

서유럽이 크리스트교 세계로 자리 잡아 가는 동안 서아시아에서는 이슬람교라는
신흥 종교가 일어나 빠르게 퍼져 나갔다. 이슬
람 세계의 등장은 7세기 들어 서아시아와 유럽
에서 일어났던 가장 큰 변화였다.

이슬람교의 고향은 서아시아에서는 변방
에 불과했던 아라비아 반도의 상업 도시 메카였
다. 610년, 상인 출신의 예언자 무함마드(570
~632)가 이곳에서 유일신 알라의 예언을 받았
다며 '신의 뜻'을 전도하기 시작했다. 무함마드
의 가르침대로 '신의 뜻에 순종'하는 이슬람교도
들이 늘어나자 메카의 힘 있는 상인들은 이들을
기존의 전통과 신앙에 반대하는 자들로 규정하
고 박해했다.

622년 무함마드와 그의 제자들은 이웃
도시 메디나로 망명했다. 그것을 '헤지라('이주
라는 뜻)'라고 하며 이슬람교에서는 그해를 이슬
람력의 기원 원년으로 삼는다. 메디나에서 더

메카로 진군하는 무함마드
예언자 무함마드가 그의 동료들
과 함께 메카로 진군하는 모습.
16세기에 그려진 책의 한 장면
이다.

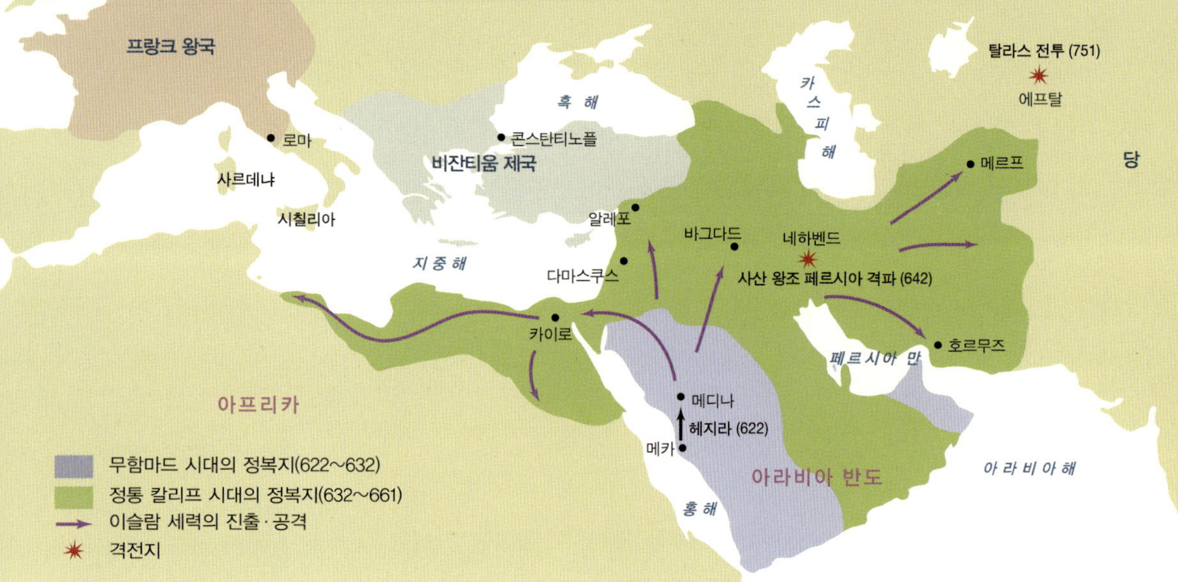

많은 신도를 모으는 데 성공한 무함마드는 630년 메카로 돌아가 반대자들을 흡수하거나 제거하고 메카를 이슬람 신앙의 중심으로 삼았다.

무함마드가 죽은 632년경 이슬람 신앙은 아라비아 반도 전역으로 확산되었다. 2년 뒤에는 팔레스타인과 시리아도 이슬람 신앙의 영향권 안에 들어왔다. 638년 이슬람 군은 예루살렘을 점령했고, 640년대에는 메소포타미아 대부분과 이란 고원 일부, 이집트와 리비아 일대가 이슬람 세력권 안에 들어왔다. 이처럼 무함마드 사후에 그의 인척들이 칼리프(아랍 어로 '상속자'를 의미하는 이슬람 교단의 지배자)가 되어 이슬람교의 세력을 넓혀 가던 시기를 정통 칼리프 시대(632~661)라 한다.

오랜 세월 동안 서아시아와 이집트를 포괄하는 고대 문명 지역은 페르시아의 지배를 받아 왔다. 그러나 형제애로 똘똘 뭉친 이슬람교도들의 거침없는 진격 앞에 사산 왕조 페르시아는 속절없이 무릎을 꿇어야 했다. 그와 더불어 오랫동안 페르시아 제국의 정신 세계를 지배해 온 조로아스터교*도 이슬람교에 밀려 위축될 수밖에 없었다.

이슬람교의 확산

7세기 후반에 접어들면서 북아프리카 해안 지대로부터 이란 고원에 이르는 광대한 지역의 주민이 이슬람교의 신앙 지침서인 '코란(쿠란)'에 대해 알게 되었다.

이슬람교는 핍박받는 민중들에게 매우 매력적인 종교였다. 알라를 유일신으로 받드는 '무슬림(이슬람교도)'끼리는 신분적 차이가 따로 없는 형제자매로 평등하다고 부르짖었고, 가난한 자를 잘 보살필 것을 강조했다.

하루 다섯 번 메카를 향해 기도하고 일정한 기간 금식하며 성지인 메카로 순례를 다녀오라는 것 말고는 별다른 종교적 의무도 부여하지 않았다. 이러한 이슬람교는 무함마드의 포교 활동이 시작된 이후 1세기 남짓한 기간 동안 서아시아와 북아프리카 대부분의 지역을 하나의 종교 문화권으로 만들었다.

이슬람교는 유일신을 믿는 종교였지만 다른 종교를 심하게 배척하지도 않았다. 다른 종교를 믿는 자들에게는 간단한 인두세(사람 수에 따라 일률적으로 매기는 세금)를 부과할 뿐 별다른 제재를 가하지 않았다. 이러한 이슬람 세력의 열린 자세로 말미암아 이슬람교는 서아시아 바깥으로도 빠르게 확산되었다. 이렇게 퍼져 나가던 이슬람 세력은 서유럽에서는 크리스트교 세계의 수호자를 자처하는 프랑크 왕국의 기사들과 마주치고, 중앙아시아에서는 세계 제국을 지향하던 당나라 군대와 마주치게 되었다.

7세기에 쓰여진 쿠란 사본

다시 열린 실크로드

세계 제국으로 성장하는 당

당나라는 서역에 대한 지배권을 되찾기 위해 돌궐·토욕혼·고창국을 잇따라 정벌했다. 그리고 수도 장안을 세계적 교역의 중심으로 발전시켰다. 7세기 중반부터 동서남북으로 거미줄처럼 뻗어 나가는 문물 교역의 통로를 연 당을 위협할 세력은 고구려 말고는 동아시아에 남아 있지 않았다.

실크로드와 초원의 길을 통해 비단 등의 당나라 물품이 서방 세계로 전해졌다. 낙양을 거쳐 평양·서라벌·나라로 이어지는 동방 실크로드를 통해 많은 문물이 신라와 왜로 전해졌다. 성도(지금의 쓰촨 성 청두)를 거쳐 미얀마의 산악 지대를 통과한 물품들은 인도 갠지스 강 연안 도시들의 환영을 받았다. 양주를 지나 광주, 지금의 베트남 하노이 등에서 배에 실린 교역품은 해상 실크로드를 따라 인도양과 아라

소그드 인
지금의 우즈베키스탄 일대를 가리키는 소그디아나의 이란 계 원주민. 소그디아나는 페르시아 제국의 속주였고, 소그드 인은 예로부터 국제 무역에 밝았다. 사진은 북제 시대의 석판에 새겨져 있는 소그드 음악가들의 모습.

동서 교역로
사막길(실크로드), 초원길, 바닷
길(해상 실크로드), 그리고 동방
실크로드의 경로.

비아 해의 항구들을 거쳐 바그다드로 옮겨지고, 다시 다마스쿠스까지 전해
졌다.

　　서방 실크로드와 초원의 길을 이용한 교역은 소그드 상인들이 도맡다
시피 했다. 실크로드의 오아시스 도시 쿠차의 안서 도호부에서 발행한 통행
증만 있으면 당 제국 어디로도 자유롭게 다닐 수 있었다. 장안과 양주·광
주·천주 등에는 소그드 인과 아랍 인의 집단 거주지가 있어 저잣거리에서
눈이 깊고 코가 높으며 턱수염이 많은 상인들과 쉽게 마주치곤 했다.

세계의 부가 모여드는 도시 장안

당나라는 외국인 유학생을 위해 국자감에 이들을 위한 교과목을 두고 시설
도 만들어 제공했다. 외국인 출신 공무원 임용 고시에 해당하는 빈공과도
개설되었고, 외국인이 당나라에서 무인으로 출세하는 길도 열어 두었다. 돌

실크로드의 성지 둔황 석굴
중국 간쑤 성 둔황 현 남동 20킬
로미터 지점에 있는 불교 유적.
둔황은 오아시스 도시이자 중국
과 서역을 잇는 실크로드의 관
문으로, 당나라 때까지 번영을
누렸다. 이때 남겨진 유산 가운
데 하나가 세계 최대의 석굴 사
원인 둔황 석굴(막고굴). 수많은
석굴 안에 귀중한 벽화와 조각
들이 보존되어 있다.

＊마니교와 경교
마니교는 3세기 초 페르시아
예언자 마니가 창시한 종교.
경교는 431년 이단 선고를 받
은 콘스탄티노플 주교 네스
토리우스가 이끌던 고대 크
리스트교 일파의 중국 명칭.

궐·거란·위구르·고창·토번·신라·백제·일본 등 동아시아와 중앙아시아 각지에서 학생과 승려 들이 장안으로 몰려들었다. 당나라와 대립 관계에 있던 고구려에서도 유학생과 승려가 장안에 이를 정도였다. 상인들 외에 무사·화가·음악가·무용수 등도 '세계의 부가 모여드는 열린 도시'로 흘러들었다.

다양한 갈래의 문화에 대한 절충주의와 개방적 국제주의는 당나라를 세계 제국으로 변모시키는 기본 동력이었다. 장안에는 마니교*·경교*·조로아스터교 등 서방 종교도 전해져 민간에서 번성했다. 물론 당나라 때에도 중국에서 가장 번성한 종교는 불교였다. 그리고 당나라 황실이 스스로 노자의 후예라고 주장하며 적극 후원한 까닭에 도교도 민간에 널리 퍼졌다.

이처럼 세계 제국으로 성장한 당나라에게 고구려는 동아시아의 유일한 걸림돌이었다. 645년의 고구려 원정에서 쓴맛을 보았던 당 태종은 죽으면서 "요동은 정벌하지 말라."는 유언을 남겼다. 그러나 이미 사방으로 뻗어 나가던 당나라의 기세는 중국 역사상 가장 위대한 군주라는 평을 듣는 황제의 말로도 제어할 수 없었다. 당나라와 고구려의 마지막 승부는 아직도 남아 있었다.

대안탑
당나라의 수도 장안의 중심에 세워진 대안탑. 652년 당나라의 고승 삼장 법사 현장이 인도에 갔다 오면서 가져온 경전과 불상 등을 보존하기 위해 고종에게 건의하여 지은 탑이라고 한다. 당시 세계의 상인과 유학생들이 이 대안탑 주위를 걸었을 것이다.

02

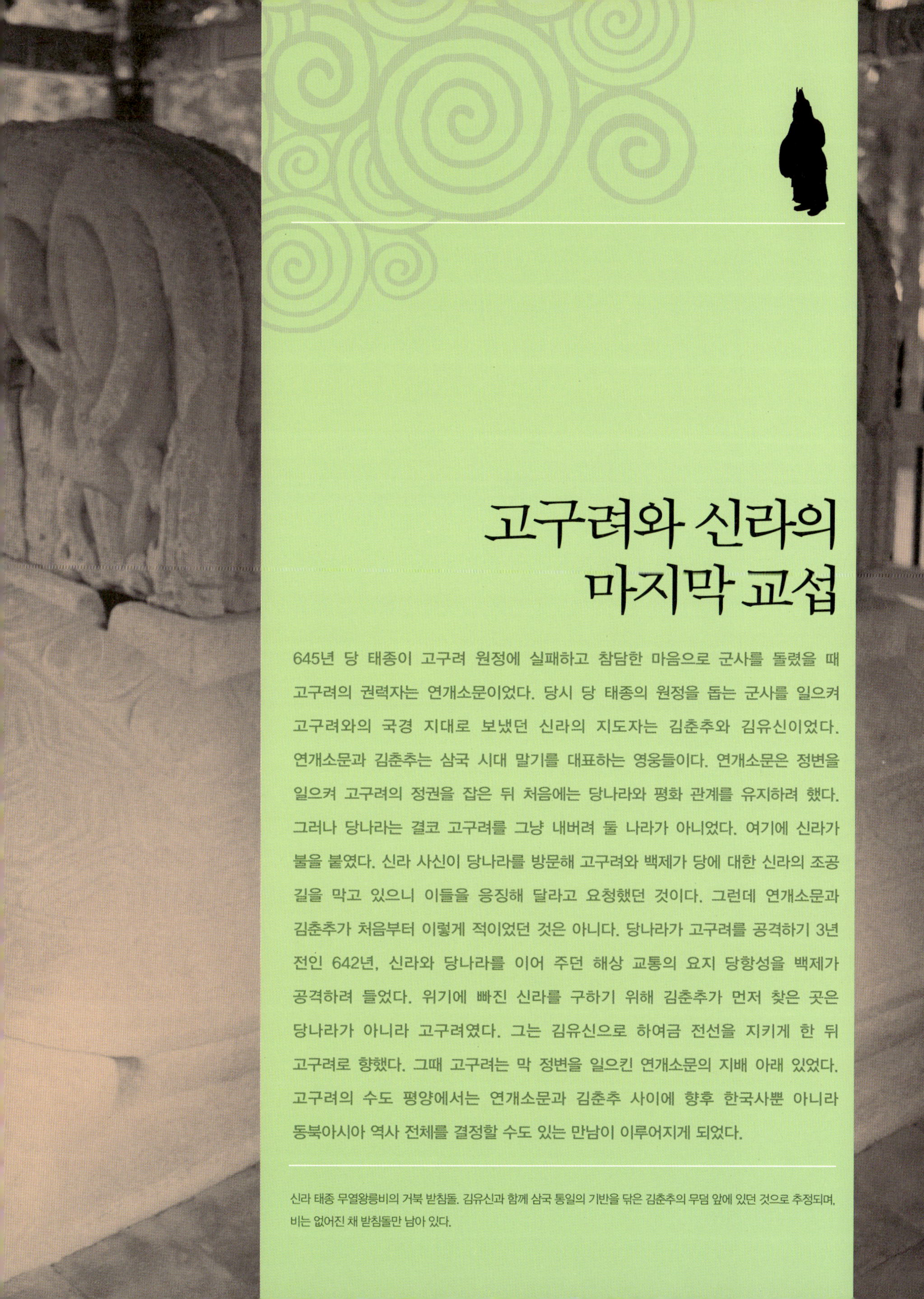

고구려와 신라의 마지막 교섭

645년 당 태종이 고구려 원정에 실패하고 참담한 마음으로 군사를 돌렸을 때 고구려의 권력자는 연개소문이었다. 당시 당 태종의 원정을 돕는 군사를 일으켜 고구려와의 국경 지대로 보냈던 신라의 지도자는 김춘추와 김유신이었다. 연개소문과 김춘추는 삼국 시대 말기를 대표하는 영웅들이다. 연개소문은 정변을 일으켜 고구려의 정권을 잡은 뒤 처음에는 당나라와 평화 관계를 유지하려 했다. 그러나 당나라는 결코 고구려를 그냥 내버려 둘 나라가 아니었다. 여기에 신라가 불을 붙였다. 신라 사신이 당나라를 방문해 고구려와 백제가 당에 대한 신라의 조공 길을 막고 있으니 이들을 응징해 달라고 요청했던 것이다. 그런데 연개소문과 김춘추가 처음부터 이렇게 적이었던 것은 아니다. 당나라가 고구려를 공격하기 3년 전인 642년, 신라와 당나라를 이어 주던 해상 교통의 요지 당항성을 백제가 공격하려 들었다. 위기에 빠진 신라를 구하기 위해 김춘추가 먼저 찾은 곳은 당나라가 아니라 고구려였다. 그는 김유신으로 하여금 전선을 지키게 한 뒤 고구려로 향했다. 그때 고구려는 막 정변을 일으킨 연개소문의 지배 아래 있었다. 고구려의 수도 평양에서는 연개소문과 김춘추 사이에 향후 한국사뿐 아니라 동북아시아 역사 전체를 결정할 수도 있는 만남이 이루어지게 되었다.

신라 태종 무열왕릉비의 거북 받침돌. 김유신과 함께 삼국 통일의 기반을 닦은 김춘추의 무덤 앞에 있던 것으로 추정되며, 비는 없어진 채 받침돌만 남아 있다.

두 영웅의 만남

연개소문과 김춘추

고구려의 권력자 연개소문과 신라의 실력자 김춘추가 평양성의 외교 협상 장에 마주 앉은 것은 642년 겨울이었다. 연개소문은 괴걸한 용모에 힘이 장사로, 몸에 여러 개의 패도를 차고 다니며 병사의 등을 밟고 말에 올랐다고 한다. 김춘추는 외모가 아름답고 머리가 영특하며 미소를 머금은 대화로 상대를 설득하는 데 뛰어난 능력을 보인 것으로 잘 알려졌다.

김춘추는 신라가 백제의 침략에 맞서 싸우는 데 고구려의 구원병을 내어 달라고 요청했다. 이에 대해 연개소문은 본래 고구려 영토였던 죽령 서북의 땅, 곧 남한강 일대를 내놓아야만 협상이 진행될 수 있다고 맞받았다. 고구려는 평원왕 이래 한강 유역의 회복을 국가적 과제로 삼고 있었다. 그러나 신라는 당나라와 직접 교섭할 수 있는 서해안을 포기하면 다시 한반도 동남부에 치우쳐 고립될 수 있었다. 따라서 고구려의 요구를 들어주기란 불가능했다.

김춘추는 귀국하면 왕을 설득해 고구려의 옛 영토를 돌려주겠다는 거

당나라 〈예빈도〉의 신라 혹은 고구려 사신
측천무후의 아들 장회 태자의 묘에 그려져 있는 벽화 중 신라 혹은 고구려의 사신으로 알려져 있는 그림. 당시 김춘추의 차림새도 이와 비슷했을 것으로 추측해 볼 수 있다.

짓 맹세를 하고서야 간신히 연금에서 풀려 신라로 되돌아올 수 있었다. 신
라는 한반도에서 완전히 고립되었음을 깨닫고, 이후 왜와 당나라를 우선적
인 외교 협상의 대상으로 삼게 되었다.

고구려는 신라와의 협상을 깨뜨림으로써 신라를 동맹국으로 만들
기회를 잃어버렸다. 그뿐만 아니라 신라와 당나라가 가까워지는 계기를
제공해 고구려가 서와 남에서 협공받을 여지를 열어 놓았다. 연개소문은
김춘추와의 협상을 잘 활용해 동아시아 국제 관계의 흐름을 고구려에 유
리하도록 돌려놓았어야 했다. 잃어버린 남쪽 영토를 회복하는 데만 매달
렸던 것은 연개소문의 전략적 오판이었다. 이러한 오판의 결과는 이후 강
력한 부메랑이 되어 고구려에 돌아오게 되었다.

✚ 김춘추를 살린 토끼와 거북이 이야기 (구토지설)

김춘추는 고구려에서 감금된 채 곧 처형될 위기에 놓였다. 이때 김춘추와 친분이 있던 고구려 귀족이 김춘추에게 '구토지설'을 들려주는데, 그 내용은 다음과 같다.

동해 용왕의 딸이 심장병을 앓았는데, 토끼의 간으로 약을 지어야 고칠 수 있다고 한다. 이에 신하인 거북이 뭍으로 나와 토끼를 만난다. 그리고 살기 좋은 곳으로 데려가 주겠다며 토끼를 꾀어내어 제 등에 업고 용궁으로 향한다. 바다 위에서 거북은 토끼를 데려가는 진짜 이유를 털어놓는다. 그러자 토끼는 자신은 오장五臟을 꺼낼 수 있는 특별한 존재인데, 지금 잠시 간을 밖에 꺼내 둔 상태라 돌아가서 간을 가져오면 도울 수 있다고 한다. 토끼의 꾀에 속아 넘어간 거북은 토끼를 다시 뭍으로 데려간다. 육지에 닿은 토끼는 거북의 어리석음을 비웃으며 숲으로 도망쳐 버린다.

이 이야기를 들은 김춘추는 이야기 속의 토끼처럼 꾀를 내어, 자신이 귀국하면 왕을 설득해 한강 유역의 땅을 돌려주겠다고 거짓 맹세를 했다고 한다. 이렇게 해서 김춘추는 겨우 목숨을 건져 신라로 되돌아갈 수 있었다는 것이다.

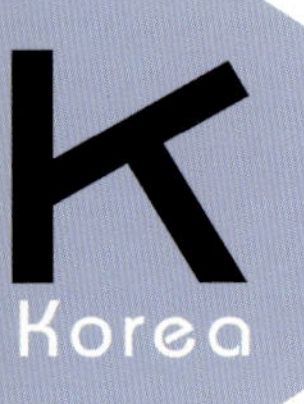

절정으로 치닫는 외교전

김춘추의 활발한 대당 외교

연개소문이 국제 정세의 흐름을 제대로 읽지 못했다는 사실은 곧 드러났다. 신라는 643년 세 차례나 당나라에 사절을 보냈다.* 그리고 신라가 당나라에 조공하는 길을 고구려, 백제가 막고 있으니 이 길이 다시 열릴 수 있도록 두 나라에 압력을 가해 달라고 요청했다.

당나라는 잇달아 고구려에 사신을 보내 신라에 대한 공격을 중지하지 않으면 당나라가 군대를 보낼 수도 있다는 국서를 전했다. 당나라로 가는 조공의 통로를 막는 것은 당 중심의 국제 질서에 대한 노골적인 도전으로 받아들여졌기 때문이다. 물론 고구려는 당나라의 위협에 굴복하지 않았다. 강경한 연개소문의 태도는 당나라 내부의 강경론을 자극했고, 당 태종이 고구려 원정을 결심하는 결정적 계기로 작용했다.

645년 4월 당나라가 대군을 일으켜 고구려 원정에 나서자 신라는 3만 대군을 고구려의 남쪽 경계인 예성강 일대로 진군시켰다. 요동성을 함락시킨 당나라 군대가 안시성 전투에 발목이 잡혀 평양성으로 진격하는 데 실패하자 신라도 곧바로 철군하기는 했다. 그러나 고구려가 642년에 신라와 협상을 달리했더라면 이렇게 양쪽에서 협공당하는 일은 없었을지도 모른다.

647년 김춘추는 일본에 파견되었다. 일본에 신라와 우호적인 관계를 유지해 달라고 요청하기 위해서였으나, 거절당했다. 다음 해 김춘추는 당나라로 건너가 먼저 백제 정벌군을 일으켜야 고구려 제압이 가능하다면서 선先백제 정벌을 제안했다. 당나라가 고구려에 원정하면 신라도 이에 응해서 군을 일으키겠다는 의사도 명확히 했다. 당 태종은 김춘추의 제안을 받아들였다. 김춘추는 또한 신라 사람들이 당나라의 예복을 입겠다는 의사를 밝혔고, 당 태종은 이를 받아들였다.

7세기 중엽 동북아시아의 국제 관계는 변화무쌍해서 오늘의 적이 내일의 동맹국이 될 수 있었고, 전쟁의 와중에도 문물의 교류와 상업적 교역이 계속될 수 있었다. 외교와 군사 동맹으로 얻은 결과물을 어떻게 분배할 것인가를 둘러싼 대립이 동맹의 균열과 전쟁으로 발전하기도 했다. 그런가 하면 전쟁이 진행되고 있는데도 유학과 불법佛法 탐구를 위해 전선을 넘고 국경을 넘는 사람들이 있었다. 연개소문은 힘의 정치로 이런 상황에 맞서려 했고, 김춘추는 국제 정세의 흐름을 타는 외교로 신라의 입지를 확보하고 넓히려 했다.

백제의 안이한 판단

한편 백제는 의자왕(재위 641~660)이 즉위한 뒤에도 중국 왕조와는 조공·책봉 관계를 유지하고 일본과는 우호적인 관계를 지속시켰다. 신라가 당나라에 열심히 손을 내밀 때에도 백제는 이런 움직임이 자국의 국제적인 위

김춘추가 수입한 당 예복
중국 산시 성 시안(당나라 수도 장안)의 건릉(당 고종의 무덤)에 있는 번국(제후국) 관리의 상으로, 이 관리가 입고 있는 예복이 대체로 신라가 받아들인 당나라의 예복과 같다.

연개소문과 김춘추가 지략 대결을 벌이던 7세기 중반의 동북아시아

상에 큰 영향을 주지 않을 것으로 보았다. 심지어 신라가 일본과의 관계를 개선하려고 최고 권력자인 김춘추를 일본에 사절로 파견했을 때에도 백제는 별다른 조치를 취하지 않았다.

백제도 고구려처럼 신라에 대한 공세를 늦추지 않았다. 7세기 중엽 동아시아 정세가 긴박하게 돌아가고 있었지만 백제는 중국 왕조와의 전통적인 우호 관계에 대해 낙관하고 있었다. 당나라가 군대를 동원해 신라와 함께 백제를 칠 수도 있다는 생각은 거의 하지 않았다. 645년 당나라가 고구려를 치고 신라가 고구려의 후방에 군대를 보내자, 백제는 이 틈을 노려 신라의 서쪽 경계를 공략하는 기회로 삼는 정도였다.

반면 신라는 중국 왕조와 직접 교섭하면서 삼국의 관계가 동아시아의 국제 관계와 밀접한 관련을 지니고 돌아간다는 사실에 주의를 기울였다. 중국에 통일 왕조가 들어서자 신라는 동아시아 국제 질서가 재편될 시점에 들어섰음을 예민하게 깨달았다. 때문에 수나라, 당나라와의 교섭에 각별한 관심을 기울였다. 선덕 여왕 때에는 당나라에 왕실과 귀족의 자제들을 보내 국가 교육 기관인 국학國學에 입학시켜 줄 것을 요청하기도 했다. 이것은 고구려, 백제에 뒤지지 않고 동아시아 국제 질서의 흐름에 동참하려는 노력의 일환이었다.

김춘추는 이런 정세의 흐름 속에서 신라가 배출한 걸출한 외교 협상

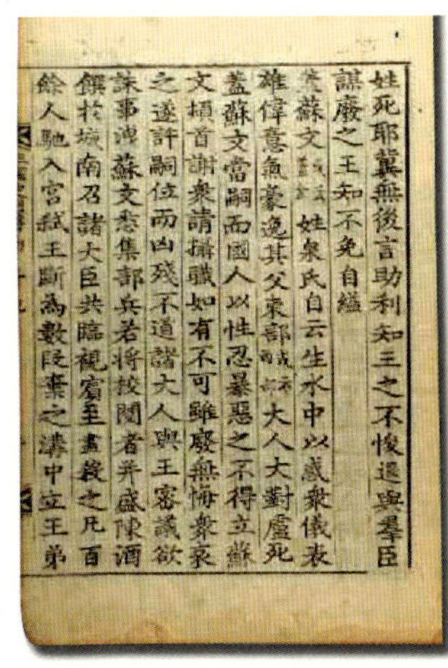 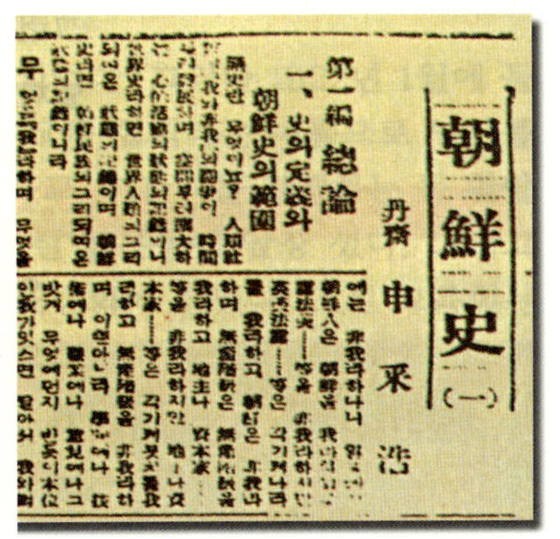

김부식의 『삼국사기』와 신채호의 『조선상고사』

『삼국사기』(왼쪽)와 『조선상고사』(오른쪽)는 연개소문과 김춘추에 대해 서로 상반된 평가를 담고 있다. 『삼국사기』는 연개소문을 임금을 죽이고 고구려를 멸망케 한 장본인이라고 묘사하고 있지만, 『조선상고사』는 위대한 혁명가로 평가하고 있다.

『조선상고사』는 1931년 『조선일보』에 연재되었고, 1948년 종로서원에서 단행본으로 출간되었다. 원래는 『조선사』 서술의 한 부분이었는데, 연재가 상고사 부분에서 끝났기 때문에 『조선상고사』라고 불리고 있다.

가이자 정치 전략가였다. 그는 김유신(595~673)과 함께 진골 귀족 비담의 난*을 진압하고 진덕 여왕(재위 647~654)의 즉위를 주도함으로써 신라 최고 권력자의 자리에 올랐다. 그런 자리에 오르고도 김춘추는 당나라로 직접 건너가 나·당 동맹을 성사시키는 등 국제 외교의 전면에서 활약하기를 마다하지 않았다.

　　당 고종(재위 649~683)이 즉위한 뒤에도 김춘추는 아들 문왕에 이어 법민, 인문 등을 잇달아 당나라로 보냈다. 나·당 동맹의 실효성을 유지하기 위한 후속 작업이었다. 654년 당 고종은 일본에서 온 견당 대사를 접견하면서 어려움에 빠진 신라를 돕기 위해 출병하라는 명을 담은 새서(옥새가 찍혀 있는 문서)를 고토쿠 천황에게 전달하도록 했다. 이것도 김춘추가 주도했던 대당 외교의 성과라고 해야 할 것이다.

03

해 저무는 사비성

백제는 전통적으로 외교 강국이었다. 특히 중국과의 관계에서 그러했다. 그러나 광개토대왕의 고구려가 약진할 때부터 동북아시아 문물 교류의 중심에 있던 백제의 위상은 흔들리기 시작했다. 475년에는 장수왕의 남침으로 한강 유역을 빼앗겨 백제의 위상은 다시 크게 깎이고 말았다. 나·제 동맹과 웅진 천도로 간신히 위기에서 벗어난 백제는 중국 남조와 더욱 긴밀한 교섭에 나섰다. 선진 문물을 빠르게 수입하고 소화함으로써 국력을 증강시키고 백제의 위상을 회복하기 위한 노력이었다. 또한 왜를 영향권 안에 붙잡아 두기 위해 이전보다 더 적극적으로 문물을 전해 주었다. 성왕이 전사한 뒤 백제는 중국 북조 국가들과도 적극적인 교섭을 벌였다. 고구려와 신라가 백제를 압박할 것에 대비한 외교 전략이었다. 중국의 북조 국가를 부추겨 고구려와 갈등을 빚게 한다면, 백제는 고구려를 신경 쓰지 않고 신라만 상대하면 되었기 때문이다. 이처럼 중국 왕조들과 관계를 맺어 삼국 관계에서 유리하게 활용하려는 백제의 외교 전술은 수나라가 중국을 통일한 뒤에도 이어졌다. 그러나 수·당은 백제에게 특별히 호의적이지 않았다. 신라가 대중국 외교전에 뛰어들면서 백제는 점차 중국과 멀어져 갔다. 왕과 귀족의 불협화음이 커지면서 이제 백제의 앞날은 한 치 앞을 장담할 수 없게 되었다.

백제의 격조 높은 조형미를 보여 주는 정림사지 5층 석탑. 소정방이 '백제를 정벌한 기념탑'이라는 글귀를 새겨 넣는 수모를 당하기도 했다.

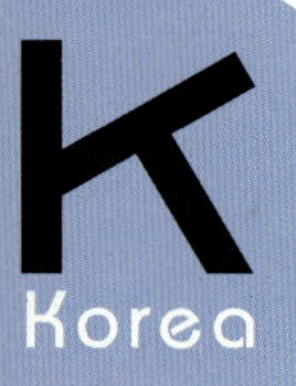

노을 비끼는 백제 왕국

국제 정세에 어두웠던 백제

수나라가 중국을 통일하자 백제는 수나라에 사절을 보내 고구려에 압력을 넣어 달라고 요청했다. 고구려가 남쪽에 신경 쓸 여유가 없도록 하여 신라를 압박하는 데 남는 국력을 쏟으려고 한 것이다. 무왕은 수나라와 군사 동맹을 맺으려 하기도 했다. 그러나 백제의 관심은 어디까지나 숙적 신라를 제압하는 데 있었다. 612년부터 여러 해에 걸쳐 고구려와 수가 전면전을 계속하자, 무왕은 군사를 내어 신라의 서쪽 경계를 공략했다.

무왕은 당나라에도 거의 매년 사신을 보내 밀접한 외교 관계를 유지하려 했다. 백제의 대외 관계가 변화할 조짐은 의자왕이 즉위한 뒤 나타났다. 641년 무왕을 이은 의자왕은 다음 해부터 신라에 대한 대대적인 공세에 나섰다. 신라 서쪽 경계의 40여 성을 함락시키고 낙동강 서안의 요충 대야성(경상남도 합천 소재)마저 차지해 낙동강을 경계로 신라와 마주보게 되었다. 신라의 당항성을 공격하기 위해 고구려군과 공동 작전을 추진하기도 했다. 신라를 고립시킨 뒤 서라벌로 진격하려는 전략의 일환이었다.

백제를 지키던 군인
백제 금동 대향로에 표현되어
있는 '말 탄 사람'. 용감한 백제
군인의 모습을 연상시킨다.

　이 같은 의자왕의 전략은 예상치 못한 변수 때문에 실행되지 못했다. 그전까지 백제와의 우호 관계가 우선이라고 여겼던 당나라가 태도를 달리하여 백제의 움직임에 제동을 걸고 나선 것이다. 그것은 신라가 당나라에 사절을 보내 원조를 요청했기 때문이었다. 당나라는 동아시아 국제 정세라는 장기판에서 신라를 중국 측의 말로 쓰려고 했다.

　이처럼 국제 정세의 흐름이 달라지는 조짐을 보였지만, 백제는 사태를 정확히 파악하지 못했다. 당나라가 백제와 적대적인 입장을 보이면서까지 '바람 앞의 촛불'처럼 위태로운 신라를 편들 것이라고는 예상하기 어려웠다. 당나라가 수나라처럼 고구려와 전쟁을 벌일지 모른다고 생각할 수는 있었다. 그러나 당나라가 신라를 돕기 위해 우방인 백제를 적국으로 삼으리라고는 생각하지 못했다. 그런 시각을 바탕으로 백제는 고구려와 협력해 신라를 포위하고 압박하는 전략을 바꾸지 않았다.

660년 당시 삼국의 영토

의자왕의 잘못된 판단

그러나 645년 4월 고구려와 당나라의 전면전이 일어나면서 당나라는 백제가 아닌 신라를 동북아시아의 전략적인 동맹 세력으로 삼았다. 신라가 당나라를 도와 고구려의 남쪽을 치고 백제가 그 틈을 타 신라의 서쪽을 공격했을 때, 백제와 당나라의 관계는 돌아올 수 없는 강을 건넜다.

648년 나·당 군사 동맹의 성립으로 백제와 당나라 사이에 맺어졌던 수십 년 동안의 우호 관계는 사실상 종말을 고했다. 의자왕은 고구려와도 군사적으로 협력하고 당나라와도 우호 관계를 유지하려 했지만 현실은 원하는 대로 돌아가지 않았다. 신라는 당나라의 예복을 채용하고 120년 동안 사용해 왔던 독자적인 연호도 포기했다. 그러나 백제는 652년의 조공을 끝으로 더 이상 당나라에 조공 사절을 보내지 않았다. 대신 제한적이나마 고구려와의 협력을 유지하고 대외 관계에서 왜와 더욱 긴밀한 보조를 취하는 쪽으로 방향을 틀었다. 당나라가 동돌궐을 제압한 630년부터 막강한 영향력과 군사력을 안팎에 과시하고 있었는데도, 백제는 당나라의 움직임이 가져올 수 있는 파괴력을 깊이 고려하지 않았다.

오히려 신라의 실력자 김춘추가 왕위(태종 무열왕: 재위 654~661)에 오른 654년을 전후해 백제에서는 대외 정책의 수정을 요구하는 귀족들이 관직에서 쫓겨나거나 귀양 가는 일이 많아졌다. 독자 노선을 가려는 의자왕의 의지에 반대하는 세력들이 대거 제거되었던 것이다. 이때 대좌평을 지냈던

사택지적을 비롯해 백제 대성 팔족大姓八族*에 속하는 상급 귀족들이 대거 중앙 정계에서 밀려났다. 왕족들 가운데에도 왕의 정책 방향에 이의를 제기하는 이들은 섬으로 추방되는 등 고초를 겪게 되었다.

　　의자왕은 반대 세력을 제거하면서 신라에 대한 압박을 강화했다. 655년에는 고구려군과 함께 신라 변경에 대한 대대적인 공세를 펴 30여 성을 함락시키고 신라를 다시 한 번 위기로 몰아넣었다. 657년 의자왕은 귀족들에게 맡기던 좌평직을 41명의 서자들에게 주어 친정 체제를 강화했다. 왕권이 강화되었음을 알리는 궁궐 수리 등의 토목 사업도 크게 벌였다. 국제 정세가 시시각각 바뀌어 가는 가운데 정작 민생 안정과 군사력 강화에 쏟아부어야 할 비용이 왕실의 위용을 높이는 상징적인 사업에 투입된 것이다.

북망산으로 떠난 의자왕

무너지는 백제

백제에 내부 분열의 조짐이 보이자 신라의 무열왕은 당나라에 사신을 보내 백제 원정군을 보내 달라고 공식 요청했다. 659년의 일이다. 이미 백제 조정에서는 좌평 임자처럼 국정을 책임져야 할 귀족들 가운데 나라의 미래가 불투명하다고 보고 신라와 내통하는 인물도 여럿 나타나고 있었다.

당나라는 소정방에게 13만 명의 대군을 맡겨 백제 원정에 나서게 했다. 660년 3월 당군을 실은 전함들이 황해를 건너기 시작했다. 신라 역시 김유신을 대장군으로 한 5만 명의 군사로 하여금 백제 땅을 향해 진군하도록 했다.

신라와 당나라가 백제 정벌을 위해 원정군을 편성할 즈음 백제의 정가에서는 "백제는 꽉 찬 둥근달과 같고, 신라는 떠오르는 초승달과 같다."라는 참언이 떠돌았다. 의자왕이 전권을 쥐고 있는 백제 조정에서는 대내외 정책을 둘러싼 이견이 공식적으로 제기되기도 어려웠고, 이를 조정하고 모으는 기능도 제대로 발휘될 수 없었다. 당군

이 산둥 반도를 떠나
고 신라군이 국경을
넘었다는 소식이 전해졌지
만, 백제 조정은 어떻게 대항
할지 갈피를 잡지 못한 채 우
왕좌왕, 갑론을박만 할 뿐이
었다.

　황해를 건넌 당군의 전함이
덕물도를 거쳐 백강 하구로 진입하고 신
라군은 탄현을 넘어 황산벌에 이를 동안
백제군은 전투다운 전투 한 번 치르지
못했다. 장군 계백이 이끄는 5,000명
의 결사대가 황산벌에서 신라군의
진격을 일시 저지했지만, 중과부
적으로 결국 전멸당하고 말았다.
660년 7월 12일 마침내 백제의
수도 사비성은 신라군과 당군
에 의해 포위되었다.

　아직 함락되지 않은 백제의
많은 성이 사비성을 구하기 위해 지
원군을 결성하고 있었지만, 왕자 부여태가 지키던 사비성은 지원군이 이르
기 전에 나·당 연합군에게 함락되고 말았다. 태자 효와 함께 웅진성으로 피
난 갔던 의자왕도 7월 18일 나·당 연합군에 항복했다. 건국 후 700년을 미
처 채우지 못하고 백제가 역사의 무대에서 퇴장한 것이다.

　당군을 이끌던 소정방은 백제의 서울 사비성의 정림사 석탑에 '대당평

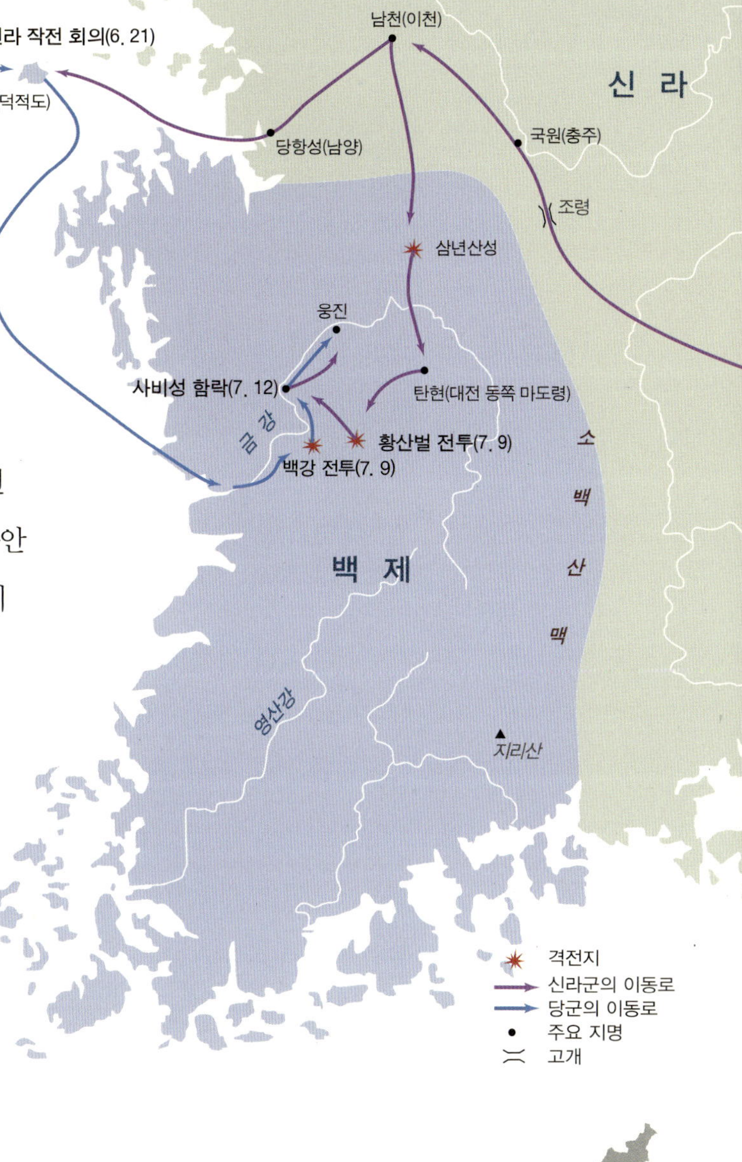

나·당 연합군의 백제 진격로
700년 역사를 자랑하던 백제는
전쟁 발발 4개월 만에 무너지고
말았다.

백제국비'를 새겨 놓고 군사들과 함께 당나라로 돌아갔다. 의자왕과 왕족들, 귀족들과 백성들 1만 2,800명이 당군에 이끌려 고국을 떠나는 당나라의 전함에 올랐다. 나라를 잃은 백성의 돌아올 수 없는 유배 생활이 시작된 것이다. 660년 9월 3일 의자왕 일행은 당나라의 수도 장안에 도착해 당 고종에게 머리를 조아렸다. 망국의 화를 입고 이국땅에 끌려온 의자왕은 항해의 피로와 화병을 이기지 못해 오래지 않아 죽었고 그 시신은 중국 낙양(지금의 뤄양)의 북망산(베이망 산)에 묻혔다.

흩어지는 부흥 세력

사비성이 함락되고 의자왕과 대신들이 나·당 연합군에 항복했지만, 백제의 귀족과 백성은 계속해 나·당 연합군에 항거했다. 30년 동안 왜에 머물러 있던 백제 왕자 부여풍은 저항 세력의 요청에 따라 662년 5월 왜왕이 보내는 물자와 군사를 이끌고 귀국했다. 무왕의 조카인 복신의 지휘를 받던 부흥군은 부여풍을 왕으로 추대하고 나·당 연합군에 대한 대대적인 공세에 나섰

다. 그러나 663년 3월 왜로부터 온 2만 7,000명의 구원군과
함께 벌인 백강 전투에서 백제 부흥군은 당군에게 결정적
패배를 당했다. 간신히 버티던 주류성도 무너지고 임존성
의 장군 흑치상지도 항복하고 말았다.

부여풍은 고구려로 망명하고 부흥 운동 세력은 산산
이 흩어졌다. 수많은 백제 유민이 일본 열도로 망명의 길에
나섰다. 4,000명 이상의 백제 유민이 일본 조정의 허락을
받고 일본의 나니와·가와치·시가 일대에 정착했다.

부여풍이 고구려로 망명하자 일본에 남아 있던 백제 왕자 선광은 663
년 3월 나니와에서 백제왕으로 즉위했다. 백제 왕실이 일본에서나마 왕통
을 잇게 된 셈이지만, 무너진 사직을 다시 일으켜 세울 수는 없었다.

백제의 수호신?
백제인이 만든 벽돌에 사용된
무늬는 매우 섬세하고 다양하
다. 이 벽돌에 표현된 기괴한 모
습의 괴수는 백제의 사직을 지
키던 수호신이었을까? (국립중
앙박물관 소장)

04

거목 고구려의 최후

고구려는 1차 대당 전쟁의 여파로 요동 지역 농경지가 황폐해지고, 병사와 백성들 다수가 죽거나 붙잡혀 가는 피해를 입었다. 그러나 당나라의 2차 침공에 대비하지 않을 수 없었다. 더욱이 신라가 고구려와 당 사이의 전쟁에 개입하는 바람에 신라와도 싸워야 할지 몰랐다. 646년에는 고구려와 우호 관계를 맺고 당나라의 북방을 위협하던 설연타가 당나라에 항복했다. 연개소문은 다른 협력자를 찾기 위해 멀리 내륙 아시아 초원 지대까지 사절을 보냈다. 또 남쪽 전선에서는 백제와의 협력이 필요하다고 보고 백제의 신라 공격을 방관하거나 후원하는 태도를 보였다. 650년경 고구려 사절이 소그드 왕의 협력을 구했으나 소그디아나의 관심은 이슬람 세력에 의한 서아시아 정세의 변화에 쏠려 있었다. 당시 고구려 외에 당나라와 갈등을 빚는 주변 세력은 토번밖에 없었다. 그러나 당나라는 한발 앞서 문성 공주를 토번 왕에게 출가시켜 토번과의 충돌을 예방해 놓고 있었다. 고구려는 더 이상 강력한 동맹 세력을 찾기 어려운 상태에서 거대한 적과의 새로운 전쟁을 맞이해야 했다.

맨 위가 당 태종, 화살을 쏘는 이가 설인귀. 당 태종에게 네 개의 칼을 던진 이가 연개소문. 중국 명나라 무덤에서 발견된 책에 실린 그림이다.

연전연승 고구려, 그러나 지쳤다

장기전으로 지쳐 가는 고구려

645년 안시성 전투에서 고구려에 패한 당나라는 요동 방어선의 힘을 절감했다. 성곽들이 거미줄처럼 이어져 형성된 요동 방어 체계의 막강한 힘이 수 년간 수많은 전투로 단련된 당군의 전투력을 압도한 것이다. 당은 고구려 원정을 위한 새로운 전략을 수립하지 않을 수 없게 되었다.

당나라가 내린 결론은 고구려의 요동 방어선을 점차 약화시켜 고구려의 전쟁 수행 능력을 떨어뜨리자는 것이었다. 고구려에 비해 압도적인 인구와 경제력을 바탕으로 장기전에 들어가기로 한 것이다. 647년, 648년 당군이 잇달아 랴오허 강을 건너 고구려의 주요 거점 성들을 공격했다.

649년 5월에는 다시 대규모 원정군이 편성되었으나 당 태종의 죽음으로 요동으로의 진군은 이루어지지 않았다. 당 태종은 말년에 네 차례나 고구려 원정군을 편성했지만 끝내 고구려를 정복하지 못했다. 그 바람에 '정관의 치'로 불리던 당 태종의 업적은 빛이 바래고 말았다. 당 태종이 죽음으로써 고구려는 적어도 몇 년 동안은 힘든 전쟁에서 벗어나 한숨을 돌릴 수

당나라 병사 모양의 인형
당시 당나라 병사의 모습을 짐작할 수 있다.

있게 되었다.

650년 이후, 고구려는 당나라와의 전쟁이 재개될 것에 대비하면서 고구려의 배후를 위협하던 신라에 대해 본격적인 견제와 압박에 들어갔다. 백제와의 비공식적인 협력 관계도 지속되었다. 백제의 신라 공격이 계속되는 가운데 655년 고구려는 백제와 공동 작전에 들어가 말갈 기병 부대로 하여금 신라의 북쪽 33개 성을 함락시키게 했다. 고구려와 백제가 군사 동맹에 가까운 행동을 보이자 신라는 당나라에 원병을 보내 달라고 강력히 요청한다. 고구려와 백제 사이의 남북 동맹은 가시화 단계에 이르고, 신라와 당 사이의 동서 동맹은 가동 단계에 들어선 것이다.

당 태종이 죽은 뒤 한동안 자제하던 당나라도 신라가 구원을 요청하자 다시 군을 일으켜 고구려 요동 방어선을 공격하기 시작했다. 요동의 방어성 주민들은 전쟁의 피해를 완전히 복구하지 못한 상태에서 또다시 이려운 성곽 방어전에 나설 수밖에 없었다. 성들 사이의 유기적인 협조 체제도 충분히 가동되기 어려운 상태였다. 그러나 고구려군은 놀라운 힘을 발휘해 당군의 공세를 일단 저지했다.

658년과 659년에도 당나라의 요동 방어선 두드리기가 계속되었다. 약화된 성들은 방어력에서 한계를 보이기 시작했다. 660년 나·당 연합군이 백제에 대한 연합 공격에 나설 즈음 고구려는 요동 거점 성을 재정비하느라 여념이 없었다. 고구려는 이미 수나라와 17년씩이나 전쟁을 벌이면서 국력의 심각한 피폐를 경험한 바 있었다. 여기에다 645년부터 시작되어 15년째 지속되고 있는 당나라와의 전쟁이 국가 전체에 미치는 인적·물적 부담에서 헤어날 방안을 찾기는 쉽지 않았다. 따라서 고구려는 나·당 연합군의 백제 침공에 개입할 여유가 없었다. 백제의 멸망이 동북아시아 각국 사이의 세력 관계에 어떤 변수가 될지, 그때 고구려는 어떻게 될 것인지 미처 따져 볼 겨를도 없이 660년 7월 백제는 지도에서 사라졌다.

힘겨운 승리

바로 이듬해인 661년 당나라는 35만 명에 이르는 대군을 일으켜 고구려 원정에 나섰다. 당나라는 고구려 요동 방어선을 무력화시킨 뒤 평양성으로 진격한다는 기존의 전략을 수정해 압록강 하구 방어성들과 수도 평양성을 동시에 공략하려 했다. 백제가 멸망해 신라군이 전력을 기울여 평양성으로 진격할 수 있으므로, 당나라군이 평양성 공략에 직접 나서도 신라로부터 군량을 공급받을 수 있다고 판단했기 때문이다.

661년 4월 강남을 출발한 당나라 해군이 방효태의 지휘 아래 대동강 하구를 향하여 나아갔고, 산둥 반도를 떠난 소정방 부대 역시 평양성을 목표로 황해를 건너기 시작했다. 같은 해 5월 계필하력의 부대도 랴오둥 반도 해안 지대를 우회해 압록강 하구로 진입해 들어갔다. 신라에서는 김유신이 이끄는 식량 공급 부대가 고구려군의 저항을 물리치며 평양성을 향해 북진했다.

그러나 계필하력의 부대는 압록강 하구에서 연개소문의 아들 연남생이 이끌던 고구려군의 저지를 받고 더 이상 진군을 하지 못했다. 소정방의 부대는 평양성 포위에 성공했으나 강남에서 출발한 방효태군이 대동강 전투에서 고구려군에 궤멸되는 바람에 고립되어 거꾸로 포위될 지경에 처했다. 마침 당나라에서는 북방 유목민인 철륵의 침입을 막느라 더 이상의 군대를 고구려로 보낼 수 없었다. 게다가 식량도 바닥을 보이기 시작하자 소정방이 이끄는 당나라군의 사기는 크게 떨어졌다. 신라군이 겨울 추위를 뚫

당나라 군인 도용
무덤에서 출토된 당나라 군인
모습의 인형.

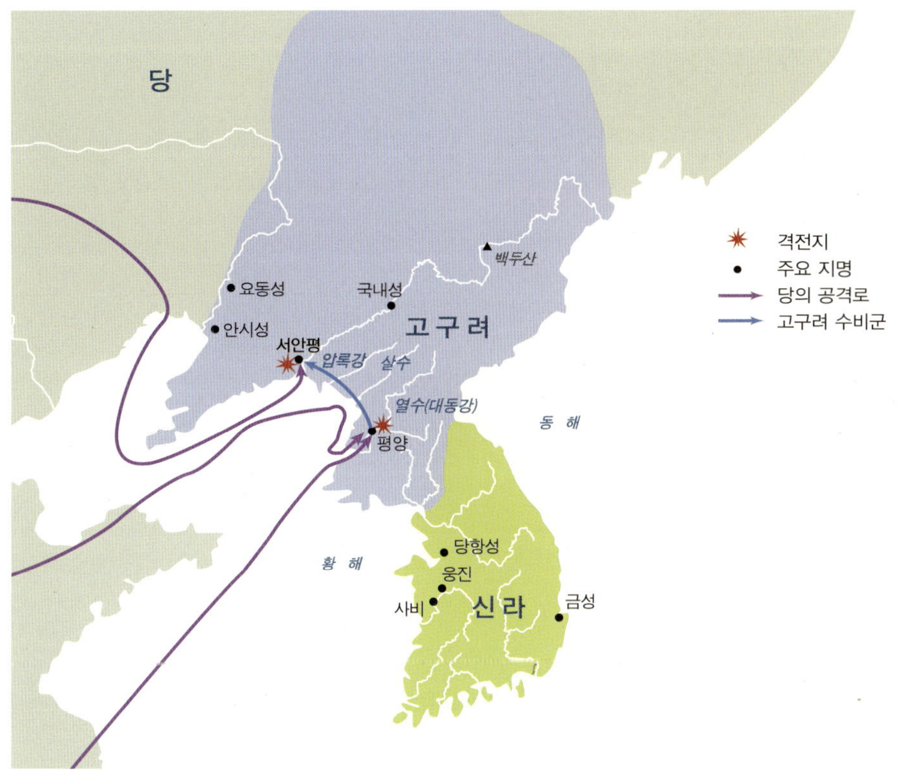

고 가져온 식량으로 굶주린 군대를 먹이고 철수할 여력을 얻자, 소정방 부대는 662년 2월 대동강을 통해 당나라로 되돌아갔다.

　당나라는 662년 다시 고구려 원정군을 일으켰으나, 평양성 근처 사수 전투에서 연개소문이 진두 지휘한 고구려군에 크게 패했다. 고구려군은 계속 승리하고 당나라군은 번번이 패했지만, 전선이 늘 고구려 영토 안에서 형성되었으므로 고구려의 인적·물적 손실은 회복하기 어려울 만큼 심해졌다. 더욱이 백제가 멸망해 남쪽의 신라를 견제할 세력도 사라진 상태였다.

사라진 동북아의 맹주

흔들리는 고구려

665년, 24년간 고구려 최고 권력자의 자리에 있으며 대당 강경책을 주도하던 연개소문이 죽었다. 연개소문의 큰아들 연남생이 아버지에 이어 태대막리지가 되었지만, 연씨 가문 안에서 권력 투쟁이 일어나 고구려 내정이 어지러워졌다. 연남생의 동생 남건과 남산은 형을 쫓아낸 뒤 최고 권력을 공동 소유하려 했다. 연개소문의 동생 연정토는 자신이 지키던 신라 접경 지역 성들을 이끌고 신라에 투항했다. 쫓겨난 연남생도 국내성과 주변의 성들을 거느리고 당에 항복했다. 중앙 정부 권력자들이 분열하는 모습을 보면서 고구려의 다른 거점 성들을 지키던 귀족들도 흔들리기 시작했다.

666년 12월, 당나라는 이적을 총대장으로 삼고 100만 명에 이르는 대군을 일으켜 다시 고구려 원정에 나섰다. 신라도 김흠순, 김인문이 지휘하는 군사 20만 명을 일으켜 군량을 실은 수레들과 함께 평양성을 향해 진군시켰다. 667년 9월 랴오허 강을 넘은 당나라군은 신성과 주변 열여섯 개 성을 함락시킨 데 이어 부여성과 주변의 40여 성까지 무너뜨렸다. 668년 초가

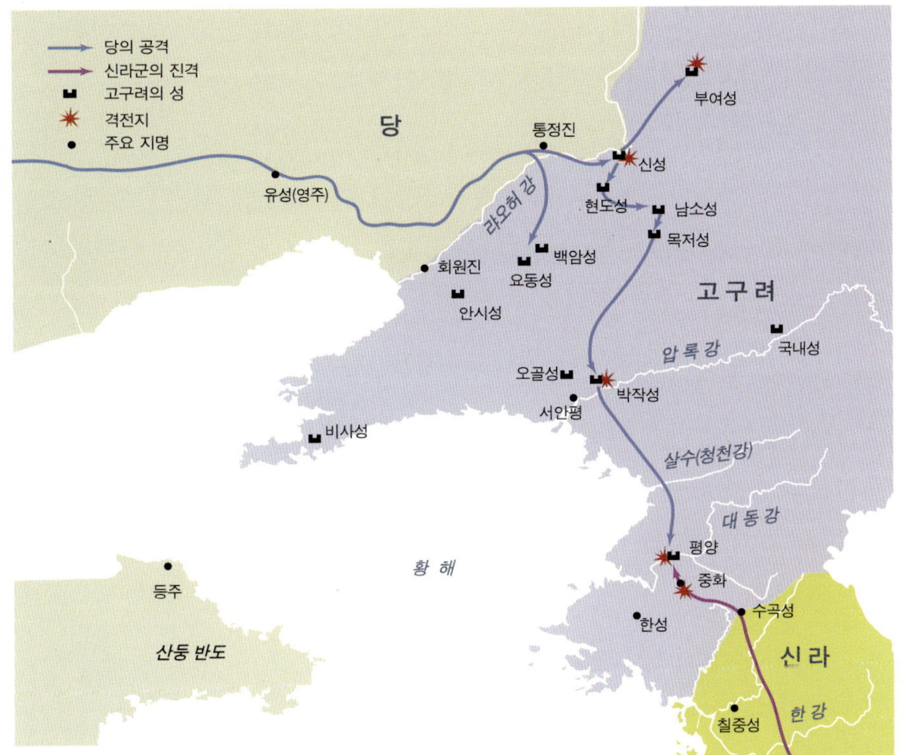

나·당 연합군의 마지막 진격로
신라와 당의 연합군은 수십 차
례의 전투를 거치고 나서야 평
양성 앞에 이를 수 있었다.

지 고구려의 요동 방어선을 이루던 서북 지역 거점 성 대부분이 당나라군의
수중에 들어갔다. 그해 여름, 압록강 하구의 마지막 방어선이 뚫렸고 당나
라군의 주력이 압록강을 건너 평양성으로 진격해 들어갔다.

평양성의 함락

668년 9월, 랴오허 강을 건넌 지 1년 만에 당나라군의 주력 부대가 평양성
앞에 이르렀고, 김인문이 이끈 신라군도 평양성에 나타났다. 신라와 당 연
합군의 평양성 포위가 이루어졌고 곧이어 강력한 공성 무기를 동원한 평양
성 공격이 시작되었다.

1개월에 걸친 대규모 공성전으로 평양성 안은 폐허에 가까워졌다. 마
침내 보장왕이 항복의 뜻을 전하는 자를 성 밖으로 보냈다. 집권자 연남건

과 일부 귀족, 군사 들이 항복을 거부한 채 방어전에 들어갔지만, 오래지 않아 당군과 신라군에 진압되었다. 700년 고구려 역사가 드디어 막을 내리고만 것이다.

보장왕과 4만 호에 이르는 고구려인이 당나라로 끌려가 장안을 포함한 여러 지역에 흩어져 살도록 조치되었다. 일부는 요서의 영주 지역으로 옮겨졌다. 당나라는 고구려의 옛 땅에 9도독부* 42주 100현을 두어 직접 통치를 시도했다. 평양에는 안동 도호부*를 두었다.

598년 수나라와 고구려가 전면전에 돌입한 이래 무려 70년 동안 계속된 고구려와 중국 통일 왕조 사이의 전쟁이 마침내 끝에 이른 것이다. 고구려는 패하여 백성들이 나라를 잃었고, 당나라는 승리하여 동북아시아마저 당나라 천하에 포함시킬 수 있게 되었다.

그러나 고구려 멸망에 뒤이어 당나라는 랴오허 강 동쪽 세계의 질기고 거센 저항에 직면했다. 그것은 어느 한 나라가 망한 뒤 으레 나타나는 일

655 고구려와 백제, 공동 작전으로 신라

북쪽의 33개 성을 공격하여 함락시킴.

658~659 당나라, 고구려의 요동성을 공격함.

660 나·당 연합군, 백제를 공격. 7월에 백제 멸망함.

661 나·당 연합군, 고구려를 공격.

662 2월, 당나라군 회군함.

665 고구려의 연개소문 사망함.

666 12월, 당나라의 100만, 신라의 20만 대군이 고구려를 공격함.

668 고구려 마침내 멸망함.

시적 저항이 아니라 '당나라 천하'가 원하는 시기에 원하는 방식으로 완성되기는 어렵다는 사실을 알려 주는 대서사극의 전주곡이었다.

05

이 땅은 넘보지 마라

648년, 당나라와 신라는 군사 동맹을 맺었다. 그러면서 두 나라가 힘을 모아 백제와 고구려를 멸망시키면 대동강을 경계로 평양의 남쪽은 신라, 북쪽은 당나라가 지배하기로 합의했다. 그러나 당은 곧바로 백제 원정군을 일으키지 않았고, 신라는 계속 백제의 침입에 시달렸다. 또한 649년 고종이 즉위한 뒤 당나라는 고구려 원정도 한동안 보류했다. 당나라가 다시 동방 원정에 나선 것은 655년이었다. 백제가 고구려와 함께 신라에 대해 대대적인 군사 공격을 감행하자, 다급해진 신라가 당나라에게 648년의 합의를 지키라고 강력히 요청했기 때문이다. 이때 당나라는 고구려부터 치려고 했다. 그러나 신라는 '선 백제, 후 고구려'를 주장했다. 백제가 신라를 노리는 한 신라가 남쪽에서 당나라의 고구려 공격을 돕는 데는 한계가 있었기 때문이다. 당나라도 백제가 무너져야 신라로부터 인력과 물자를 효율적으로 지원받을 수 있음을 깨닫고 그 주장을 받아들였다. 그런데 660년 나·당 연합군이 백제를 무너뜨렸을 때 당나라는 신라와의 비밀 협정을 무시하고 백제의 옛 땅에 다섯 개의 도독부를 설치해 직접 백제 지역을 다스릴 채비를 했다. 당나라로서는 대동강 이남도 신라에 줄 의사가 없었던 것이다. 신라는 당나라와 함께 고구려 원정에 나서면서도 당나라를 상대로 싸울 준비를 해야만 했다.

경주 대릉원의 전경. 미추왕릉, 황남대총, 천마총 등 신라 왕들의 무덤이 작은 산처럼 우뚝우뚝 서 있다. 지금은 고분 공원으로 조성돼 있다.

적과의 동거

당나라의 야욕에 대한 신라의 대응 전략

당나라군 사령관 소정방은 백제를 무너뜨린 뒤 기회를 보아 신라도 접수하라는 당 황제의 밀명을 받고 있었다. 그러나 신라 측은 이를 사전에 알아차리고 용의주도한 대비 태세를 갖추었다. 소정방은 그러한 신라의 움직임을 알게 되었기 때문에 황제의 지시를 실행에 옮길 수 없었다.

이렇듯 신라와 당나라 두 동맹국은 상대방의 조정과 군대에 첩자를 심어 상대의 의중과 움직임을 상세히 지켜보고 만일의 사태에 대비했다. 그러면서 백제와 고구려에 대한 합동 작전을 펼쳤다.

당나라군의 주력은 의자왕의 항복을 받은 뒤 백제 포로들을 데리고 당나라로 되돌아갔다. 따라서 백제 부흥군과의 전투는 대개 신라군의 몫이었다. 옛 사비성 지역에 설치한 웅진 도독부의 당나라 주둔군이 백제 부흥군에 포위되어 몰살 위기에 처하자, 이를 구해 준 것도 신라군이었다.

663년 백강 전투에서 왜의 지원군이 몰살한 데 이어 육지에서도 백제 부흥군의 기세가 크게 꺾였다. 백제 지역이 진정되자 당나라는 신라에 계림

당성(당항성)
경기도 화성시 서신면 상안리 구봉산 위에 있는 삼국 시대의 석축 산성. 이곳은 신라가 황해를 통해 중국과 교통하는 중요한 출입구 구실을 했다.

도독부를 설치하고 문무왕(재위 661~681)을 계림 대도독으로 임명했다. 동맹국 신라의 왕을 당나라 관리인 도독으로 임명함으로써 신라를 당나라의 일개 행정 구역으로 전환시킨 셈이다.

이어 665년에는 당나라로 끌고 갔던 의자왕의 아들 부여융을 돌아오게 해 웅진 도독으로 삼고, 옛 백제 지역의 행정을 책임지게 했다. 그런 뒤 당나라 장수 설인귀의 주관 아래 신라 문무왕과 백제 부여융이 화친의 맹서를 하도록 했다. 신라와 백제가 다 같이 당나라의 지배 아래 있는 '도독부'라는 사실을 안팎에 널리 알리려는 시도였다.

3년 후인 668년 평양성이 함락되자 당나라는 고구려의 옛 땅에 아홉 개의 도독부를 설치해 그곳을 직접 지배하기 위한 행정 조치를 취했다. 또한 웅진 도독부에 지시해 백제 옛 땅에서 신라군을 내쫓는 작업에 들어가도록 했다. 만주와 한반도 전역을 '당나라 천하' 안에 넣기 위한 당나라의 마지막 작전이 시작된 셈이다.

그러나 신라도 앉아서 당하고 있지만은 않았다. 신라는 이미 당나라의 동북아시아 전략을 읽고 정치·사회 모든 방면에서 고구려 멸망 이후에 대비하고 있었다. 신라군은 백제 부흥군을 진압하는 과정에서도 투항하는 병사들은 죄를 묻지 않고 방면해 주었으며, 원할 경우 신라군에도 편입시켰다. 일반 백성에 대한 약탈은 철저히 금지했다. 당나라의 매수에 넘어간 장수들이나 당나라와 밀착한 귀족들은 철저히 처벌하거나 제거했다.

오랜 전쟁에 시달리고 있던 신라의 백성들에게는 세금을 면제해 주는 한편, 빈민들의 부채는 왕의 이름으로 탕감해 주었다. 전쟁에 공을 세우면 하급 병사들에게도 널리 상을 내려 사기를 돋우었다. 이는 모두 당나라와 전쟁을 벌일 수도 있다는 계산 아래 백제나 고구려 유민을 신라 편으로 만들고 신라 내부의 결속을 다지기 위한 행동이었다. 이어 신라는 당나라에 동맹국끼리의 약속이 얼마나 중요한지 깨우쳐 주는 행동에 나서기 시작했다.

신라와 발해, 당나라를 좌절시키다

신라의 한반도 장악 움직임

670년부터 백제 옛 땅에서 간간이 일어나던 신라군과 당나라군의 충돌은 이듬해 본격적인 전쟁으로 번져 나갔다. 신라는 고구려 옛 땅에서 고구려 부흥군을 몰래 지원하거나 소규모 군대를 보내 공동 작전에 참여하도록 했다.

671년 3월 압록강 유역에서 활동하던 고구려 부흥군이 고연무의 지휘로 압록강 북쪽 지역 당나라군을 공격했다. 그러자 신라는 설오유를 장수로 한 군대를 보내 고연무의 군대를 돕게 했다. 고구려 부흥군의 일부는 신라의 후원을 받으며 백제 옛 땅에서 신라와 당나라 간의 전투에 참여하기도 했다. 고구려 부흥 세력의 한 갈래인 왕족 안승의 무리는 대동강 남쪽 지역에서 당나라군과 대결하다가 남으로 내려왔다. 신라는 그들에게 살아갈 땅을 주고, 옛 백제 지역에서 당나라군을 몰아내는 전투에 그들을 동원했다. 부흥 세력에 의해 왕으로 추대되었던 안승은 신라 문무왕으로부터 고구려 왕으로 봉해졌다.

671년 후반 신라는 옛 백제 지역 대부분에서 당나라군을 몰아냈다. 이

신라 왕의 금관
금관총에서 발견된 금관. 신라인들의 섬세한 세공 솜씨를 엿볼 수 있다.

어 백제 옛 땅에 소부리주를 설치하는 등 백제 땅에 대한 실질적인 지배에 들어 갔다. 672년에는 웅진 도독부를 쫓아내고 옛 백제 지역을 완전히 장악했다. 백제의 옛 귀족과 관리는 신라 왕으로부터 신라의 관등을 받고 신라 지배 세력에 편입되었다. 신라는 고구려 유민도 적극적으로 포섭했다. 고구려 출신 귀족과 관리, 유력자들은 신라의 관등을 받았다. 673년부터는 고구려 옛 땅도 신라의 행정 구역으로 편입하기 시작했다.

나·당 전쟁과 고구려·백제의 부흥 운동
멸망한 고구려와 백제 유민들은 자기들의 나라를 되살리기 위한 부흥 운동을 벌였고, 신라는 한반도 전체를 차지하려는 당나라와 전쟁을 벌였다.

연전연패하는 당나라

당나라는 한반도에서 신라의 공격을 받으면서도 지원군을 추가로 보내기 어려웠다. 670년 토번과의 전투에서 대패해 10만 명의 군사를 잃고 수세에 몰리기 시작했기 때문이다. 당나라는 말갈과 거란의 기병 부대를 당나라군에 편입시켜 신라와 싸우게 했다. 또한 장안에 머무르던 신라 사람을 동원해 신라에 외교적인 압박을 가하기도 했다.

신라와 고구려 부흥군의 공세가 거세지자 당나라는 위기감을 느꼈다. 그래서 674년에는 대군을 일으켜 신라를 직접 침공하려 했다. 그러자 신라는 당나라에 급히 사절을 보내 당나라에 대한 사대 관계를 유지하겠다는 뜻을 적극적으로 전했다. 때마침 토번이 장안을 겨눈 공세를 준비하고 있었기 때문에 당나라도 신라를 전면 공격하는 것은 커다란 부담이었다. 결국 당나라는 신라에 대한 강경책을 거두었다.

그러나 당나라가 동북아시아 전역을 아우른다는 구상을 포기하지 않

삼국 통일 기념비
정식 명칭은 '청주 운천동 신라 사적비'로, 충청북도 청주 운천동에 있는 불교 사원의 비석이다. 삼국이 통일된 후 세워진 것으로 통일의 위업을 기리는 내용을 담고 있다. 빨래판으로 쓰이던 것을 주민의 신고로 발견했다.

는 한 신라와 당나라의 대립 관계는 해소될 수 없었다. 675년 당나라는 고구려 옛 땅에 주둔하던 20만 대군을 대동강 이남으로 내려보냈다. 그러나 경기도 연천 근처의 매소성에서 당나라군을 맞이한 신라군은 대승을 거두고 말 3만 필을 획득하는 전과를 올렸다. 말갈과 거란의 기병 부대를 앞세운 당나라군에 맞서서 신라는 긴 창을 든 장창 부대를 전면에 내세웠는데, 이 전술이 기가 막히게 맞아떨어졌던 것이다. 이제 당나라는 압록강 이남의 고구려 옛 땅을 통제할 힘을 잃어버렸다. 결국 당나라가 평양에 두었던 안동도호부는 요동성으로 옮겨갈 수밖에 없었다. 676년 2월의 일이다.

그렇다고 그냥 물러날 당나라는 아니었다. 백제 옛 땅에 대한 미련을 버리지 못한 당은 676년 11월 설인귀로 하여금 대규모 해군을 이끌고 금강으로 진입하게 했다. 그러나 당나라 해군은 금강 하구 기벌포에서 장군 시득이 지휘하는 신라 해군과 맞부딪쳐 크고 작은 22회의 전투를 벌인 끝에 전멸했다. 이로써 당나라는 동북아시아에서 지배력을 유지해 줄 군사력의 대부분을 신라와의 전쟁에서 잃어버렸다. 게다가 당나라는 토번과의 전쟁에서도 연전연패하고 있었다. 이런 상황에서 당나라는 동북 지역에 더 이상의 군사력을 보낼 여력이 없었다. 백제와 고구려를 잇달아 멸망시키고도 한반도 지역에서는 당나라의 지배를 관철할 수 없게 된 것이다.

이렇게 신라는 당나라의 천하 통일을 좌절시켰다. 또한 대동강, 원산만 이남 지역에서나마 실질적인 삼국 통일을 이루기 위해 각종 정책을 마련하고 펼쳐 나가는 데에 힘을 쏟았다. 문무왕은 확대된 신라 영역 안의 모든 백성에게 반역 이외의 죄를 묻지 않는 대사면령을 내렸다. 각종 세금도 면제하고 부채도 탕감해 주었다. 귀족들이 백성들을 억압하는 방편으로 활용했던 사병을 없애거나 축소하는 한편, 전사한 군인들의 혼령을 달래기 위한 각종 불교 의례 행사를 후원했다.

요동에는 진국이 서다

당나라는 요동이라도 놓치지 않으려고 안간힘을 썼다. 677년 장안으로 끌고 갔던 보장왕을 요동 도독 조선왕으로 봉해 요동으로 데려갔다. 또한 압록강 북부 지역 고구려 유민 가운데 유력자들은 영주로 강제 이주시켰다. 이 유력자들이 고구려 부흥 운동을 후원하지 못하도록 원천 봉쇄하려는 조치였다.

그러나 요동이나마 직접 지배하려던 당나라의 소망은 고구려를 무너뜨린 지 30년 만에 파탄을 맞이했다. 보장왕은 요동 지역에서 고구려 부흥 운동을 후원하다 당나라군에게 다시 끌려갔다. 그러나 이번에는 영주에 끌려갔던 고구려의 유력자들이 가만있지 않았다. 고구려의 장수였던 대중상, 대조영 부자가 반란을 일으켜 고구려 유민을 이끌고 영주를 탈출했던 것이다. 당나라군이 이들을 뒤쫓았으나, 대조영은 천문령에서 당나라군과 맞붙어 대승을 거두었다. 이어 고구려 옛 땅에 새 나라를 세우고 나라 이름을 진국이라고 했다. 698년의 일이다.

진국은 훗날 나라 이름을 발해로 바꾸었으나, 고구려를 계승했다는 의미에서 스스로 '고려'라고 부르기도 했다. 당나라는 발해를 없애려고 안간힘을 썼으나, 끝내는 그 존재를 인정하기에 이른다.

백제와 고구려는 지도에서 사라졌지만, 만주와 한반도에는 발해와 신라가 남북으로 나란히 선 남북국 시대가 열렸다. 천하 통일을 완성하기 위해 막대한 인력과 물자를 쏟아부은 당나라의 동북아시아 전략은 완전한 파탄을 맞고 말았다. 이로써 길고 긴 재편 과정에 들어섰던 7세기의 동아시아 국제 질서는 남북국의 성립과 더불어 마무리에 들어갈 수 있었다.

세계사의 대전환과 삼국 통일을 나오며

게르만의 한 부족 프랑크가 서로마 제국의 옛 땅 일부를 아우르는 동안, 서아시아와 북아프리카는 이슬람 세력의 터전으로 바뀌었다. 프랑크 왕국은 크리스트교를 국교로 삼아 귀족과 백성 들의 마음을 얻고 서유럽의 맹주 자리를 굳혔다. 이슬람 제국은 '알라의 가르침'을 받아들이는 자들은 모두 형제로 받아들였다. 그들은 이베리아 반도를 지나 남프랑스까지 올라갔다가 프랑크 왕국과 마주쳤다.

동아시아의 당나라는 외국인도 쉽게 제국의 관리가 될 수 있는 열린 체제를 마련했다. 당나라의 장안은 천하의 인재가 모이고, 동서의 모든 상품이 거쳐 가는 도시가 되었다. 그러나 당나라 황제를 천하의 지배자로 받아들이지 않는 나라는 당나라군의 침입을 받았다. 645년부터 23년에 걸쳐 당나라와 고구려가 전쟁과 화의를 거듭한 것도 이런 까닭이었다.

이러한 시기에 신라는 국력을 회복한 백제의 군사적 압박에서 벗어날 길을 찾았고, 당나라는 수나라가 실패한 고구려 원정에서 성공하기를 원했다. 648년 신라와 당나라는 각각의 숙적을 협공하기로 하는 군사 동맹을 맺었다. 660년 백제는 설마 하던 나·당 연합군의 공격 앞에 그대로 무릎을 꿇었다. 백제가 없어지자 당나라군은 신라군으로부터 군량을 제공받으며 고구려를 공격할 수 있게 되었다. 수 양제와 당 태종이 근처까지 가 보지도 못했던 평양성은 668년 신라의 지원을 받은 당나라군 앞에 저항을 마감했다. 이어 동북아시아 전역을 직접 지배하려는 당나라군과 자기 땅을 지키려는 신라군 사이에 전쟁이 벌어졌다.

백제 유민과 고구려 부흥군까지 동원한 신라군의 끈질긴 항전으로 당나라군은
결국 한반도에서 패퇴하고 말았다. 698년 고구려 옛 땅에 발해가 들어서 남북국
시대가 도래하자 당나라가 꿈꾸던 동북아시아 지배는 끝내 실패로 돌아갔다.

통일의 상징 감은사 삼층 석탑
감은사는 삼국을 통일한 문무왕이 새 나라의 위엄을 세우고 부처의 힘으로 왜구를 막아 내어 나라의 안
정을 꾀하고자 세운 절이다. 지금은 그 터에 거대한 삼층 석탑 두 기만 서 있다.(위쪽)

발해 석등
발해의 수도였던 상경성의 절터에 있던 유적으로, 현무암으로 만들어진 높이 약 6.3미터의 거대한 석등
이다. 현재 중국 헤이룽장 성 하얼빈 시의 헤이룽장 성 박물관에 있다.(오른쪽)

	기원전 400만 년~기원전 100년	기원전 100년~서기 300년
KOREA	기원전 2333년 고조선 건국 기원전 1000년경 비파형동검 문화 형성 기원전 400년경 세형동검 문화 형성 기원전 300년 고조선, 연나라의 공격을 받음 기원전 200년경 옥저, 동예 성립 기원전 194년 위만 조선 시작 기원전 194~100년경 삼한 성립 기원전 109년 한 무제, 고조선 공격 시작 기원전 108년 고조선 멸망 기원전 107년 한사군 설치	기원전 57년 박혁거세, 신라 건국 기원전 37년 주몽, 고구려 건국 기원전 18년 온조, 백제 건국 42년 김수로, 금관가야 건국 194년 고구려 진대법 실시
CHINA & JAPAN	기원전 2500년경 중국 황허 문명 시작 기원전 1600년 하 왕조 멸망 후 상 왕조 성립 기원전 1046년 주 건국 기원전 770년 춘추 시대 시작 기원전 403년 전국 시대 시작 기원전 221년 진, 중국 통일 기원전 202년 한 건국	8~23년 신 성립 25년 신 멸망, 후한 성립 150년 중국에 불교 전래 184년 후한, 황건의 난 발생 220~280년 후한 멸망, 삼국 시대 시작 265~316년 위나라를 계승한 진(서진) 건국
GLOBAL	기원전 400만 년 오스트랄로피테쿠스 아파렌시스 등장 기원전 8000년경 최초의 농경 시작 기원전 3500년경 메소포타미아에 대규모 도시 탄생 기원전 3000년경 이집트에 멤피스 왕국 성립 기원전 2500년경 인도에 인더스 문명 탄생 기원전 753년 로마 건국 기원전 671년경 아시리아, 오리엔트 세계 통일 기원전 334년 알렉산드로스 대왕 동방 원정	45년 인도에 쿠샨 왕조 성립 68~550년 동남아시아 부남 성립 96~180년 로마 오현제 시대 시작 226년 파르티아 멸망, 사산 왕조 페르시아 건국 235~284년 로마 군인 황제 시대 시작 240년 인도, 쿠샨 왕조 멸망

서기 300년~서기 600년	서기 600년~서기 700년

서기 300년~서기 600년

313년 고구려, 낙랑군 몰아냄
346~375년 백제 근초고왕 즉위
372년 고구려에 불교 전래
384년 백제에 불교 전래
384년 고구려 광개토대왕 즉위
412년 고구려 장수왕 즉위
427년 고구려 평양 천도
433년 백제와 신라 나·제 동맹 결성
475년 백제 웅진 천도
527년 신라 이차돈의 순교로 불교 공인
538년 백제 사비로 천도하고 남부여로 국호 변경
540~576년 신라 진흥왕 즉위
552년 백제, 일본에 불교 전파
562년 신라, 대가야 병합
598년 고구려, 요서 공격하자 수가 반격하며 1차 원정 개시
600년 백제 무왕 즉위

서기 600년~서기 700년

612년 고구려, 살수 대첩으로 수의 2차 원정 물리침
631~647년 고구려, 천리 장성 쌓기 시작
632년 신라, 선덕 여왕 즉위
642년 고구려, 연개소문 정권 장악
645년 고구려, 안시성에서 당군 물리침
647년 신라 김춘추·김유신이 비담의 난 제압
648년 나·당 군사 동맹 성립
654년 신라, 김춘추가 태종 무열왕으로 즉위
660년 백제, 나·당 연합군의 공격에 멸망
661~663년 백제, 부흥 운동 전개
661년 나·당 연합군, 고구려 공격 시작
665년 고구려, 연개소문 사망
668년 고구려 멸망
670년 고구려, 부흥 운동 시작
671년 나·당 전쟁 시작
676년 신라, 삼국 통일 완료
681년 신라, 신문왕 즉위
698년 발해 건국

304~439년 오호 십육국 시대
317~420년 동진 성립
439년 북위의 화북 통일, 남북조 성립
589년 수나라, 중국 통일

604년 수 양제 즉위
610년 대운하 완공
612~614년 수의 2~4차 고구려 원정
618년 수 멸망, 당 건국
645년 일본 쇼토쿠 태자의 다이카 개신
658년 당나라, 서역 원정 시작
690년 당나라 측천무후가 정권 장악하고 국호를 주周로 변경

300년경 아메리카 마야 문명 번성
313년 로마, 크리스트교 공인(밀라노 칙령)
320년 인도 굽타 왕조 성립
375년 게르만 대이동 시작
395년 로마 제국, 동서로 분열
476년 서로마 제국 멸망
486년 프랑크 왕국 건국
527년 동로마 제국 유스티니아누스 황제 즉위

610년 무함마드, 이슬람교 창시
622년 무함마드, 메카에서 메디나로 이주(헤지라)
661~750년 이슬람 제국, 옴미아드 왕조 성립
687년 프랑크 왕국 카롤링거 가문의 피핀이 권력 장악

도판 출처

13_올두바이 계곡_shutterstock / 15_올두바이 석기_서울대학교박물관 / 16_라에톨리 평원의 발자국_BY_Archivio DoGi / 17_빙하 시대 상상도_BY_Mauricio Anton / 18_쇼베 동굴 벽화_BY_Carla Hufstedler / 20_동굴곰 위턱뼈·큰쌍코뿔이 아래턱뼈_조선유적유물도감 / 24_흑요석_국립중앙박물관_중박 200903-110 / 25_울산 신암리 여인상_국립중앙박물관_중박 200903-110 / 27_신석기 마을 모형_BY_강병기 / 29_신석기 시대 돌도끼_BY_Michael Greenhalgh) / 29_예리코 유적_wiki / 33_납작밑바리·융기문토기·두귀달린 항아리_서울대학교박물관, 빗살무늬 토기_국립중앙박물관_중박 200904-182 / 34_돌낫·돌보습_국립중앙박물관_중박 200904-182, 돌촉_국립제주박물관, 뼈로 만든 바늘·바늘통_조선유적유물도감 / 35_가리비 조각품_국립중앙박물관_중박 200903-110 / 39_람세스 상_shutterstock / 40_지구라트_BY_Hardnfast / 43_쐐기 문자_wiki / 44_투탕카멘 왕 부장품_BY_Jon Bodsworth / 45_모헨조다로 사제-왕 상_BY_Mamoon Menga, 미케네 장례 가면_wiki / 46_상 왕조의 청동기_Shanghai Museum / 47_싼싱두이 무사 모양 청동기_中華文明傳眞 / 49_훙산 문화 여신의 무덤_中華文明傳眞 / 52_오르도스식 동검_내몽고 중남부의 오르도스 청동기와 문화, 비파형동검_국립중앙박물관_중박 201004-135, 세형동검_국립중앙박물관 / 53_청동 도끼_국립중앙박물관, 청동 끌_국립광주박물관_광박 200904-1, 청동 자귀_조선유적유물도감 / 54_부근리 고인돌_BY_장종택 / 60_에렉테이온 신전_shutterstock / 62_그리스 토기_wiki / 64_아크로폴리스_shutterstock / 66_포에니 전쟁_PD_Capitoline Museums / 67_포룸 로마눔_shutterstock / 68_아소카 왕 기념 돌기둥_국사시간에 세계사 공부하기 / 69_카니슈카 왕 동전_wiki / 73_반량전_中國的文明, 청동 저울_사진과 그림으로 보는 케임브리지 중국사, 두호부_섬서역사박물관 / 74_진시황 병마용갱_shutterstock / 77_흉노 유물_wiki / 80_강상 무덤_전남대 역사문화연구센터 / 81_팔주령_국립중앙박물관_중박 201004-135, 청동 거울·청동 검_국립중앙박물관 / 82_수레 장비_조선유적유물도감 83_쇠도끼날·쇠창·명도전_국립중앙박물관_중박 200903-110 / 88_토기·구슬·허리띠 고리·수레 장비_조선유적유물도감 / 91_점뼈_국립중앙박물관_중박 200904-182 / 92_한나라 병마용_섬서성고고연구소 / 97_쇠뇌_조선유적유물도감, 투겁창·꺾창_국립중앙박물관 / 100_금제 띠고리_국립중앙박물관_중박 200903-110 / 101_농경 무늬 청동기_국립중앙박물관_중박 201004-135 / 103_삼한의 쇠도끼_국립중앙박물관_중박 200904-182, 성운문경_국립중앙박물관_중박 / 105_팔주령_국립중앙박물관_중박 201004-135 / 108_콜로세움_ shutterstock / 110_아우구스투스 상_BY_Ricardo Andre Frantz / 111_게르만 용병_허진석 모사 / 112_아야소피아 성당_BY_Robert Raderschatt / 114_자이나교 석굴_BY_Y.Shishido / 115_힌두교 석굴, 불교 석굴_BY_Pratheepps / 117_위나라 도장_섬서역사박물관 / 121_광개토 대왕릉비_조선유적유물도감 / 127_테오티우아칸 가면_BY_Thomas Aleto, 사포텍 유물_wiki, 나스카 유물_BY_Larco Museum, 올메크 유물_wiki, 마야 부조 _BY_Jacob Rus / 128_풍납토성_연합포토 / 130_경주 읍성 지도_경주 100배 즐기기 / 133_금동장식투구·목가리개·판갑_국립김해박물관 / 134_경주 배리 삼불상_shutterstock / 136_북위 불상_PD_Tokyo National Museum / 138_'연가칠년'이 새겨진 불상_국립중앙박물관_중박 200903-110 / 141_이차돈 순교비_국립경주박물관_경박 200904-042 / 143_황룡사 9층목탑_아사달 / 144_고구려 기와·백제 기와·신라 기와_국립중앙박물관_중박 200906-234 / 145_ 파사 석탑_BY_김태식 / 147_금동 미륵보살 반가사유상_국립중앙박물관_중박 201004-135 / 158_웅진 지도_wiki / 160_무령왕릉_국립중앙박물관_중박 200903-110 / 161_무령왕릉 돌짐승 조각_국립공주박물관 / 162_가야 토기_BY_pressapochista / 165_경주 호우총 호우_국립중앙박물관_중박 200903-110 / 166_천마도장니_국립경주박물관 / 169_대성산성_황룡사, 세계의 중심을 꿈꾸다 / 170_아차산성_국립문화재연구소 / 172_백제금동 대향로_국립부여박물관 / 173_성왕 상_장종택 / 172 _북한산 진흥왕 순수비_국립중앙박물관_중박 200904-182, 마운령비, 황초령비_조선유적유물도감 / 176~177_〈양직공도〉 중 백제 사신·일본 사신_中國歷代藝術 / 178_닌토쿠 천황릉_wiki / 179_굴식 돌방무덤_나주시, 독널 무덤(이음식 독무덤)_국립광주박물관_광박 2009 4-1 / 180_호류지 금당_BY_663highland / 181_하니와_English Wikipedia_PHG/ 183_금관총 관모_국립중앙박물관_중박 200903-110 / 185_미륵사지 석탑_미륵사지유물전시관 / 187_붓다 상, 예수 모자이크 화_wiki / 190_장안성 정문 벽화_wiki / 194_대운하_wiki / 198_해뜸음무늬 금동장식_연합포토 / 200_수나라 무사 인형_中國古代軍戎服飾 / 201_고구려 벽화의 무사_전호태 / 204_요동성_연합포토 / 212_백암성·안시성·비사성_연합포토 / 219_고구려 와당_BY_pressapochista, 수나라 무사 인형_中國古代軍戎服飾 / 222_카바 신전의 무함마드 _wiki / 224_피핀_wiki / 228_소그드 인_BY_PHGCOM / 230_둔황 석굴_wiki / 231_장안 대안탑_BY_Bobak, 유학생과 스님 그리 허진석 / 232_무열왕릉비 귀두_shutterstock / 237_당 관리 상_wiki / 239_삼국사기_한국학중앙연구원 왕실도서관 장서각 디지털 아카이브 / 240_정림사지 오층석탑_포토스탁 전영효 / 243_백제금동대향로 '말탄사람'_국립부여박물관 / 245_삼충사_장종택 / 248_의자왕 가묘_BY_장종택 / 249_백제 도깨비 벽돌_국립중앙박물관_중박 200906-234 / 252_당나라 병사_wiki / 258_평양성_조선유적유물도감 / 258_평양성 명문석_조선유적유물도감 / 261_경주 대릉원_shutterstock / 264_금관총 금관_국립경주박물관 / 268_감은사 삼층석탑_shutterstock

도판 참고 문헌

『국립중앙박물관』, 2005 등

도서출판 풀빛은 모든 자료의 출처를 찾기 위해 최선을 다했습니다. 누락이나 착오가 있으면 다음 쇄를 찍을 때 수정하도록 하겠습니다.